© Christophe Carreau, 2025
Couverture: Claire Carreau
Relecture et corrections: Isabelle Carreau
Édition : BoD · Books on Demand, 31 avenue Saint-Rémy,
57600 Forbach, bod@bod.fr
Impression : Libri Plureos GmbH, Friedensallee 273,
22763 Hamburg (Allemagne)
Dépôt légal : Février 2025

En application de l'art. L.137-2.-I. du code de la propriété intellectuelle, toute reproduction et/ou divulgation de parties de l'oeuvre dépassant le volume prévu par la loi est expressément interdite

ISBN : 978-2-3225-7352-3

CHRISTOPHE CARREAU

Pays-Bas : Une autre vie en Europe

La vie d'un Français résident depuis 30 ans

Différences culturelles entre les Pays-Bas et la France

- Seconde édition -

Citations

★ « Qui veut réussir doit apprendre à souffrir. »

★ « On n'a que le bien qu'on se fait. »

★ « Dieu a crée le monde, mais les Néerlandais ont bâti les Pays-Bas »

Dictons néerlandais

★ « Si vous voulez que la vie vous sourie, apportez-lui d'abord votre bonne humeur. »

★ « Ce qu'on ne peut interdire, il faut nécessairement le permettre. »

Baruch Spinoza

★ « Tout inconvénient a son avantage. »

Willem van Hanegem

★ « La violence est le dernier refuge de l'incompétence. »

Isaac Asimov

★ « La France est un paradis peuplé de gens qui se croient en enfer. »
Sylvain Tesson, écrivain français

★ « On est un peuple malheureux collectivement. »

Frédéric Lenoir, Philosophe français

★ « *Nous devons affirmer ce qui rend ce pays si grand : la liberté d'être soi-même.* »

Lodewijk Asscher, Ministre néerlandais des affaires sociales, 2013

★ « *Quel autre lieu pourrait-on choisir au reste du monde, où toutes les commodités de la vie (..) soient si faciles (..) ? Quel autre pays où l'on puisse jouir d'une liberté si entière, où l'on puisse dormir avec moins d'inquiétude, où il y ait toujours des armées sur pied exprès pour nous garder, où les empoisonnements, les trahisons, les calomnies soient moins connus, et où il soit demeuré plus de reste de l'innocence de nos aïeux ?* »

René Descartes, 1631, Amsterdam

★ « *Là, tout n'est qu'ordre et beauté,*
  Luxe, calme et volupté. »

Charles Baudelaire, Les Fleurs du Mal, 1857

★ « *Un vrai pays de Cocagne, où tout est beau, riche, tranquille, honnête; où le luxe a plaisir à se mirer dans l'ordre; où la vie est grasse et douce à respirer; d'où le désordre, la turbulence et l'imprévu sont exclus; où le bonheur est marié au silence; où la cuisine elle-même est poétique, grasse et excitante à la fois* »

Charles Baudelaire, Le Spleen de Paris, L'invitation au voyage, 1869

★ « *Finalement, si j'ai choisi de vivre aux Pays-Bas, c'est justement pour cette recherche de la vie bonne.* »

Océane Dorange, Petites chroniques des Pays-Bas, 2019

Prologue

★ Sans avoir besoin de changer de continent, il est possible de connaître une autre vie en Europe, en franchissant une frontière à quelques centaines de kilomètres de la France.

★ Malgré les guerres, les religions, les révolutions industrielles et technologiques que tous les pays européens ont partagées, malgré cette histoire commune, la société néerlandaise a développé un mode de vie absolument unique en son genre.

★ Observer l'autre, c'est s'observer soi-même dans un miroir aux cultures qui révèle nos différences réciproques autant qu'il nous relie dans la diversité.

★ Non, les Néerlandais ne sont pas des bisounours !

Une autre vie en Europe

Les Pays-Bas sont bien un pays du nord de l'Europe de culture protestante qui partage des similitudes et des affinités avec les pays scandinaves. On y retrouve ces mêmes sociétés faciles d'accès sans hiérarchie prononcée, une atmosphère détendue et presque sans stress, un haut niveau de satisfaction et de bonheur ressenti, une protection sociale élevée, une égalité entre les hommes et les femmes revendiquée, une autonomie et une responsabilisation des individus, la pratique d'une démocratie locale et associative, un Etat et une administration moins pesants mais efficaces, des impôts élevés et une forte implication des citoyens dans les affaires de la société. Toutefois, dans ce vaste ensemble nordique, les Néerlandais se distinguent de leurs voisins par une culture et une mentalité singulières, que l'on ne retrouve nulle part ailleurs. Nous n'évoquerons pas ici l'histoire que ce pays a partagée avec ses voisins européens, en s'alliant ou en se confrontant avec eux depuis l'époque de l'empire romain, ainsi que l'ont fait tous les peuples et toutes les nations en Europe depuis deux mille ans.

> *Cette grande histoire européenne, animée par les mêmes ressorts et les mêmes mobiles partout sur le continent, a pourtant vu naître et s'affirmer des cultures et des mentalités singulières propres à chaque peuple, profondément enracinées, que ni la disparition de la pratique religieuse, ni l'effacement des frontières, ni la mondialisation, n'ont pu entamer.*

Connaître et comprendre la vie et la mentalité des Néerlandais nos voisins européens, de culture protestante et nordique comme l'Allemagne et les pays scandinaves, vous fera accéder à une autre vie, à une autre façon de considérer la vie en société pour plus de bonheur ressenti.

> *Après plus de 25 ans vécus aux Pays-Bas, je suis devenu un Européen français et néerlandais à la fois, avec une nouvelle identité élargie et enrichie. Vous*

aussi pouvez découvrir l'européen.ne qui sommeille en vous pour appréhender les clefs d'un bonheur ressenti en société plus élevé qu'en France.

Que vous soyez employé dans une société franco-néerlandaise ou multinationale et désiriez mieux comprendre vos partenaires néerlandais, que vous soyez amené à traiter affaires avec eux, ou tout simplement que vous aimeriez savoir ce qui vous sépare de ce bonheur ressenti élevé qui caractéristise les sociétés nordiques, ce livre vous emmènera aux racines des différences culturelles et comportementales qui séparent la France des Pays-Bas.

La carte postale est véridique

Les idées reçues que l'on apporte avec soi en arrivant aux Pays-Bas ne sont pas injustifiées. On constate bien sûr immédiatement que le pays est immensément plat et que ses villes et campagnes confirment les vues de carte postale des guides touristiques. On le parcourt à vélo absolument partout sur des pistes cyclables le long des canaux où barbotent les canards et où naviguent gracieusement les cygnes blancs, emblèmes de la compagnie aérienne nationale KLM. Les villages coquets égrènent leurs maisons de briques rouges, leurs moulins à vent et les clochers de leurs églises protestantes. Les villes alignent leurs hautes maisons de maître le long de larges canaux qu'enjambe une multitude de ponts parcourus par une multitude de cyclistes. Malgré l'effervescence, l'eau sagement canalisée et domestiquée, rend le paysage serein et idyllique.

Bienvenue au pays des gens heureux

Une vie en société harmonieuse, un esprit libéral, voire libertaire, une tranquillité et un manque de stress complètement irréel pour un Français, un modèle architectural urbain répétitif, une société qui parait normalisée à force d'être parfaite, une bonne humeur indéfectible baignant dans une atmosphère bon-enfant, des gens qui ne semblent pas se prendre au sérieux tout en prêtant la plus grande attention à la qualité de leur mode de vie, la tolérance défendue et érigée comme pinacle de la vie en société, la propreté des intérieurs qui s'offrent à la vue de tous les passants par de larges baies vitrées sans rideaux, le sens domestique des Néerlandais qui aiment jouir des choses simples de la vie de tous les jours, tout cela est absolument véridique.

> *A quelques centaines de kilomètres de la France existe en Europe une toute autre société, un autre mode de vie, un bonheur de vivre ensemble inimaginable pour bien des Français. Et pourtant.*

Sans se vanter de pratiquer un Art de vivre à la française, sans prétendre avoir une cuisine raffinée, une culture brillante, des droits de l'Homme universels ou un humanisme plus noble que le mercantilisme, les Néerlandais accèdent cependant à un bonheur ressenti plus élevé qu'en France. Les études le prouvent sans se démentir depuis plusieurs décennies. Dans le classement des 147 pays les plus heureux du monde établi par les Nations Unies[1], les Pays-Bas se maintiennent à la 5ème position, derrière les pays scandinaves. La France, qui venaient de se hisser en 2022 à la vingtième place, son meilleur score depuis la création du classement, vient de perdre une place en 2023. Quant à l'indice de la qualité de vie[2], les Pays-Bas sont les premiers du classement, alors que la France est reléguée en 30ème position.

Libéralisme individuel synonyme de bonheur ?

Ce qui en France passe pour être un mot péjoratif et mal vu, est interprété aux Pays-Bas comme synonyme de liberté et de bien-être.

On estime que plus les gens sont libres, plus ils sont heureux[3]. La liberté des Néerlandais est manifestement bien moins entravée par des professeurs stricts et une autorité péremptoire, par une hiérarchie et des patrons autoritaires, par un État paternaliste et

---

[1] *World Happiness Report, ONU, 2023*
[2] *Indice de Qualité de Vie 2023, NUMBEO*
[3] *Gaël Brulé, sociologue, Université de Genève en Suisse et de Rotterdam aux Pays Bas.*

contraignant. Les habitants de ce pays jouissent d'une liberté d'entreprendre qui se conjugue avec celle d'exister et de se sentir heureux.

> *Les Néerlandais possèdent la confiance en eux pour faire leurs propres choix, ils sont responsabilisés et disposent d'autonomie, ce dont sont privés les citoyens français. Plus d'autonomie les rendrait sans doute plus heureux.*

C'est un individualisme au sens noble du terme, qui protège autant qu'il permet à l'individu de s'épanouir dans sa vie, tout en s'investissant dans la communauté dont il a la charge. Les Néerlandais sont notoirement connus pour leur vie associative développée, et leur implication dans la vie politique de leur société. La société néerlandaise est l'illustration même des individus autonomes et responsables qui s'investissent davantage dans le groupe, le bonheur du plus grand nombre passant ainsi par le collectif. Ce type de société et de vie associative protège mieux les individus contre les épreuves de la vie et les évènements traumatisants.

Un autre regard

Ce texte vise à présenter aux Français les différences culturelles et politiques de nos voisins néerlandais. Il ne cherche en aucun cas à porter des jugements de valeur, à vouloir dire ce qui est bien ou ce qui ne l'est pas. Ce qui y est mentionné diffère, à priori, de la façon de faire et de penser en France, et dénote un particularisme culturel. Pour les Néerlandais, cela sera aussi le moyen de connaître ce qui les distingue des Français. Ils seront intéressés de savoir comment ils sont vus par un étranger dont l'intérêt pour leur culture et leur mentalité n'a fait que croître au fil des années.

> *L'intention n'est pas de changer les Français en Néerlandais, ou l'inverse. Néanmoins, la conscience de notre identité française propre passe par la prise de conscience de la diversité des autres cultures*

européennes qui nous entourent, puis, dans un second temps, par la conscience de ce qui peut nous rassembler et ce que nous pouvons partager à notre époque moderne.

Il y a aussi des gens comme ça en France...

Au fur et à mesure de la lecture de ce livre, vous serez en droit de vous interroger et de penser qu'il y a aussi des gens comme cela en France, des personnes qui ne s'énervent jamais avec leurs enfants, qui font la queue aux magasins, qui tutoient leur chef sans le jalouser, qui discutent politique sans agressivité tout en écoutant les autres, qui ne râlent pas sans cesse, qui sont disciplinés, qui se sentent responsables du bien-être de la communauté, qui prennent des initiatives, qui parlent les langues sans appréhension et sans se sentir jugés, qui n'ont pas peur de l'avenir... Et il y a aussi aux Pays-Bas des Néerlandais qui manquent de civilité, qui s'énervent vite, qui cuisinent bien et qui ne se mêlent pas de ce qui ne les regarde pas. Les Néerlandais sont connus pour leur sens des affaires et leur pugnacité, ce qui peut les rendre âpres à la négociation, voire désagréables. Ces comportements individuels, qui sont à mettre au compte de gens opiniâtres dans leur travail, ne viennent pourtant pas corrompre une société accueillante et bienveillante, qui jouit de relations sociales, jusque dans la négociation et les discours politiques, apaisées et équilibrées, certainement respectueuses du bien-être de la communauté. On trouvera des exceptions partout, aux Pays-Bas comme en France, qui ne feront que confirmer la règle générale. Ce livre vous restituera l'atmosphère qui imprègne la vie et la société aux Pays-Bas dans son ensemble, et qui est le fruit de mon expérience personnelle quotidienne, accumulée pendant deux décennies en immersion dans mon pays hôte. Il vous offrira une peinture d'ensemble faite de petites scènes, à l'image d'une toile de Bruegel, d'où se dégagera un style et une ambiance d'ensemble, typique des peintures du Nord. Il vous fournira aussi des réflexions et des points de vue avec plus de hauteur pour dégager ce qui fait l'âme, sans parler de génie car l'arrogance y est mal vue, de ce peuple singulier.

Non, les Néerlandais ne sont pas des bisounours !

Ce livre aborde la vie harmonieuse en société, érigée en principe fondamental, les rapports sociaux dénués d'agressivité, la responsabilisation des individus et la confiance accordée a priori, l'esprit de compromis qui prévaut in fine à toute négociation, ainsi que la pratique de la coalition gouvernementale dans un système électoral proportionnel et un régime parlementaire. Tous ces aspects, intrinsèquement naturels pour des Néerlandais mais improbables pour des Français, feront immanquablement naître le scepticisme chez ces derniers. Il est en effet douteux qu'un tel état d'esprit soit réalisable, sinon en ayant affaire à des individus naïfs, dociles et assagis par endoctrinement.

Et pourtant, non : il faut admettre cette réalité plutôt que la dénigrer par chauvinisme de mauvaise foi. Les Néerlandais sont loin d'être des bisounours gentillets. Au contraire, leur mode de vie et leur mentalité permettent à la discussion et à la contestation de s'exprimer avant qu'elles ne doivent se transformer en confrontation pour être entendues. À la lecture de ce livre, on se rendra compte qu'ils osent la contestation et la négociation plus naturellement que les Français, sans fausse honte. Ils possèdent la culture du contre-pouvoir que chaque citoyen, fondamentalement autonome et libre d'agir, a le devoir d'exercer de sa propre initiative au nom de la communauté. La société qu'ils ont bâtie résulte de leur atavisme à défendre leurs intérêts avec opiniâtreté et à ouvrir immédiatement la négociation pour obtenir ce qu'ils veulent.

Ce qui fait que les choses sont plutôt l'inverse de ce que l'on croit. Ce sont les Français, en général plus gentils et mesurés, qui n'apprécient pas beaucoup de se frotter aux Néerlandais dans le travail, ces derniers n'hésitant pas à endosser le rôle du méchant pour se défendre. Seuls les Français de confession protestante semblent s'y faire…

Le miroir aux cultures

En partant pour l'étranger, on emporte sans le savoir les couleurs de son pays au fond de soi. Sans l'avoir compris en vivant au milieu de ses compatriotes, on devient porteur d'une sensibilité propre qui se révèle au contact des différences. Seuls les poissons volants, qui connaissent alternativement l'air et l'eau, peuvent réaliser l'existence du milieu dans lequel ils vivent. Pour les autres, la question ne se posera jamais, incapables de soupçonner l'autre monde qui marque les limites du leur. Pour les autres, la mer restera indéfinissable, puisque rien ne peut la révéler et l'identifier dans un univers uniforme, sans différence et sans référence.

Les frontières sont là pour être franchies, dans un sens puis dans l'autre, afin de jouer avec les reflets des mondes de part et d'autre des miroirs qui les révèlent. C'est ici que se déchiffrent les cultures, c'est de là qu'elles tirent leur substance pour vivre et s'enrichir.

Sans frontière à lire, sans conscience de son identité propre, une culture ne peut intégrer et transformer en expression originale les courants du monde dans lequel elle évolue.

Une culture ne peut survivre qu'en accueillant les voyageurs qui lui prouvent sa différence et lui apportent sa matière. Le bon développement de l'une passe par l'épanouissement de l'autre, sans quoi l'hégémonie marque la fin des contrastes et des créations qui naissent du jeu complexe des confrontations d'idées.

Apprendre à connaître l'autre, c'est d'abord apprendre à se connaître soi-même.

La diversité comme raison d'être

Aujourd'hui, l'Europe est une raison d'être et de vivre dans un continent connecté fait d'échanges, de confrontations et de stimulations réciproques bénéfiques, de diversité culturelle féconde.

Cette diversité est non seulement la richesse de l'Europe, mais surtout son énergie et son fonctionnement propre. Elle en a tiré ses valeurs et ses principes, elle en tire la force de s'adapter au monde et de se mouvoir avec l'histoire.

L'Europe n'est pas une finalité en soi, elle est le moyen d'évoluer et de progresser.

Chacun possède une identité européenne, souvent cachée. Chacun a le droit d'accéder à cette identité supplémentaire sans renier ses origines et sa culture natale, bien au contraire en l'enrichissant.

L'Europe n'est pas l'étranger, chacun doit s'y sentir chez soi. Chacun doit avoir la possibilité de la vivre et de se l'approprier en la faisant sienne.

Que suis-je devenu ? Français ou Néerlandais ?

Après plus de 30 ans passés aux Pays-Bas, avec des échanges et des voyages fréquents en France chez mes amis et ma famille, avec des enfants scolarisés au lycée français Van Gogh de La Haye, mais aussi à l'école internationale de La Haye (ISH) et à l'université de Leiden, ayant travaillé dans un environnement international européen de l'Agence Spatiale Européenne, avec des enfants habitant aujourd'hui à Berlin en Allemagne, à Édimbourg en Ecosse et à Lund en Suède, résidant à la fois encore aux Pays-Bas près de La Haye, mais aussi dans la région bordelaise en Aquitaine, que suis-je devenu ? Je suis devenu un européen de France vivant chez moi aux Pays-Bas, ayant acquis une autre identité qui ne se limite pas à un état civil français ou néerlandais exclusivement, mais bien une identité supplémentaire faite de la synthèse vivante et vécue des deux cultures.

Témoignage d'une Française résidant aux Pays-Bas, mariée à un Néerlandais et ayant récemment adopté la nationalité néerlandaise en 2024, tout en conservant sa nationalité d'origine française. Océane Dorange garde un regard neuf sur la société néerlandaise, qu'elle observe dans ses Chroniques avec un style vivant et plein d'humanité, souvent touchant.[4]

> « Plus tout à fait française, je ne serai jamais néerlandaise. Être entre deux cultures n'est pas un handicap, mais une richesse, un cadeau.
>
> Lorsque l'on vit entre deux cultures, faire un choix est impossible. On est les deux. On n'est ni l'un ni l'autre. Les binationaux sont une solution homogène dont les composants sont devenus indissociables. »

Au cours de son dernier séjour à Paris, René Descartes, qui a vécu plus longtemps aux Pays-Bas (les Provinces-Unies à l'époque) qu'en France, où il a produit toutes ses œuvres philosophiques et mathématiques, se réjouissait de bientôt y retourner, dans son chez-soi à Egmond:

> « me tenant comme je suis, un pied dans un pays et l'autre en un autre, je trouve ma condition très heureuse, en ce qu'elle est libre. »[5]

Des racines ou des ailes en Europe ?

Les jeunes générations, en étudiant facilement partout en Europe, adoptent naturellement cette identité élargie, à tel point que les questions que je posais à mes enfants « Es-tu Français ? Ou te sens-tu Néerlandais ? De quel pays es-tu finalement ? Quelles sont tes racines ? » n'ont plus de sens à leurs yeux. « Mais d'aucun pays exclusivement, je suis moi-même là où je veux vivre en Europe, à la manière des jeunes générations de notre temps. ». Les moeurs et les mentalités changent plus vite

---

[4] *Petites chroniques des Pays-Bas, Plus totalement française, pas non plus néerlandaise, des chroniques de l'entre-deux*, Océane Dorange, www.petiteschroniquesdespaysbas.com

[5] René Descartes, Lettre à Elisabeth, juillet 1648

chez les jeunes générations, où qu'elles vivent, dans leurs pays d'origine, ou ailleurs en Europe. Ces jeunes, qui se déplacent de plus en plus, sont en train de développer une culture qui n'est pas "internationale", ni américaine, ni asiatique, ni africaine, mais bel et bien européenne. Cette culture se révèle à la fois à la lumière des grands phénomènes mondiaux, comme les migrations, le terrorisme, l'extrémisme ou le populisme, mais aussi et surtout, dans la vie de tous les jours lorsque nous travaillons et vivons ensemble entre européens.

Vue de l'extérieur, notre culture européenne et ses valeurs distinguent clairement l'Europe du reste du monde. Nous oublions souvent combien il est facile de vivre ensemble en Europe et combien nous avons en commun.

I. Une autre manière de vivre

★ *Je m'étais juré de ne jamais vivre aux Pays-Bas. J'y suis finalement retourné pour me sentir en paix, et élever ma petite famille de quatre enfants dans un réel bonheur familial.*

★ *Les visiteurs de passage qui rentraient chez eux en France, regrettaient souvent de devoir quitter ce qu'ils avaient vécu, ce qu'ils appelaient « la bulle » des gens heureux.*

★ *Les premières impressions sont toujours les bonnes. Immersion immédiate comme si vous y étiez.*

Jamais je n'habiterai aux Pays-Bas !

Nous sommes au début des années 1990, alors que je suis de passage aux Pays-bas à La Haye pour mon travail par une journée morne d'hiver, et que, après les réunions de la matinée suivies d'un déjeuner froid sur le pouce fait de pain et de jambon, je me retrouve dans la rue sous une pluie fine qui me glace les os insidieusement. J'avise les passants qui se pressent ruisselants les uns contre les autres sous l'abri-bus. La rue pavée est un miroir mouillé qui reflète le ciel gris. Aucune lueur ne ressort de cette scène désolante, et je me dis à moi-même que « jamais je n'habiterai ce pays ! ». A ce moment, je ne demande qu'à vite retourner en Italie où j'habite avec mes jeunes enfants sous le soleil et le ciel bleu des « Castelli Romani » , jolies collines verdoyantes sur les hauteurs de Rome.

C'est la fin de la guerre

Quelques années plus tard dans les années 1995, je me retrouve à nouveau aux Pays-Bas dans une maison de location que je dois préparer pour y installer prochainement ma famille, suite à ma nouvelle affectation professionnelle. Avec une efficacité aussi remarquable que surprenante, les artisans commencent et terminent le travail en une semaine. Juste après avoir quitté ma vie frénétique dans le sud méditerranéen de l'Europe, je me retrouve au coeur d'un village du nord où les gens prennent les choses efficacement et calmement sans jamais s'énerver, vous saluent dans la rue alors qu'ils ne vous connaissent pas, vous rendent honnêtement le montant exact de votre monnaie, font preuve de respect et vous accueillent avec facilité et bienveillance. « C'est la fin de la guerre » pensais-je alors sans réfléchir. Je m'apprêtais à vivre plus de 25 ans de ma vie dans une bulle heureuse et confortable.

Premières et secondes impressions

Il ne m'a pas fallu passer par les travaux d'Hercule pour m'assimiler aux Pays-Bas. Sans effort, le pays s'est ouvert à moi de façon naturelle et spontanée. Bien après mon arrivée, j'ai souvent ressenti des impressions qui furent comme de petits éclairs qui trouaient le quotidien, comme des premières impressions qui n'en étaient plus, mais qui continuaient à faire irruption au fil des ans, et dont la justesse ne devait jamais se démentir par la suite. Je vous livre, en guise de prise de contact, ces premières et secondes impressions, qui seront étayées par la suite dans le livre, mais qu'il est bon de vivre sans filtre comme elles me sont venues, pour en restituer la spontanéité et l'authenticité. Immersion sans à priori et sans à posteriori.

La garde baissée

Je viens d'arriver d'Italie depuis quelques jours aux Pays-Bas, seul en éclaireur pour préparer la venue de ma famille. Je croise des Néerlandais avec qui je commence à dialoguer, plutôt facilement en anglais. D'un coup je réalise que tous ont la garde baissée, que personne n'est sur le qui-vive, que tout se fait facilement sans duplicité, sans arrière-pensée, sans méchanceté ou sans tromperie. Tout est fait avec facilité, honnêteté et simplicité.

Une vie à bicyclette

Je regarde avec étonnement les gens autour de moi sur leurs vélos, qui n'y trouvent rien d'extraordinaire. Je m'insère, de façon la plus discrète possible comme l'habitué que je ne suis pas, dans le flux des bicyclettes qui vont bon train dans une circulation urbaine qui se révèle être assez dense et pressée, alors que j'assimile encore la bicyclette à une distraction. A l'arrêt au feu rouge sur la piste, j'avise une femme qui se range à mes cotés avec son jeune enfant assis en place arrière sur un petit siège. De taille et de carrure robuste de femme batave, elle est visiblement enceinte à un stade avancé, ses jambes touchent son ventre lorsqu'elle pédale. Cet attirail juché sur une bicyclette me semble précaire, je m'en écarte discrètement pour ne pas la gêner et lui laisser le passage. Le feu passe au vert, et en quelques coups de pédale, la vigoureuse jeune maman me laisse littéralement sur place. Je réalise que tous ces gens à vélo ne sont pas en vacances à flâner le nez au vent, qu'ils se déplacent avec efficacité pour la crèche, l'école ou le bureau, et qu'ils se sont forgés des mollets d'acier depuis leur plus tendre enfance.

La confrontation organisée

J'arrive au bureau à l'Agence Spatiale Européenne pour occuper la fonction de gestion et de « contrôleur » de projet, c'est à dire qu'il va me falloir suivre les coûts de développement de gros projets industriels que sont les satellites scientifiques, qui sont de surcroît extrêmement gourmands en technologies avancées. Je réalise que le mot « contrôle » des coûts se comprend au sens restrictif du terme, afin de contraindre et limiter les dépenses, sans quoi elles auront toujours tendance à filer comme du sable entre les doigts. Et je réalise que, au sein de la même équipe et du même projet, la confrontation des intérêts est non seulement prise en compte dès le début du développement du satellite, mais aussi parfaitement organisée dans des fonctions et des réunions dont le but est de mettre les divergences sur la table et de négocier ouvertement entre collègues. Le plus étonnant pour moi, jeune Français fraîchement sorti des grandes écoles qui ne m'ont jamais exposé à cet état d'esprit de marchandage et de contrôle, est que cela se fait sans provoquer de ressentiment personnel ou de gène. Ici, les budgets sont traités comme des ressources que l'on doit scruter et préserver en permanence. Ici, on négocie et on se confronte entre collègues sans porter atteinte aux personnes qui sont, toutes en même temps, responsables du même projet. C'est un boulot comme un autre que de faire jouer les rapports de force. Cela se pratique de façon calme et dégagée, sans jamais s'énerver autour de la table des négociations. Personne ne gagne, personne ne perd. Le projet avance grâce à cela. Puis on part manger ensemble à la cantine, en très bons termes dans une ambiance détendue.

Saint-Nicolas débarque

Nous sommes mi-novembre et nous sortons dans l'après-midi accueillir en famille Saint-Nicolas qui, après de longues semaines d'attente, débarque en ville. Je porte sur mes épaules un de mes jeunes enfants et nous nous dirigeons vers le canal qui sert de port au milieu du village, où le saint homme va débarquer, comme dans tous les villages des Pays-Bas par cet après-midi de novembre. Il est entouré d'une flopée de jeunes serviteurs et de « Pierrots le Noir», tous vêtus comme des pages du Moyen Age, et qui s'agitent autour de lui comme des sacripants. Il porte barbe blanche et mitre rouge sur sa tête, vêtement à longs pans rouge, gants blancs et crosse épiscopale. Loin d'inspirer la solennité et le respect craintif, la vue de sa Sainteté débarquant pourtant en grande pompe de son bateau après des semaines d'attente, provoque les cris de joie et de délire des enfants hilares qui se pressent autour de son cheval blanc. Nous sommes plongés dans une fête de carnaval, spécialement organisée pour ces enfants, mais qui fait aussi le délice des parents émerveillés par tant de joie et d'exaltation candide. Les garnements que sont les « Pierrots le Noir » aux visages noircis par la suie des cheminées par lesquelles ils sont passés pour déposer les cadeaux aux pieds des chaussons, gesticulent comme des fous, distribuent des friandises à la volée, et, comble de galopins, montent et sautent sur le toit des voitures de police ! J'assiste médusé à un pur délire d'exaltation enfantine au coeur du village transformé en cour de récréation pour tous les enfants, et pour tous les parents qui s'offrent une fête de famille mémorable.

On prend un verre, ou une tasse de café ?

A mon arrivée aux Pays-Bas, je me suis inscrit à un cours du soir à Leiden pour pratiquer le dessin d'après modèle vivant. Il est 10h30, le cours est fini, il est temps de prendre congé pour rentrer chez soi, quand l'un des élèves pose la question haut et fort: « Qui vient prendre un verre ? », qui n'attend pas de réponse tant elle serait évidente: tout le monde ici prend un verre ou une tasse de café après une activité dans un club, quelle qu'elle soit.

Quelle que soit l'activité pratiquée, peinture, jeu d'échec, patinage, tir sportif, escrime ou tennis, il y a souvent un coin bar au club où socialiser autour d'une tasse de café, d'une infusion ou d'une bière. S'il n'y en a pas, on se déplacera alors au café du quartier en ville. L'activité collective est indissociable de la pause pour se détendre et parler de tout et de rien, ce qui se dit en néerlandais « parler des vaches et des veaux » (« over koeien et kalfen praten"). Aux Pays-Bas, la vie en groupe passe nécessairement pas ces palabres autour d'un verre ou d'une tasse de thé ou de café, par ces moments de détente qui s'apprécient pour ce qu'ils sont, des instants hors du temps où l'on prête attention à l'autre, une pause dans l'agitation quotidienne réservée aux bons rapports humains. Cela se dit en néerlandais « chillen », et pourrait se traduire par un mélange de « trainer, se détendre, causer et écouter ».

L'agressivité jugulée

Pendant une de mes premières sorties un soir dans un bar avec mes collègues du club de dessin, un des clients, visiblement éméché, se met à invectiver l'entourage et menace d'en arriver aux mains. Immédiatement, et sans aucune concertation ni signal, quelques gaillards se lèvent spontanément de leur table et viennent entourer le fauteur de trouble. Avec fermeté, mais sans aucune méchanceté, ils le maitrisent et l'allongent par terre pour le calmer en attendant l'arrivée de la police, qui arrive très rapidement sur les lieux. Sans s'étonner de rien, tout en disant bonjour au tenancier, les policiers embarquent notre homme sans véhémence et sans casser l'ambiance. L'incident sera passé inaperçu pour beaucoup. Dans ce pays, celui qui perd ses nerfs à perdu. Sans pour autant que cela ne déclenche une crise, tout juste un incident banal.

Préférence américaine

Nous prenons possession de notre nouveau logement, petite demeure néerlandaise typique accolée aux autres le long d'un charmant canal. Il se trouve que nous sommes en bordure d'un petit aéroport militaire servant de base à des patrouilleurs maritimes, ce qui nous ménage un vaste espace vert en face de nos fenêtres. Amateur d'avions et d'aéronautique, je regarde les gros quadrimoteurs en fin de décollage survoler lourdement le quartier avant de bifurquer vers la mer toute proche. Ce sont des avions P3-Orion de facture américaine, qui furent également vendus à l'Allemagne et au Portugal, au détriment de l'avion français concurrent Atlantis. Mes voisins affichent leur satisfaction à s'être équipés d'avions américains, ce qui adosse leur petit pays à la première puissance militaire au monde, avec qui ils partagent en outre certaines affinités culturelles. C'était la première fois que j'étais confronté à cette préférence américaine qui s'affichait ouvertement, et qui ne fut jamais démentie par la suite.

Des 2 CV françaises et des jeep US

Quand les beaux jours arrivent, dès le printemps, on voit de sympathiques cortèges de voitures de collection qui parcourent la région avec lenteur et délectation. Parmi les modèles les plus représentés figurent l'éternelle Citroën 2CV, et l'incontournable jeep US, issue toute droite des plages du débarquement. On retrouve à nouveau l'affinité pour le matériel et la culture américaine, en particulier pour tout ce qui touche à l'époque marquante de la seconde guerre mondiale et de la libération.

Mais à cela s'ajoute aussi l'amour que portent les Néerlandais pour les voitures françaises Citroën, en particulier les mythiques 2CV et DS. Mon collègue français Hubert, ingénieur féru de mécanique automobile française, ne possède pas moins de 3 modèles de 2CV qu'il s'est procurés en kit et qu'il a pu faire assembler par un garagiste spécialisé dans ce type de modèle dans notre propre village à Wassenaar.

Quand même, vous parlez bien le français !

Nous arrivons en France au gîte que nous avons loué dans notre voiture qui affiche sa belle plaque d'immatriculation néerlandaise, d'un jaune inhabituel et clairement étranger pour notre propriétaire qui la lorgne avec un air suspect, se demandant bien dans quelle langue nous allons lui parler. Nous pensons le mettre à l'aise tout de suite en engageant la discussion dans notre français sans accent puisque natif. La conversation progresse doucement, nous lui expliquons que nous sommes des Français habitants aux Pays-Bas. Visiblement toujours perturbé, notre homme ne peut s'empêcher de nous complimenter à demi-mots : « Tout de même, vous parlez bien le français » !

Sans comprendre d'où vient ce blocage, je me suis souvent aperçu qu'il est difficile pour un français d'imaginer qu'un compatriote puisse s'expatrier sans y perdre son âme, qu'il est difficile de comprendre l'étranger et de considérer les différences culturelles sans que cela ne soit perturbant, ou même menaçant. En fait, j'en suis venu à penser qu'il est compliqué, voire impossible, de se mettre à la place de l'autre, d'intégrer le fait qu'un étranger peut avoir un schéma de pensée différent et d'essayer de l'adopter à son tour, ne serait-ce que le temps d'un échange. Immanquablement, on retombera, souvent avant même de finir sa phrase, dans ses propres chaussures.

II. Paradoxes culturels

★ *Il faut y vivre pour le croire. Les Pays-Bas sont difficiles à appréhender car tellement différents de la France et de son esprit.*

★ *Société, individu, police, impôts, drogue, montée des eaux.. tout dans ce pays est paradoxal.*

Il faut y vivre pour le croire

Ce qui va être dévoilé dans ce livre surprendra sans aucun doute tout lecteur français, conditionné par sa mentalité et sa culture française. Il est difficile, presque impossible, de s'extirper de la gangue d'une société sans devoir la quitter et s'expatrier. Il faut vivre sur place pour croire ce que l'on voit alors. Le propre d'une culture est bien de faire passer pour naturel et normal des comportements qui ailleurs semblent contradictoires ou improbables, et dont l'étrangeté fait douter qu'ils puissent être pratiqués par un autre peuple de façon aussi naturelle que l'on respire. Est étranger ce qui n'est pas propre ou naturel à quelqu'un, et qui devient une contradiction apparente.

> *« Nous ne voyons pas les choses telles qu'elles sont, mais telles que nous sommes »*[6].

Au delà des clichés expéditifs et difficiles à appréhender, ce livre va vous offrir une expérience vécue à l'intérieur du pays, ce qui rendra les choses moins abstraites, moins étrangères, et finalement, qui sait, presque acceptables pour des Français qui auraient envie de s'en inspirer. Après tout, ces bataves sont réputés pour avoir une génération d'avance sur toutes les questions de société par rapport à la France, que ce soit le droit de vote des femmes, l'abolition de la peine de mort, le droit de vote des étrangers aux élections municipales, l'encadrement et le contrôle de la drogue, celui de la prostitution, l'accompagnement en fin de vie, le mariage homosexuel.. Ils sont surtout connus pour éprouver un bonheur ressenti nettement plus élevé qu'en France, ce à quoi tout le monde aspire.

«A la fois » ou les « Paradoxes culturels »

Assurément, les Pays-Bas seront difficiles à appréhender car tellement différents de la France et de son esprit. Là-bas, l'éducation, les comportements de la population et les politiques

---

[6] *Anaïs Nin*

publiques semblent être faits d'associations et de combinaisons improbables qu'il serait difficile d'envisager en France.

> *« Dans toute ma longue et aventureuse vie, je n'ai pas vu un peuple autant rempli de contradictions que les Hollandais »*[7].

Pourtant, vue des Pays-Bas, la culture française possède bien ses propres incohérences et ses paradoxes tout aussi improbables et inconcevables pour des Néerlandais.

Paradoxes culturels en France

Art de vivre: à la fois délicatesse et animosité

Les Néerlandais s'étonnent souvent de l'anxiété et de la nervosité chronique des Français, alors que ceux-ci se réclament d'un art et d'une douceur raffinée de vivre, mais qu'ils sont incapables semble-t-il de vivre ensemble de façon harmonieuse, sans se plaindre, sans contester, sans critiquer, sans se confronter et s'affronter sans relâche.

1789: à la fois la révolution et l'angoisse de l'avenir

En 1789, les Français brisaient les chaînes d'un ancien régime en libérant des principes de liberté, de république et de démocratie qui allaient changer leur devenir et celui du continent européen. Depuis, ils aiment à se réclamer de cet esprit révolutionnaire, précurseur et universaliste.

Mais par ailleurs, la société française se caractérise aujourd'hui par une forte résistance au changement qui surgit à la moindre tentative de réforme avec des grèves et une protestation défensive systématique. Les Français manifestent une anxiété démesurée face à un avenir qui les terrorise.

---

[7] *Duc de Baena (Espagne)*

Ecole: à la fois la distinction et l'encadrement

Le système éducatif français est tout entier tourné vers la recherche de l'excellence individuelle. Son objectif avoué est de porter le plus grand nombre vers le Baccalauréat, puis vers l'université au nom du principe louable de l'égalité des chances. Il valorise les talents individuels. Les égos sont encouragés à s'exprimer sans être encadrés par un esprit de groupe et de travail collaboratif.

Mais par ailleurs, tout le système éducatif français fait preuve d'une rigidité formelle en instituant une hiérarchie forte entre les professeurs et les élèves, en érigeant un système d'enseignement magistral qui soumet et discipline les élèves à la hiérarchie des fonctions dans la société. Ce faisant, ce système prive les individus de toute autonomie et de tout sens des responsabilités au sein de la communauté, alors qu'il met en exergue l'excellence individuelle.

Caractère: à la fois l'excellence et le « French bashing »

Fiers de leur culture, les Français s'enorgueillissent, souvent à juste titre, de la richesse de leur patrimoine, de leur cuisine, de leur mode et de leur haute couture.

Mais, par ailleurs, cette quête de l'excellence et de la distinction se trouve contaminée par leur fameux esprit critique, érigé en culture nationale. Les Français se mettent alors à critiquer ouvertement en public leurs points négatifs et leurs échecs, ce dont ils tirent une certaine satisfaction, pensant ainsi se valoriser individuellement par la critique des autres et de leur propre société, une attitude qui demeure incompréhensible pour les étrangers.

Paradoxes culturels aux Pays-Bas

Côté néerlandais, vus de la France, ces « amalgames improbables » qui sont le propre d'une culture, sont aussi nombreux que déroutants.

Société: à la fois plus sociale et libérale

La société néerlandaise dans son ensemble amalgame des politiques à la fois plus sociales mais aussi plus libérales qu'en France, plus collectivistes tout en étant très libérales sur le plan personnel, économique et sociétal.

Individu: à la fois soumis au groupe et autonome

L'éducation des petits Néerlandais leur inculque dès leur plus jeune âge la primauté du groupe sur l'individu et la nécessité de se conformer aux intérêts de la communauté. On formate les individus à la normalité en leur répétant « Comporte-toi de façon ordinaire, c'est déjà assez fou !.. » (« Doe maar gewoon, dan doe je al gek genoeg.. »).

Mais par ailleurs, chacun doit être autonome et prendre sa part de responsabilité. Tout sera fait pour aider l'individu à se développer pour garder son autonomie et conserver sa mobilité le plus longtemps possible. L'individu doit être actif par un travail rémunéré ou bénévole, subvenir à ses besoins financiers, être responsable de ses actes. On pourra participer aux intérêts du groupe et aider les pouvoirs publics qui mettent à disposition des émissions de TV pour aider la police dans ses recherches, ou qui font appel aux citoyens pour améliorer la situation, par des enquêtes, des alertes, des évaluations, des réseaux contributifs… Il faudra d'abord chercher à résoudre soi-même ses problèmes en sollicitant l'aide de ses proches au besoin, avant de réclamer celle de l'Etat.

L'autonomie et la responsabilisation individuelle au sein de la communauté, sont la clé de voûte qui sous-tend la société néerlandaise entière.

Individus: à la fois sérieux et rigolards

Les Néerlandais possèdent ce fond calviniste qui peut les rendre austères et sérieux lorsqu'ils sont au travail, parlent argent ou négocient âprement. Il le sont aussi lorsqu'ils vont droit au but pour aborder des sujets sans fausse honte, ou sans pudeur superflue à leurs yeux.

Mais par ailleurs, ce sont les champions de la bonne blague, les amateurs de la grosse plaisanterie qu'ils pratiquent à toute occasion, particulièrement en groupe ou en clubs où l'on se rend aussi pour se détendre et bien rigoler, quelle que soit l'activité pratiquée. Bien plus que les Français, les Néerlandais aiment se prendre en dérision et en rire, jusqu'à devenir loufoques.

Police: à la fois de proximité et intransigeante

La police joue la proximité, elle est proche des concitoyens avec qui elle échange directement sans susciter la crainte. Elle est proche de la population qui se sent protégée par sa police et qui est prête à l'aider.

Mais par ailleurs, la police n'aura aucun état d'âme à appliquer la loi, à verbaliser au moindre dépassement des limites autorisées, à réprimer immédiatement les violences ou les débordements, à cadrer les comportements avec une efficacité jouant d'une certaine brutalité, à faire appliquer la loi avec une intransigeance qui peut faire froid dans le dos.

Société: à la fois conviviale et dure à la tâche

C'est le pays où la pause café est reine, chaque matin et chaque après midi, où les bistrots et salons de thé sont légions, où chaque club sportif ou associatif possède son bar, où le moment de détente et de convivialité est érigé comme un pilier de la culture d'entreprise et de la vie en société.

Mais par ailleurs, on se remet vite au travail en se retroussant les manches, sans faire semblant et sans traîner. Les Néerlandais s'attaquent à la tâche avec dureté, sans complaisance vis-à-vis d'eux-même, sans rechigner, et jusqu'au bout. Dans un pays de culture calviniste, chacun gagne son pain à la sueur de son front, travaille dans la peine et accouche dans la douleur.

Impôts: à la fois méfiants et convaincus

L'expression « L'Etat va payer » ne peut exister dans ce pays où tous les concitoyens considèrent le budget de l'Etat comme le leur, et sur lequel ils gardent un oeil attentif afin de surveiller les politiques dispendieuses qui finiraient par leur coûter cher.

Mais par ailleurs, il existe au sein de cette population un consentement à de fortes impositions sur les revenus, sur le patrimoine et sur les successions. Par une organisation et une gestion transparente des deniers publics, la population a conscience d'un « retour sur investissement » des sommes consenties en impositions. Elle peut juger des services et de l'organisation efficaces de l'administration que les impôts financent. Surtout, elle apprécie le déroulement harmonieux de la vie en société dans lequel elle investit.

Drogue: à la fois tolérée et bannie

Bien que illégale et non contrôlée comme le sont la cigarette ou l'alcool, la drogue douce est pourtant tolérée aux Pays-Bas. Une consommation personnelle modérée est permise et tolérée.

Mais par ailleurs, sa consommation, ou seulement sa possession même en quantité réduite, est strictement interdite au sein des établissements scolaires du collège et lycée, qui sont intraitables sur la question: tout élève pris avec du haschich ou d'autres drogues sur lui, sera expulsé immédiatement et devra aller finir ses études ailleurs.

Montée des eaux: à la fois menacés et confiants

A l'heure de la grande peur actuelle de la montée du niveau des océans qui menace les concentrations urbaines le long des côtes sur la planète, en particulier les zones inondables aux embouchures des grands fleuves continentaux, les Pays-Bas, dont les terres se sont constituées sur le delta du Rhin et de la Meuse, puisent dans leur lutte ancestrale contre les eaux un calme qui semble olympien face à la catastrophe qui menace l'humanité. Ce pays est assurément en première ligne face à la montée des eaux due au réchauffement climatique, qui pourrait engloutir jusqu'à la moitié du territoire. La population et les jeunes générations ne s'y trompent pas. Les médias, quoique moins alarmistes qu'en France, ainsi que les écologistes et les associations d'activistes, sont à la pointe du débat et occupent le devant de la scène. Les Néerlandais possèdent une sensibilité traditionnelle pour l'écologie qui n'est plus à démontrer. Loin de faire l'autruche en s'enfouissant la tête dans le sable de la mer du Nord, ils parlent ouvertement du risque majeur qui menace le pays.

> *Cependant, la menace de la montée des eaux existe pour eux depuis des siècles. Cette menace est même à l'origine de la constitution de leur territoire ainsi que de leur tempérament volontariste de bâtisseurs. Ils ne cessent d'en parler, tout en affichant leur confiance en la capacité de leur génie civil de continuer à y résister. C'est un trait de leur génie national: Ils craignent la menace de l'eau avec confiance.*

III. La jeunesse, l'éducation et le tempérament néerlandais

★ *Très tôt, les petits Néerlandais doivent apprendre à voler de leurs propres ailes pour devenir autonomes. Très tôt, les enfants sont considérés comme des grands dans la société.*

★ *Les Néerlandais n'ont peur de rien, ne sont jamais stressés et toujours contents. Ils ne sont décidément pas Français !*

★ *Leur tempérament et leur culture les portent à voyager, à apprendre et à parler facilement les langues étrangères. Ils ne possèdent pas un don ou un gène particulier, mais une culture, un rapport à l'autre et une disposition d'esprit dont semblent privés les Français.*

★ *L'éducation est naturellement « positive » puisque la société l'est dans son ensemble.*

Les écoles du quartier, le début du groupe

De façon naturelle, les parents inscriront leurs enfants à l'école maternelle et primaire située à proximité dans leur quartier. Celles-ci sont tellement répandues que l'on a l'embarras du choix, mais de toute façon, la question ne se posera pas : le choix est déjà fait implicitement ; on ira à l'école la plus proche de son domicile.

Cette proximité a pour but avoué de brasser les enfants du quartier et d'initier leur développement social au sein de leur groupe. Les écoles maternelles sont si nombreuses qu'il n'est pas rare qu'il n'y ait qu'une seule classe par niveau jusqu'au primaire. C'est l'émergence précoce et fondatrice d'un esprit de promotion par génération, du groupe par classe d'âge.

Autant que possible, les élèves se suivront pendant toute leur scolarité, puis tout au long de leur carrière professionnelle.

> *Le groupe par classe d'âge est une composante essentielle de la société néerlandaise. Il accompagnera l'élève tout au long de sa scolarité, jusqu'à l'université, puis dans sa vie d'adulte par l'intermédiaire d'associations qui resteront actives toute leur vie.*

La vie de quartier va alors se développer, grâce aux allers et venues des mamans et papas qui iront à pied accompagner leurs petits à la maternelle, tout en récupérant au passage les petits voisins qui se joindront à leur copain ou copine, arrivant ainsi déjà en groupe à l'école.

Les parents en profiteront pour faire connaissance, se répartir les accompagnements et se confier leurs tout-petits, c'est-à-dire qu'ils constitueront eux aussi leur groupe de quartier. Les enfants poursuivront ces « transports en commun » jusqu'à l'école primaire, mais à vélo cette fois et sans les parents, en passant chez les uns et les autres pour récupérer leurs copains et copines et former d'immenses grappes de cyclistes qui sillonnent leur quartier pour aller à l'école.

Ces groupes de jeunes, qui réussissent l'exploit de rouler en pelotons compacts sur des pistes urbaines étroites sans se casser la figure, font partie de la vie du quartier, qu'ils animent de leurs joyeuses chevauchées chaque matin et chaque après-midi de la semaine.

Dès la maternelle, responsable dans le groupe

Comme dans tous les pays, tout commence très tôt dès l'école primaire. Mais aux Pays-Bas, ce commencement ne ressemble à aucun autre. Les jeunes enfants doivent entrer dans leur classe en allant d'abord saluer et serrer la main de la maîtresse qui les reçoit individuellement, en les regardant affectueusement dans les yeux, tous les uns après les autres. Chaque matin, ils sont ainsi considérés individuellement et sont invités à considérer leur maîtresse d'égal à égal. L'enfant existe aux yeux de la maîtresse. Puis ils forment avec leur maîtresse et leurs camarades un grand cercle (le « kring ») dans la salle de classe et y prendront tous la parole à tour de rôle. Ils écouteront tous les autres, y compris leur maîtresse, qui ne se distinguera d'aucun dans cet exercice.

> *Dès leur plus tendre enfance, les enfants appréhendent la vie en tant que personnes reconnues et autonomes, agissant d'égal à égal avec la maîtresse, dans le respect d'autrui, au sein du groupe auquel ils appartiennent.*

La même attention sera accordée aux nouveaux arrivants en cours d'année. Toute la classe prendra le temps de les accueillir et de les intégrer au groupe. Pour un enfant étranger, si la barrière de la langue est trop importante, on apportera une aide linguistique.

On attribue aux petits à tour de rôle des petites responsabilités vis-à-vis de leur petite communauté, comme arroser des fleurs, prendre soin d'animaux domestiques ou faire pousser des plantes, ou encore distribuer le lait et nettoyer la salle de classe en fin de journée. Pendant toute leur enfance à l'école, on les laissera jouer le plus possible, surtout à l'extérieur.

> *Dès leur plus jeune âge, les enfants font partie d'une communauté dont ils ont la responsabilité, qu'ils se doivent d'entretenir et de préserver. Ils n'en sont pas les sujets mais les acteurs responsables.*

4 ans, jour de l'intronisation en société

Chaque enfant rentre à l'école primaire le jour anniversaire de ses 4 ans, et non pas le jour de la rentrée scolaire pour tous. Tout au long de l'année, la classe de maternelle va ainsi accueillir les nouveaux arrivants ce jour précis, et fêter tous ensemble, à la fois leur intégration dans la communauté et leur anniversaire individuel. Toute leur vie, les Néerlandais vont fêter leur anniversaire comme leur véritable naissance sociale.

> *Ce jour anniversaire de la quatrième année lors duquel chaque enfant rejoint sa classe maternelle, constitue l'intronisation de chacun dans la société néerlandaise. La définition sociale des individus est toute entière contenue dans cet évènement fondateur: une personne unique reconnue comme telle et responsable au sein de la communauté.*

La différence est frappante avec la France, où chaque individu intègre la société le même jour de la rentrée scolaire, et devra se conformer à un cadre qui le définira et le maintiendra comme sujet. La définition et la conception de l'individu en société sont ici aux Pays-Bas radicalement différentes.

Team building à l'école

Pour des enfants qui vont rester avec les mêmes camarades au cours de chaque cycle primaire puis secondaire, l'importance accordée à la cohésion de classe est capitale. Dès le primaire, ils vont pouvoir débattre de sujets de société qui concernent leur communauté scolaire, comme le suicide des enfants harcelés, la sécurité à vélo ou le chauffage des classes. Ils le font généralement en regardant des films, puis en discutant entre eux, ce qui est aussi le début du palabre fédérateur en société.

Les parents: responsables et impliqués à l'école

L'école maternelle sollicite immédiatement les parents à qui on confiera sans hésiter la responsabilité de garder les enfants pendant la pause déjeuner (« Overblijfmoeder »), ou lors des sorties de la classe. Pour les parents nouveaux arrivants, il s'agit, comme pour leurs enfants, d'une intégration dans la communauté locale. Une entière confiance leur sera donnée pour s'occuper des enfants des autres parents qu'ils ne connaissent pas encore, sans exiger de diplômes ou d'expérience antérieure en jardin d'enfant. De même, on demandera aux mamans françaises ou étrangères, de bien vouloir donner des cours de langue à d'autres enfants ou adultes, sans exiger de références ou de quelconque diplômes. Les adultes, comme leurs enfants, sont responsabilisés d'entrée de jeu.

> *L'accueil réservé aux parents, la confiance ouverte qui leur est donnée et leur participation aux tâches de l'école, va faciliter les rapports avec les enseignants, qui n'appartiennent plus à un corps distinct, mais bien à la même communauté dont tous s'occupent ensemble.*
>
> *« Si c'est ça l'école maternelle, je suis contente d'y avoir mis mon fils » disait ma femme lorsque nous y emmenions nos petits.*

Cette confiance se pratique entre les parents eux-mêmes, qui laissent leurs tout petits aux anniversaires chez leurs amis, et qui acceptent qu'ils soient ramenés chez eux par d'autres parents qu'ils ne connaissent pas. Il faut avouer que les mamans françaises auront du mal à ne pas aller chercher leurs rejetons elles-mêmes à la sortie de l'anniversaire.

Un test d'orientation sans appel

A l'âge fatidique de 11 ans (groupe 8 aux Pays-Bas, CE2 en France), tous les élèves sont soumis à un test, le fameux « CITO toets », qui vise à départager ceux qui pourront continuer vers la filière universitaire, laquelle s'en trouve ainsi fortement régulée en amont de la formation. Environ un tiers des élèves y sera ainsi éligible. Il existe bien sûr des passerelles pour passer en cours de route de la filière générale ou de l'apprentissage, vers la filière universitaire. Quoi qu'il en soit, les parents ne disposent d'aucun recours pour influer ou modifier cette orientation qui est strictement dépendante des résultats de l'enfant au test CITO. Les résultats sont sans appel.

A l'âge de 12 ans, les filières sont classées par ordre de niveau décroissant [8] :

1. VWO, avec ses options « Gymnasium » (Latin, grec), « lyceum » et « Atheneum »: baccalauréat à 18 ans, qui donne accès à l'Université
2. HAVO: baccalauréat à 17 ans, qui donne accès à la filière précédente VWO ou les écoles « Hoogeschool / hbo-opleiding » correspondant à un BTS en France
3. WMBO: baccalauréat « pro » à 16 ans, qui donne accès à la filière précédente HAVO ou à une formation en apprentissage « mbo-opleiding ».

Alpha, Beta, Gamma, le meilleur des mondes

Sans que cela ne corresponde à une organisation ou à un cursus officiellement établi par le ministère de l'éducation nationale, les Néerlandais utilisent souvent dans les discussions informelles les catégories « Alpha », « Beta » et « Gamma » pour désigner les affinités et qualités dont la nature a doté les êtres humains. Les individus Alpha sont ceux portés vers les « produits de l'action humaine », comme l'histoire, la linguistique et la littérature. Les

---

[8] *https://stichtingnob.nl/artikelen/het-nederlands-onderwijssysteem*

individus Beta sont ceux doués pour la « discipline non humaine » comme la physique, la biologie, les mathématiques et l'informatique. Les individus Gamma sont ceux qui préfèrent les « sciences humaines » que sont la psychologie, la sociologie et surtout, l'économie.

Loin de faire référence à une ségrégation des individus pour une organisation sélective et coercitive de la vie en société, décrite par Aldous Huxley dans son livre d'anticipation dystopique « Le meilleur des monde » (1932), les Néerlandais acceptent dans le principe les différences entre les individus pour les reconnaître comme des qualités intrinsèques à chacun, comme des dons à développer pendant la scolarité, afin que chacun puisse être en accord avec sa nature profonde.

> *« Si vous jugez un poisson sur ses capacités à grimper aux arbres, il passera sa vie à croire qu'il est stupide. »*[9]

Cette acceptation au niveau de la société n'exclut pas une aspiration non dissimulée des parents à ce que leurs enfants accèdent aux meilleurs filières éducatives. Chacun tentera alors de mettre toutes les chances de son côté en préparant le mieux possible ses enfants au test CITO, afin d'obtenir le meilleur classement possible. Notre voisin, en bon père néerlandais, n'aura pas ménagé ses efforts pour faire travailler assidûment ses trois filles avant leur test. Que ce soit le professeur de langue de ma femme, ou nos voisines, les mères ne manquaient pas une occasion de signifier à leur entourage que leurs enfants avaient eu accès à la prestigieuse filière de haut niveau, tout particulièrement sa fameuse option « Gymnasium ».

Un enseignement d'abord pratique

Avant le fameux test d'orientation « CITO toets », l'éducation pendant le primaire se gardera de dispenser un savoir

---

[9] *Albert Einstein*

théorique, et se limitera principalement à l'enseignement du calcul et de l'écriture. On dispense un savoir concret qui va à l'essentiel pour permettre à tout enfant de pouvoir se débrouiller dès l'âge de 10 ans, dans un esprit pratique et efficace. On aborde également l'histoire, la géographie, en particulier la topographie, le sport, le dessin, et la musique. Les sorties culturelles seront nombreuses, au musée, à la bibliothèque, au théâtre, ainsi que les excursions à la journée à la plage « strand dag », dans les bois, « bos dag », ou pour faire du sport « sport dag ».

> *Aux Pays-Bas, l'éducation n'est pas, comme en France, un outil socio-politique qui vise à éduquer les masses par la connaissance et par l'inculcation de principes républicains, qui discipline les individus dans un système et qui pousse les élèves vers l'excellence. Au lieu d'inculquer un lourd programme éducatif, l'école néerlandaise prône un enseignement d'abord pratique, ainsi que l'autonomie individuelle dans le respect de tous.*

Pas de devoirs à la maison

Chose incroyable pour des enfants français, les petits Néerlandais n'ont pas de devoirs à faire à la maison, toutes les connaissances devant être acquises en classe. À partir de 10 ans, ils commenceront timidement à s'y mettre avec 30 minutes par semaine !

Les devoirs sont remplacés par des travaux de recherche sur un thème libre dès l'âge de 5 ans, puis des exposés à préparer à partir de 7 ans, et la rédaction d'un rapport ainsi que la présentation d'un article de journal dès 9 ans.

Education sexuelle dès le primaire

Dès le primaire, les enfants sont invités à déposer de façon anonyme leurs questions touchant à la sexualité dans une boîte spéciale. Dès l'âge de 6 ans, ils apprendront que l'on peut être homosexuel et que l'on peut se marier. Dès l'âge de 10 ans, ils observeront un tampon dans un verre d'eau et comment mettre un préservatif sur le manche du balai de la classe. Très tôt on leur parlera des pédophiles et des « Lover Boys » qui séduisent des jeunes filles vulnérables pour les pousser ensuite à la prostitution.

Et pour officialiser le tout, sur un ton humoristique, burlesque et potache, la comédienne « Doctoresse Corie » aborde tous ces sujets, souvent à partir de questions posées par les auditeurs qui ne sont autres que des enfants, dans des émissions diffusées à la télévision[10] pour un public jeune. L'humour et la comédie achèvent de démystifier le sujet en débusquant systématiquement tous les tabous.

Cursus à la carte

La société n'impose pas l'établissement du collège en fonction du quartier dans lequel habite la famille. Le choix est ouvert, à charge pour les écoles de se montrer attractives auprès des élèves, qui peuvent choisir en fonction de leurs aptitudes, de leurs motivations et de leurs affinités. En bref, chaque établissement doit se vendre, sachant que le baccalauréat sera le même pour tous. Mais les méthodes et les formules pour y parvenir peuvent être différentes.

Certains établissements peuvent proposer des langues particulières plus tôt qu'ailleurs. D'autres offriront des allègements d'heures de présence en classe dans les matières que l'élève maîtrise avec au moins 14 de moyenne, à condition qu'il consacre ce temps libéré à d'autres domaines qui l'intéressent davantage et que sa moyenne dans la matière allégée ne décline pas.

> *C'est une première responsabilisation de l'élève, qui accepte ce contrat de confiance et fournira spontanément du travail personnel supplémentaire.*

---

[10] *Dr Corrie Show, https://schooltv.nl/programma/dokter-corrie/afleveringen*

D'autres établissements proposent des classes en anglais ou des matières supplémentaires de « recherche et développement » afin de développer des projets techniques comme une ville écologique ou un système d'assainissement des eaux. Ces établissements inculquent aux jeunes l'esprit d'innovation face aux problèmes de notre époque et aux besoins nouveaux des usagers.

Toutes ces offres sont présentées lors de journées portes ouvertes, qui permettent aux jeunes de réfléchir, dès l'âge de 12 ans, à leur avenir et à la manière de s'y engager.

Le rituel de passage dans le secondaire

Le passage du primaire au secondaire est un rite initiatique important et émouvant pour les enfants du groupe 8 (12 ans), mais aussi pour les parents, dans une société dont le but affiché est de rendre les jeunes autonomes et indépendants le plus tôt possible. Aux Pays-Bas, les parents doivent commencer à considérer leurs enfants comme de jeunes adultes dès l'âge de 12 ans, ce qui est bien tôt pour des parents aimants.

Les dernières semaines avant la fin des classes auront été entièrement consacrées à préparer les enfants à leur nouvel environnement du collège. Les instituteurs endossent alors le rôle de professeurs spécialisés dans une matière et se transforment en professeurs d'anglais, de biologie ou de mathématiques. Les élèves vont se mettre à changer de salle de cours pour fréquenter des professeurs différents en fonction des matières. Puisque les familles ne sont pas assignées à une école en fonction de leur quartier, d'autres groupes 8 d'autres écoles se joignent aux enfants répartis par futur collège. Les derniers mois auront été consacrés à la préparation et aux répétitions du spectacle de la soirée de clôture.

Le jour venu, le drapeau portant les noms de tous les élèves du groupe 8 a été hissé en haut du mât, au pied duquel ils se sont rassemblés avec leurs parents. Puis ceux du groupe 7 se joignent à eux, descendent le drapeau et hissent le leur à la place, le nouveau drapeau qui leur succède avec les noms du groupe 7. La passation de relais a symboliquement eu lieu. C'est alors que les centaines d'élèves de tous les groupes sortent à leur tour pour former une haie d'honneur au passage du groupe 8. Le spectacle, préparé depuis des mois, suivi de la cérémonie de clôture, peut alors commencer.

Voici le témoignage d'une mère, Française mariée à un Néerlandais et installée aux Pays-Bas, qui découvrait ce rituel de passage avec émotion.

> « Le soir venu, ils ont défilé sur le tapis rouge, habillés et maquillés pour leur rôle. Ils ont joué et chanté de tout leur coeur. A la fin de la représentation, les enfants au complet sur la scène ont chanté « Pour la dernière fois ». Dans le refrain, ils remercient pour les belles années passées. Je me suis alors levée de mon siège, me suis rapprochée de la scène pour faire une vidéo et zoomer sur mon fils. J'ai vu ce grand garçon luttant dans un fou rire contre les larmes. Je n'ai pas pu retenir les miennes. Enfants, parents, grands-parents, tout le monde pleurait. J'ai été assaillie par la force et la beauté du moment. On se dit alors que c'est la dernière fois que ce sont des « petits »[11].

On ne recherche pas l'excellence

Les étudiants sont évalués par leurs aptitudes à pouvoir suivre une filière universitaire, et par leur aptitude à travailler en groupe. Il ne s'agit pas de les pousser vers l'excellence s'ils n'en ont pas les capacités, ni d'ouvrir les portes des universités au plus grand nombre par principe républicain. Les élèves se contentent en général de la note 7 sur 10, suivant le principe « Il vaut mieux un 7 que pas de vie (festive).» (« Beter een 7 dan geen leven »), contrairement à la France où un élève se doit d'exceller pour se distinguer au détriment du groupe.

---

[11] *Petites chroniques des Pays-Bas*, Océane Dorange

> *Le système éducatif ne cherche pas l'excellence mais la normalité, la reconnaissance et le respect dans la communauté. Le rôle principal de l'école ne sera pas de tirer chacun vers plus de perfection, mais d'assurer l'épanouissement et le développement social des individus. Ce faisant, les individus acceptent de ne pas être les meilleurs partout, une préparation à leur esprit de compromis.*

Ma fille ainée a pratiqué aux Pays-Bas la danse classique toute son enfance. Puis, arrivée en France où elle voulut continuer ses cours à l'âge de 20 ans, elle s'entendit dire qu'elle n'avait absolument pas le niveau requis, parce qu'il lui manquait les bases de l'art tout simplement. Elle se heurta alors frontalement à un style de cours qui était l'image inverse de ce qu'elle avait connu aux Pays-Bas. La quête de l'excellence passe en France par un conditionnement, une mise au pas des élèves, par la discipline et le respect à l'autorité, par une certaine dureté et un manque d'empathie pour les élève qui doivent suer dur pour pouvoir extraire d'eux-même la quintessence. On ne saurait mieux décrire par opposition les principes d'éducation de la société néerlandaise dont l'objectif, quelles que soient les activités, est d'assurer le développement social des individus afin qu'ils puissent atteindre leur autonomie. C'est à dire devenir des adultes.

Ne pas se distinguer en société

La société elle-même est bâtie suivant le principe que l'individu est inférieur au groupe. Les comportements ostentatoires, qui mettent en avant un titre ou une fonction supérieure, sont mal vus. Au contraire, les notables ou les hommes d'importance devront faire de leur mieux pour paraître « normaux » comme des monsieur-tout-le-monde. Un autre dicton dit qu'il faut « faire normal »[12] et ne pas chercher à se distinguer. Cela rend assurément la vie et les rapports sociaux plus plaisants, dans une atmosphère moins distante, moins compétitive et plus détendue.

---

[12] *« Doe maar gewoon »*

Pas d'élitisme de concours

Il n'existe pas de concours d'entrée à des grandes écoles comme en France, auxquels on doit se préparer avec acharnement pendant 2 ou 3 ans, pour se confronter aux autres candidats par un examen qui départagera les meilleurs et éliminera les moins bons, même si leur niveau était excellent. Cette confrontation élitiste qui met les individus en concurrence pour pouvoir accéder aux fonctions prestigieuses de l'Etat et des grandes entreprises, n'existe pas aux Pays-Bas, ni ailleurs en Europe.

Pas d'élite dans la société

Aux Pays-Bas, l'ego de chacun est retenu dans les normes sociales fortes et uniformes du groupe. Pour autant, et c'est l'un des « paradoxes culturels » que réussit à produire cette société, cette normalisation dans le groupe préserve et enseigne l'autonomie, l'épanouissement personnel et la responsabilisation de chacun. Ce système n'engendre donc pas des individus soumis et vides de personnalité comme ce que les romans d'anticipation décrivent dans des sociétés imaginaires et dystopiques régies par un pouvoir totalitaire formatant des individus décérébrés. Ce que ce système n'engendre pas, ce sont des élites qui se distinguent en société et qui se placent au dessus du panier.

Le groupe et l'association pour la vie

Les Néerlandais sont intégrés dans leur groupe dès leur intronisation sociale à l'âge de 4 ans en maternelle, puis restent liés et affiliés au groupe tout au long de leur vie. D'abord à l'école, dans leur groupe de copains et d'amis, puis à l'université, dans les corps d'étudiants, les associations sportives ou culturelles, les « fraternités », les « maisons », puis, à l'âge adulte, dans les associations d'anciens élèves (« alumni ») et les associations professionnelles liées à leur domaine d'activité.

Les groupes restent actifs jusqu'à la retraite et peuvent se manifester parfois de façon inattendue. Mon voisin, confortablement installé dans sa paisible retraite, a reçu, à l'âge de 70 ans, une invitation de son ancien club d'aviron de l'Université d'Amsterdam pour célébrer le retour des rameurs néerlandais médaillés aux Jeux olympiques de Paris 2024, aujourd'hui membres actifs de ce même club. Il était naturel d'inviter à la célébration tous les anciens, même ceux qui, comme mon voisin, y avaient ramé il y a plus de 50 ans ! Il s'y était d'ailleurs entraîné mollement, avait bu des bières avec plus de vigueur et, incidemment, y avait rencontré sa femme, elle aussi membre du club.

Parler les langues est une priorité

Les Pays-Bas accordent une grande importance à l'enseignement des langues étrangères dès le plus jeune âge. Ils encouragent les enfants à apprendre plusieurs langues étrangères au cours de leur scolarité. Bien que des efforts aient été entrepris en France pour introduire l'enseignement des langues de plus en plus tôt à l'école, il n'est peut-être pas aussi intensif ou si précoce dans le parcours scolaire.

Partout dans le pays, il existe des écoles primaires qui offrent à leurs élèves des heures supplémentaires d'enseignement des langues étrangères (Vroeg Vreemdetalenonderwijs VVTO) et des écoles secondaires qui ont un programme d'enseignement bilingue (TweeTalig onderwijs TTO). De plus, le gouvernement finance des écoles internationales néerlandaises, qui sont des filières complètes en langue anglaise au sein d'un établissement néerlandais. [13]

> *Le système éducatif néerlandais met en avant l'apprentissage des langues étrangères, jusqu'au nombre de trois, alors qu'en France l'éducation privilégiera les mathématiques et la logique.*

---

[13] *https://stichtingnob.nl/artikelen/het-nederlands-onderwijssysteem*

Les langues étrangères sont un apprentissage pratique et essentiel qui s'assimile rapidement et peut être utilisé plus facilement qu'en France.

Parler les langues naturellement

> *C'est surtout l'état d'esprit qui règne dans les classes du primaire et du secondaire qui permet aux enfants de progresser naturellement et en toute tranquillité dans leur apprentissage des langues étrangères. Les élèves aux Pays-Bas ne sont pas mis en situation de test à chaque prise de parole. Ils ne se sentent pas jugés ou dévalorisés publiquement devant leurs camarades de classe. Les enfants en classe, ou dans leur vie hors de l'école, n'ont pas peur du ridicule ou de la critique lorsqu'ils s'essayent aux langues étrangères. Parler les langues étrangères est aussi naturel que discuter, c'est même amusant.*

Le langage est avant tout considéré comme un assemblage de mots fréquemment utilisés pour permettre aux gens de socialiser. On tachera alors d'y exposer les enfants aussi fréquemment que possible au travers d'activités ludiques, correspondant à des tâches réelles de la vie. L'approche ne se focalise donc pas sur l'analyse de la langue elle même, ses règles de grammaire et listes de vocabulaire, mais plutôt sur la répétition et la construction de locutions de façon plus implicite que inductive ou raisonnée. On utilise des contes au primaire et des textes, des vidéos au collège et des reportages au lycée, et des films qui sortent au cinéma à l'université. Les élèvent utilisent au lycée et à l'université des logiciels d'apprentissage comme FluentU pour pouvoir apprendre avec des films et des dialogues de la vie moderne. La progression propre à chaque élève, sera suivie par un logiciel comme SlimStampen qui mesure la mémorisation et suggère ensuite la révision en fonction des lacunes. L'idée est que les élèves repèrent le vocabulaire en situation, et fassent des quiz plusieurs fois par semaine jusqu'à ce que ce vocabulaire soit mémorisé. Le logiciel se souvient des mots qui ne sont pas acquis et les réintègre dans les exercices lors des prochaines sessions de travail jusqu'à ce qu'ils soient acquis. En classe, les activités sont variées et surtout axées sur la production orale.

> *Le but de ces activités est d'abord de diminuer l'anxiété liée à la prise de parole en dédramatisant les tentatives des élèves, et en travaillant la répétition et l'automatisation.*

Les activités sont surtout faites en groupe, au début même en chorale, pour que les étudiants développent une certaine confiance en eux. En se concentrant sur le sens du langage et non pas sur sa forme, chaque élève peut utiliser son propre répertoire linguistique et apprendre du répertoire des autres. En même temps, chacun peut travailler individuellement sur l'aspect linguistique qui lui manque pour s'exprimer. Cela demande de l'autonomie guidée et de la réflexion personnelle – compétences qui sont encouragées dans les écoles néerlandaises. [14]

Un autre rôle pour les enseignants

Cette façon de travailler implique que l'enseignant n'est pas seulement celui qui transmet ou évalue la connaissance, pas plus qu'il n'est un modèle. Il est celui qui propose des sources de connaissance, organise des activités aussi motivantes que possible favorisant la répétition et l'automatisation du langage, il est celui qui crée un environnement propice à la pratique, à la collaboration entre les élèves, il s'assure que la langue étrangère est pratiquée le plus possible. Il est aussi celui qui détecte les besoins individuels ou collectifs des élèves et qui offre des activités pour les combler.[15]

> *L'enseignant n'est pas là pour compter les erreurs que font les élèves. Il prend en compte la pratique, la communication et la socialisation que le langage doit permettre dans son ensemble.*

---

[14] « Enseigner les langues autrement : ce que l'exemple des Pays-Bas nous apprend. » Grégory Miras, Audrey Rousse-Malpat

[15] « Enseigner les langues autrement : ce que l'exemple des Pays-Bas nous apprend. » Grégory Miras, Audrey Rousse-Malpat

Petit Néerlandais deviendra autonome

> *Les enfants sont très tôt mis en situation d'autonomie, dans un rapport d'égal à égal avec les adultes. Dans la culture néerlandaise, il n'est pas besoin de marquer une soumission respectueuse vis-à-vis de l'autorité et des professeurs.*

Jusqu'à l'âge de 18 ans, les réunions entre les parents et les professeurs se feront toujours en présence de l'élève qui en sera le principal protagoniste. C'est toujours à lui que les professeurs vont s'adresser directement pendant l'entretien, les parents n'étant présents que pour être informés. Passé l'âge de 18 ans, il n'y aura plus de réunion entre parents d'élèves et professeurs, mais seulement entre les élèves eux-mêmes et leur professeurs.

Très tôt, il appartient aux élèves, et à eux seuls, de se prendre en main, de faire leur choix et d'en assumer les conséquences. Ils décident eux-mêmes de leur avenir par leurs actes, sans que les parents soient impliqués, ou même informés.

> *C'est aux élèves de se prendre en main, de comprendre qu'il faut travailler pour se donner un avenir. Il n'appartient pas aux parents de les pousser à étudier, encore moins si les enfants n'y mettent pas de bonne volonté.*

Les fauteurs de troubles sont « ringardisés »

Les enfants comprennent bien comment se comporter pour se conformer au groupe. Comme partout, ils feront tout pour y être acceptés et bien considérés par leurs copains et leurs copines. Se poser en fauteur de trouble, remettre en cause l'autorité de la maîtresse ou du professeur, qui par ailleurs n'en use pas, ne les créditera d'aucune considération supplémentaire aux yeux des autres élèves.

> *Au contraire, ils se sentiront ringards à casser la bonne ambiance, ils se verront affublés « de la casquette rouge » de ceux qui sont prêt à dégrader*

ou empoisonner la vie des autres pour des raisons égoïstes.

On leur aura déjà expliqué que la punition n'est pas la solution aux problèmes de comportement, pour autant ils ne seront pas tentés de se punir eux-mêmes en se distinguant du groupe et en étant mal vus des autres.

Ne pas se monter les uns contre les autres

En cas de harcèlement (« pesten ») entre élèves, que les réseaux sociaux amplifient de nos jours, on convoquera les enfants pour qu'ils en discutent entre eux. On évitera de confronter les parents, ce qui mènerait immanquablement à des positions conflictuelles. Par la discussion et le compromis, on demandera aux enfants de résoudre leurs problèmes entre eux, car ils y ont un intérêt évident. On ne veut pas monter les parents et les élèves les uns contre les autres. A chaque difficulté, même en présence des parents, l'enfant sera l'interlocuteur principal et restera au centre du débat.

On change d'école pour un problème d'intégration

En s'établissant aux Pays-Bas, une amie française avait scolarisé son jeune fils Vincent dans le système néerlandais, tout en laissant ses deux filles, plus âgées que lui, à l'école française de La Haye par souci de continuité. Vingt ans après, le résultat est sans appel. Le jeune homme est un adulte autonome et équilibré, qui parle aux adultes d'égal à égal et ne sait gérer les conflits que par la discussion, jusqu'à ce qu'une solution au problème soit trouvée. Vincent serait incapable d'évoluer dans la société française, percluse de problèmes, de confrontations interminables et de relations conflictuelles au travail. Jeune, il avait été lui-même confronté à un problème d'intégration dans une école. Son cas avait été pris au sérieux et résolu.

Le village de Wassenaar, dans la région de La Haye, rassemble deux communautés que l'argent sépare. Au sud se trouvent les beaux quartiers (« Wassenaar Zuid ») et ses habitants aisés ; au nord se répartit la population de la classe moyenne. Sa nouvelle école se trouvait précisément entre les deux, de sorte qu'une certaine ségrégation s'opérait à la sortie de l'établissement, selon que l'on parte à gauche vers les belles demeures ou à droite vers les quartiers banals du village. Les jeunes, comme souvent, peuvent être assez sensibles à ces différences sociales et ne se font pas de cadeaux entre eux en se dénigrant. Ce que notre jeune garçon prit mal quand, nouvel arrivant venant des quartiers nord, il fut la cible des railleries. Il se braqua contre le snobisme ambiant dont il était victime.

Immédiatement, le problème fut détecté, les enseignants alertés et il fut convoqué, sans ses parents, pour mettre les choses à plat avant qu'elles ne s'enveniment.

Il eut un entretien avec le directeur, au cours duquel ils décidèrent de le changer d'école. À son arrivée dans l'autre établissement, il fut accueilli par le directeur, qui était au courant de la situation, savait que Vincent avait eu des problèmes, et lui précisa qu'il devait signaler s'il en rencontrait d'autres, car on ne le connaissait pas, mais qu'il devait en retour, lui aussi, faire des efforts. L'intégration se passa comme un charme.

Des enfants impertinents, des adultes autonomes

La société éduquant ses enfants à être adultes autant que possible, dans un environnement sans hiérarchie et sans distance marquée entre les professeur et les élèves, ces derniers n'éprouvent pas de crainte particulière vis-à-vis de l'autorité, pas plus qu'ils ne se sentent obligés de marquer un respect poli aux grandes personnes. Ici, on se parle d'égal à égal, et les adultes considèrent avec un regard amusé ces petits adultes en devenir, qui font de leur mieux pour être à la hauteur, malgré la différence d'âge et de corpulence. Bien sûr que les enfants se sentent plus petits et moins expérimentés que les grands, mais ils se doivent de se jeter à l'eau et de tenir leur place, tout en recevant la considération qui leur est due, comme tout le monde quel que soit leur âge. Alors, la fougue et la maladresse de la jeunesse aidant, l'insolence aussi, il n'est pas rare de voir cette jeunesse friser l'impertinence vis-à-vis des adultes, ce qui choquera des parents français habitués à la discipline et à un certain respect qui est synonyme de politesse pour eux.

> *Les adolescents parlent aux adultes d'une manière qui, en France, pourrait être prise pour de l'insolence, pour un manque de respect ou d'éducation.*

Par un curieux renversement de situation, ces enfants impertinents vont ensuite devenir des adultes calmes, facile d'accès, respectueux des autres, et surtout, autonomes.

Etudes et travail à temps partiel

La validation de l'entrée à l'université est soumise à l'obtention d'un certain nombre de crédits qui doivent être obtenus impérativement en une année, le « Propedeuse », sans quoi l'élève devra changer d'établissement s'il veut continuer dans la même discipline, ou de matière s'il veut rester dans le même établissement. Ensuite, libre à chacun, en fonction de son temps et de ses ressources financières, d'allonger la durée de ses études universitaires pour pouvoir travailler en même temps qu'étudier.

Il est fréquent de voir ainsi ces jeunes, ayant déjà un petit pied dans la vie active tout en restant à l'université, passer de longues années dans un état d'alternance qui leur laisse le temps de profiter de cet intermezzo entre le lycée et la vie active professionnelle. Le premier ministre Mark Rutte a ainsi terminé ses études supérieures en 8 années, presqu'une décennie.

> *De là vient peut-être l'accointance des Néerlandais pour le travail à temps partiel qui leur évite d'être accaparés par une carrière, tout en leur permettant de préserver du temps libre. La notion d'équilibre*

> *entre la vie professionnelle et la vie privée est perçue comme indispensable au bon épanouissement des individus dans leur vie active, même après leur éducation scolaire.*

Pas de philosophie

L'enseignement du savoir théorique se fera après le test d'orientation à l'âge de 11 ans. Pour autant, il n'en reste pas moins pratique et pragmatique. On n'apprend pas l'écriture cursive, les cahiers « Seyes » avec leurs lignes d'écritures bien droites, n'existent pas dans les écoles aux pays-Bas. Encore moins les stylos plumes et les cartouches d'encre.

L'enseignement au primaire, au secondaire ou au lycée se fera sans la philosophie comme matière, avec comme principale conséquence, un manque d'intérêt et de pratique pour le débat d'idées et la conceptualisation des choses.

> *En littérature, les Néerlandais débattent peu des écoles de pensées ou des tendances culturelles. En politique, ils ne sont pas adeptes des idéologies dont ils se méfient. Le débat touchera essentiellement à l'économie et restera pragmatique et consensuel. Ils sont peu portés vers la discussion conceptuelle et se posent moins de questions dans leur vie quotidienne.*

Les centres culturels existent peu, ou pas. Ils ignorent les pensées profondes et confondantes comme « Je pense donc je suis », ou « L'enfer c'est les autres », ce qui ne les rendra pas moins heureux, bien au contraire. Ils restent moins sensibles et émotifs, mais plus directs que les Français.

De là vient aussi une certaine admiration pour la culture française, ses penseurs, ses intellectuels et ses hommes politiques possédant une grande culture générale leur permettant de débattre sans fin de questions purement conceptuelles. Ces personnalités politiques françaises impressionnent par leurs discours construits et argumentés comme des essais littéraires, émaillés de citations philosophiques et de références historiques.

> « Mais l'admiration n'efface pas le revers de la médaille qui transparaît vite; une tendance à l'éloquence pompeuse et à la verbosité, conjuguée à un manque d'autodérision notable » [16].

Motivation, encouragement et confiance en soi

Les cours à l'école font une grande place à l'autonomie et à la responsabilité, au travail de recherche et de présentation devant une audience, et ce dès l'âge de 6 ans. Par rapport aux classes françaises, il y a moins de cours magistraux, les élèves étant moins mis en situation d'écoute passive et de soumission à l'autorité professorale. L'accent est mis sur la coopération et l'entraide, on ne cherche pas à punir si on copie ou on souffle les réponses.

> *On pratique l'encouragement et l'entretien de la motivation pour la confiance en soi, et non le dénigrement par la critique systématique de ce qui ne va pas.*

A force de dénigrer les élèves, cela amoindrit leur confiance en eux et leur autonomie. Cela les rendra moins entreprenants dans leur vie, que ce soit pour contribuer à façonner la société ou se mettre à leur compte.

> *On ne poussera pas un élève moyen qui travaille peu, même s'il possède des aptitudes à étudier. Ce sera à lui de trouver sa motivation, ce qui est un bien meilleur moteur que la course aux notes.*

Cette recherche de la motivation justifie tous les chemins, toutes les voies à explorer. L'enfant sait qu'il sera reconnu par son travail, même s'il se trouve hors des cursus classiques. Cette

---

[16] Volkskrant « Peter Giesen is na vijf jaar terug uit Parijs en weet een ding zeker: 'Ik ben geen Fransman' », 8 juin 2018

façon positive de considérer l'individu fait qu'il n'y a pas de voie académique « royale », ni de décrochage ou d'échec scolaire. Il y a simplement des chemins personnels.

> *Chacun trouvera sa motivation et sa voie, et fera bien ce qu'il voudra et ce qu'il pourra de sa vie. La reconnaissance se fera d'abord par le travail plus que par les diplômes.*

L'amélioration par la spirale positive

Le principe adopté ici, que l'on retrouve d'ailleurs dans beaucoup d'autres pays nordiques, repose sur la reconnaissance des points positifs plus que sur les erreurs. Pour apprendre et s'améliorer, l'optimisme, allié à la confiance en soi, possède un pouvoir de contagion et d'entraînement supérieur au pessimisme.

> *Que ce soit lors d'une évaluation scolaire ou d'un retour d'expérience en entreprise, les Néerlandais préféreront se concentrer sur les aspects réussis, quitte à occulter les erreurs à corriger, tandis que les Français chercheront d'abord à reconnaître leurs erreurs, au risque, maintes fois démontré, de s'engager dans une spirale négative et une culture de l'échec.*

Le « French bashing » que les Français exercent sur eux-mêmes, en se critiquant ouvertement et constamment en public, reste incompréhensible pour des Néerlandais qui ont été éduqués à capitaliser sur les bonnes pratiques issues de leurs réussites.

L' éducation positive dans une école positive

Le débat qui sévit aujourd'hui en France sur « l'éducation positive », ou sur la « parentalité positive », n'a pas lieu d'être ici puisque les principes qui régissent l'éducation des enfants dans la société néerlandaise en sont la définition même.

> *Dès le début, l'école ici met l'accent sur une approche bienveillante, respectueuse et non punitive*

pour éduquer les enfants. Elle se concentre sur le renforcement des relations entre parents et enfants sans autorité prononcée, des relations entre professeurs et enfants sans hiérarchie prononcée, sur la promotion de l'autonomie, de l'estime et de la confiance en soi, ainsi que sur le développement de compétences sociales et émotionnelles saines.

Cette société toute entière repose sur le principe selon lequel les enfants ont besoin de se sentir aimés, soutenus et respectés pour grandir et se développer de manière optimale. Elle encourage les parents à adopter une approche proactive plutôt que réactive, en mettant l'accent sur la prévention par une éducation civique plutôt que sur la punition.

Lorsque l'on a été confronté à la société néerlandaise et à ses écoles, on ne peut que rester dubitatif en entendant les discours visant à introduire les concepts « d'éducation positive » en France, dans un système dont on ne remet pas en cause l'esprit magistral des classes, la discipline, la hiérarchie, l'élitisme, le programme, la recherche de l'excellence avant le développement social des individus, de leur autonomie et leur responsabilité vis-à-vis de leur communauté. L'éducation ne pourra pas être positive si la société et l'école ne le sont pas.

Un « Canon » pour une identité nationale

Comme en France, l'enseignement de l'histoire avant les années 1970, était fait de récits chronologiques, mettant l'accent sur les événements et les grandes figures historiques, sans prendre en compte les dimensions sociales, culturelles, économiques nouvelles qui commençaient à apparaître dans la société à cette époque. Ce n'est qu'à partir des années 1970 que l'éducation devint plus interdisciplinaire, pour offrir une meilleure compréhension des contextes historiques, des motivations humaines, des dynamiques sociales et culturelles. L'objectif était de faire de l'histoire non seulement une matière qui relatait les faits, mais aussi une discipline qui encourageait la réflexion critique, la compréhension des nuances et la réflexion sur les implications de l'histoire dans la société actuelle. Cette évolution a également contribué à élargir la notion de citoyenneté en y incluant des éléments sociaux et culturels. L'éducation civique fit son apparition.

La démarche déboucha en 2006 dans l'établissement d'un « Canon » - dans le sens d'un ensemble de règles et de principes organisés - autour de 50 étapes principales, que ce soient des personnages, des évènements ou des thèmes de société, qui s'égrènent tout au long d'une longue frise historique comme un grand jeu de l'oie dont la case ultime serait l'identité et la culture nationale telles qu'elles peuvent être définies aujourd'hui. Un site internet[17] bien illustré et didactique, essentiellement pour les enseignants, mais aussi pour les élèves et les citoyens, a été crée. Il est disponible en néerlandais bien sûr, mais aussi en français, en espagnol, en allemand et en anglais, mais aussi en arabe, en turc, en polonais, en indonésien et en serbe.

Comme les temps changent vite, et que les Néerlandais sont prompts à assimiler leur époque, des mises à jour sont faites régulièrement, la dernière en date ayant été publiée en juin 2020.

> *Parmi les récents ajouts au canon, il faut noter le massacre de Srebrenica[18] en 1998 qui est toujours vécu aujourd'hui comme un traumatisme national, la construction européenne dont les Pays-bas sont un des piliers, mais aussi, chose à la fois remarquable et révélatrice, cette fameuse couleur et « sensation orange » qui s'étale partout lors des manifestations sportives et des fêtes nationales, et qui unit la population dans une identité folklorique qui galvanise les Néerlandais.*

---

[17] https://www.canonvannederland.nl/

[18] Voir section « Srebrenica, traumatisme national » dans le chapitre « La vie en société »

Le « Canon » vit aussi par un partenariat actif et un réseau[19] entre tous les musées et les institutions patrimoniales qui travaillent ensemble pour mettre en valeur l'histoire des Pays-Bas.

La rentrée scolaire n'est pas un évènement national

Alors qu'en France la rentrée scolaire est annoncée au journal télévisé dans tout le pays comme une grande affaire d'ampleur nationale, ce qui ne peut manquer d'exposer les enfants à une certaine anxiété, elle passe inaperçue aux pays-Bas, si ce n'est qu'elle marque la fin des vacances. Les jeunes Néerlandais ne connaissent pas la corvée et le rituel de l'achat des fournitures scolaires détaillant les cahiers avec lignes, les pochettes, les pages perforées, les classeurs, les stylo-plumes et les cartouches d'encre… Tout ce qu'ils auront à faire sera de choisir un cartable et un agenda qu'ils personnaliseront de façon à ne pas avoir le même modèle que les autres. Chacun veillera à conserver quelques marques distinctives au sein de la communauté.

Un esprit sain dans un corps sain

L'école libère les enfants vers 15h ou 16h, afin de leur laisser le temps d'aller à leur club de sport ou de musique. La culture néerlandaise ménage une place importante aux activités physiques et manuelles, qui procurent équilibre et dynamisme.

> *Les déplacements quotidiens en vélo contribuent à l'équilibre et au développement personnel en aérant les esprits et en maintenant les corps en mouvement, sans quoi des esprits avisés et lucides ne peuvent s'épanouir.*

L'école n'a pas vocation à occuper les enfants jusqu'à ce que les parents puissent venir les récupérer à la sortie des bureaux. C'est un autre organisme, le «BSO » (Buiten Schoolse Opvang) qui remplit ce rôle.

---

[19] *https://www.canonvannederland.nl/nl/canonnetwerk*

Pas trop d'intellectuels

Le système éducatif n'est pas là pour pousser les élèves, pour élever le niveau de connaissance de la population, pour tirer les élèves moyens vers l'excellence. Le système d'orientation et de limitation de l'accès aux études universitaires veille à sélectionner les plus aptes qui ne seront pas freinés par ceux qui n'ont pas les capacités ou la motivation. Ce système veille aussi à ne pas orienter des élèves en surnombre vers les professions intellectuelles dont la société n'aurait pas besoin. Il faut d'abord former les étudiants pour les emplois dont la société à besoin.

L'hélicoptère vole au ras du sol

Le profil intellectuel des Néerlandais et la façon avec laquelle ils abordent les problèmes, sont à l'opposé de ceux des Français. Il existe dans leur vocabulaire un verbe pour désigner cette attitude à se saisir rapidement d'une situation pour tenter de la résoudre de façon pragmatique, sans tergiverser: « aanpakken » qui peut se traduire en français par « tacler ». Ce sont des joueurs opportunistes en mouvement perpétuel, qui réagissent aux sollicitations et qui tombent sur les situations pour s'y frotter et y remettre de l'ordre aussi rapidement que possible.

On pourrait comparer cet état d'esprit, ou plutôt cet état d'action, à un hélicoptère qui tombe sur un problème au plus près du sol, et qui va tourner autour jusqu'à le juguler et le résoudre. Eventuellement, leur hélicoptère prendra un peu de hauteur pour considérer la situation dans son ensemble, à l'aune de quelques principes et concepts intellectuels, mais pas trop compliqués.

L'hélicoptère français quant à lui, va suivre un plan de vol contraire. Les Français approcheront la situation avec leurs concepts intellectuels et leur vision qui se voudra aussi universaliste que possible, pour l'appréhender d'en haut, si possible avec des plans d'une autorité gouvernementale qui dissuadera toute initiative personnelle.

Eventuellement, l'hélicoptère français consentira à redescendre sur terre pour suivre un plan de vol à la néerlandaise, en abandonnant la solution idéale qui n'existe pas, au profit de la moins mauvaise solution, intellectuellement moins satisfaisante, mais pratiquement efficace.

Les Français ont construit un système éducatif qui privilégie les disciplines scientifiques et produit en masse des esprits cartésiens. Ceux-ci chercheront naturellement à étudier et à démontrer scientifiquement avant de s'engager.

> *Les Néerlandais, par souci d'efficacité, n'hésiteront pas à promouvoir leurs idées avant même d'être sûrs qu'elles puissent aboutir. Leur argumentaire sera commercial avant d'être scientifique.*

Les pharmaciens et les plombiers ne sont pas des ratés

En France, les pharmaciens et les kinésithérapeutes sont ceux qui ont raté médecine, les plombiers et les artisans sont ceux qui n'ont pas pu aller à l'université. Aux Pays-Bas, la considération que l'on porte à ces professions est radicalement différente. Dans la même famille pourront se côtoyer un enfant étudiant la médecine ou le droit, avec son frère apprenant le métier de chaudronnier ou d'épicier sans que cela ne crée une différence de considération, ou un sentiment de réussite pour l'un et d'échec pour l'autre.

> *Dans la société néerlandaise, le dénigrement et le snobisme de classe sociale qui opposent les professions intellectuelles aux métiers manuels, n'existent presque pas. Il n'y a pas de sous-métier.*

La victoire du parti « Mouvement Paysans Citoyens » (« Boeren Burgers Beweging BBB ») aux dernières élections provinciales de mars 2023, représentant principalement les classes sociales populaires ayant suivi un cursus scolaire court, que l'on désigne souvent dans le langage courant comme les « études basses » (« Lage onderwijs »), a remis les discussions contre les discriminations à l'ordre du jour. Il est question de renommer les « études basses » avec des termes moins dénigrants, ainsi que les études dites « supérieures » (« Hoogeschool », équivalent BTS) pour leur ôter toute teinte de supériorité.

L'école doit refléter la société sans tabou parental

Lorsque les Pays-Bas adoptèrent le mariage pour tous en 2000, qu'ils appelaient sans tabou à l'époque le « mariage homosexuel », les écoles inclurent immédiatement dans leur programme et dans la liste des thèmes à aborder, ces relations d'un nouveau genre. Sans l'aval des parents, l'école se mit à exposer aux jeunes ce que la société avait décidé d'accepter dans ses moeurs, à savoir que deux personnes du même sexe pouvaient parfaitement vivre en couple, avoir des relations et se marier.

A partir du moment où une pratique est choisie et acceptée dans le « vivre ensemble »[20] de la société néerlandaise, l'école aura le devoir de l'inculquer aux enfants sans aucun tabou, suivant le principe qu'ils sont des personnes autonomes ne devant pas être assujettis aux opinions de leurs parents.

Van Gogh restera Français

Bien que l'artiste néerlandais Van Gogh n'ait passé que les 4 dernières années de sa vie en France où il arriva à l'âge de 33 ans (à part un court séjour à Paris à 22 ans), son nom fut symboliquement choisi pour le lycée français de La Haye. Celui-ci prodigue un enseignement suivant le programme scolaire à la française, habituellement synonyme « d'excellence » auprès des étudiants à l'étranger.

Pour y avoir scolarisé nos 4 enfants à partir des années 2000, ma femme et moi pouvons attester du sérieux de l'établissement, ainsi que sa conformité aux principes d'éducation scolaire « à la française ». Cours magistraux et conceptuels, discipline et rigueur,

---

[20] Voir chapitre « La vie en société »

hiérarchie entre les professeurs et les élèves, discussions avec l'autorité parentale et faible responsabilisation des élèves, programme scolaire strict et chargé, pas ou peu d'intervenants extérieurs, souci constant d'atteindre l'excellence et les bons résultats au baccalauréat, tout ce qui fait l'éducation à la française, et ce qui la distingue de l'éducation à la néerlandaise, y est.

French & international !

En avril 2023, pour la première visite d'État d'un président français aux Pays-Bas depuis 23 ans, le président français Emmanuel Macron a annoncé la création de l'école « International French School, IFS » à Amsterdam. Sous cet acronyme aux termes discordants, qui associe deux approches d'éducation que tout oppose, se cache une nette inflexion de l'approche française vers la conception d'inspiration nordique. D'entrée de jeu, le projet éducatif se veut « innovant », en rupture totale avec l'approche classique française.

« L'International French School d'Amsterdam a construit un projet pédagogique innovant qui permet à ses élèves de développer toutes les compétences nécessaires pour faire face au monde de demain. Ce projet se décline en trois piliers :

- Une politique linguistique forte
- Le développement de la créativité et l'esprit entrepreneurial
- La bienveillance et l'accompagnement différencié » [21]

Puis on découvre avec intérêt la vision de l'établissement, qui est, à l'exception de la référence à l'excellence académique, la transcription exacte des principes éducatifs néerlandais:

> « *L'éducation ne peut plus seulement prioriser la performance académique au détriment du développement personnel et positionner l'obtention du diplôme comme unique objectif. L'éducation doit*

---

[21] *https://www.internationalfrenchschool.com/tablissement/propos*

> *également permettre de préparer nos enfants à la complexité d'un monde en perpétuel changement. Un monde dans lequel nos enfants devront apprendre à résoudre des problématiques complexes, faire preuve d'esprit critique, de discernement, savoir travailler avec les autres et collaborer. Un monde dans lequel nos enfants exerceront probablement un métier qui n'existe pas encore aujourd'hui. »*

« Pour cela, à l'International French School d'Amsterdam, nous croyons en la notion d'équilibre : l'équilibre entre l'excellence académique et le développement personnel, entre l'intelligence rationnelle et l'intelligence émotionnelle, entre la rigueur scientifique et la créativité. C'est pourquoi, notre projet pédagogique ne fait aucun compromis sur l'excellence académique tout en encourageant le développement personnel et prend le meilleur de l'éducation traditionnelle en le fusionnant avec les compétences de demain afin d'offrir à nos élèves cet équilibre parfait qui leur permettra de s'épanouir et d'atteindre leur plein potentiel pour faire face au monde de demain. »[22]

> *L'éducation « à la française » se met au diapason de l'école néerlandaise, d'inspiration protestante et nordique, de laquelle découle une autre conception de la vie en société. Cette démarche pourrait se répandre auprès des autres établissements français de l'étranger, à l'instar des écoles dites « internationales ».*

Quant aux écoles sur le territoire français, il est permis de douter qu'elles puissent à cours terme moderniser leur cursus et leur façon de faire, car cela reviendrait à considérer la société entière autrement. Ce qui est actuellement impossible.

Drogue interdite dans les écoles

Les Pays-Bas sont mondialement connus pour leur politique accommodante vis-à-vis de la drogue. La vente de

---

[22] *https://www.internationalfrenchschool.com/tablissement/vision*

drogues douces, pour une consommation personnelle modérée, est permise et tolérée. Toute personne majeure peut ainsi acheter librement en quantité raisonnable du haschisch ou de l'herbe dans les fameux « Coffee shop » qui font l'attraction des touristes à Amsterdam.

Cependant, la politique envers la drogue reste ambivalente. Le marché n'est pas organisé et encadré comme celui de l'alcool ou des cigarettes dont les profits sont soumis à une taxe fiscale. La vente des drogues n'est pas légalisée et controlée comme c'est le cas en Californie. Aux Pays-Bas, ce commerce des drogues douces, qui est toléré mais non légalisé, s'opère donc beaucoup sous le manteau, et de surcroit suscite des gênes et des problèmes croissants pour les habitants d'Amsterdam ou les riverains des zones frontalières avec la Belgique voisine chez qui cette vente reste illégale. La tendance est aujourd'hui à un contrôle plus strict du commerce et de ses débordements.

Par ailleurs, la consommation de drogues dans les écoles et les établissements scolaires est proscrite. Les établissements scolaires font preuve de fermeté et se montrent intraitables sur la question. Ils vont jusqu'à organiser des interventions de la police qui amène des chiens dressés pour renifler les traces de stupéfiants. Tout élève surpris avec de la drogue à l'intérieur de l'établissement pourra être exclu sur le champ, sans aucune concertation avec les parents et sans aucun recours.

14 ans, mon fils est en prison !

A un âge décidément très bête, mon fils n'avait rien trouvé de mieux que de remplir les serrures des portières de voitures garées dans le quartier, avec un pistolet à silicone qu'il avait trouvé sur un chantier de construction.

La police, avertie par des voisins qui avaient bien l'âge de surveiller le quartier tout en vaquant à leurs occupations, arriva rapidement sur les lieux du délit. Elle mit la main sur les fautifs, mon fils et son copain, et les jeta sans procès en cellule pendant quelques heures. Puis, sans même user d'un air sévère pour leur faire la remontrance, mais plutôt avec la manière d'expédier une affaire routinière et procédurière, l'officier de police les amena calmement mais fermement, à négocier leur peine; soit ouvrir un casier judiciaire et payer une amende, soit effectuer 3 jours de travaux d'intérêt général pour la communauté. Ils partirent donc un matin, comme des employés du service municipal qui se rendaient au travail, nettoyer les tags sur des murs et faire la vaisselle dans un hospice de personnes âgées.

Il est interdit de boire dans la rue

Afin de ne pas inciter à la boisson alcoolisée en public, il est interdit de boire dans la rue, ne serait-ce qu'une simple canette de bière. La police épingle régulièrement des jeunes qui se promènent sans y prêter attention, avec une bouteille non débouchée à la main.

Très vite, la règle et la discipline

Aux Pays-Bas, les jeunes apprennent très vite les principes de la vie en communauté. Ils apprennent très vite la règle et la discipline, ils apprennent que l'on ne tergiverse pas. On paie d'abord les amendes et on effectue les peines, ensuite on pourra éventuellement contester, sans grand résultat de toute façon. La loi, c'est la loi.

> *Une fois adultes, les Néerlandais ne verront pas dans la règle et la discipline des atteintes à leurs libertés individuelles, mais plutôt la garantie de leur tranquillité et de leur sécurité dans une société respectueuse de tous.*

Mon fils, fumeur et buveur, puis abstinent et végane

Mon fils, qui fit toute son enfance aux Pays-Bas, suivit un parcours s'insérant parfaitement dans le cadre de la société néerlandaise, ce qui lui procura la liberté individuelle, la responsabilisation, l'autonomie, et pour finir la prise en main de sa propre existence. Cette histoire n'alla pas sans provoquer des sueurs froides et bien des soucis à ses deux parents français, habitués à un tout autre cadre pour l'éducation des enfants. En bref, la situation nous avait complètement échappé à son profit, d'abord pour le pire pendant son adolescence, puis finalement pour le meilleur.

Dès l'âge de 12 ans, notre fils s'immergea entièrement dans l'univers des jeux vidéos[23] auxquels il jouait en réseau la nuit pour contourner nos interdictions. En vivant dans un univers parallèle d'une richesse inépuisable, il nous échappait complètement, sans jamais entrer en conflit avec nous de façon ouverte, sans dispute et sans crise. Un adolescent en apparence heureux et souriant, agréable et sociable, qui avait choisi sa façon de vivre sans se confronter, sans se rebeller, sans se marginaliser. Un adolescent bien dans sa peau qui mentait, séchait ses cours, faisait le mur le soir, et travaillait à peine à l'école, juste de quoi passer sans distinction ses examens de fin d'année. Comme cela se passe aux Pays-Bas, les professeurs et les proviseurs ne nous furent d'aucun secours pour discipliner notre fils, qui devait comprendre par lui même où était sa motivation et quel avenir il voulait se donner. La situation prit une tournure encore plus préoccupante lorsqu'il s'adonna à la bière et au cannabis, entrainé par un groupe d'ados tous plus crétins et soulards les uns que les autres.

Du jour au lendemain, la situation se retourna littéralement. Au sortir d'une soirée bien arrosée et enfumée, il fit l'expérience d'un « bad trip ». La combinaison d'alcool et de cannabis peut en effet intensifier les effets de chaque substance, ce qui peut provoquer une expérience désastreuse pour le corps et l'esprit. L'alcool étant un dépresseur du système nerveux central, le cannabis ayant des effets psychoaffectifs qui altèrent la perception, le cocktail peut devenir explosif et perturber sévèrement l'équilibre du cerveau, entrainant crise d'anxiété, désorientation, hallucinations, nausées

---

[23] *Harry Potter, Halo, World of Warcraft, Guild wars, Call of Duty, Battlefield, Runescape, Dofus, Assassins Creed, Skyrim, Red dead redemption, GTA..*

et vomissements. De quoi retourner mon fils qui prit peur et qui bannit du jour au lendemain toute consommation d'alcool et de cannabis.

La société néerlandaise lui avait aussi procuré le sens de la responsabilité vis-à-vis de lui-même. Il devint abstinent, végane et rejoignit la cause animale. Il se reprit en main d'une façon qui nous laissa sans voix, à la fois soulagés et médusés par cette métamorphose qui n'était que l'autre face de l'autonomie et de la responsabilisation dont sont doté les individus aux Pays-Bas. Aujourd'hui, c'est le plus indépendant de nos enfants, celui qui n'a peur de rien et qui entreprend. Il a monté sa propre affaire et se lève chaque matin avec la motivation heureuse chevillée au corps, avec la conviction de faire les bons choix pour sa vie dont il assure la mise en scène lui-même. Bref, un vrai « Nederlander ».

Totalement décomplexés

Apparement, aucun sujet de discussion n'est tabou, tout peut être abordé publiquement sans que personne ne s'en offusque. Les Néerlandais sont totalement décomplexés, que ce soit pour choisir une selle de vélo qui soulage la prostate, ou les échantillons de matière fécale que l'on amène au cabinet médical, ou l'âge que l'on célèbre le jour de son anniversaire, tout sera discuté publiquement à voix haute en société et sans honte, sans pudeur et sans aucune gène.

Peur de rien pour tenter sa chance

Les Néerlandais semblent n'avoir peur de rien, certainement pas d'entreprendre. Ils ne rejettent pas le risque, au contraire ils aiment tenter leur chance. Ça marchera ou ça ne marchera pas, peu importe, il est dans leur nature de tenter le coup, pourvu que la motivation soit là.

En cas d'échec restera la satisfaction d'avoir tenté et d'en avoir tiré des enseignements pour les prochaines tentatives. En cas de succès, ils seront reconnus pour leur esprit d'entreprise et leur dynamisme. Cela se traduit par leur expression « Qui ne tire pas, manquera toujours sa cible » (« Niet geschoten is altijd mis ») ou « Qui ne tente rien, n'a rien » .

Pas de rétroviseur

Pour des Français, l'impression générale est que les Néerlandais regardent devant eux dans la vie et avancent sans se retourner, sans s'encombrer de regrets ou d'hésitations. Ils aiment prendre des initiatives personnelles, se donnent des objectifs plus ou moins ambitieux, et se mettent en marche.

> *La culture néerlandaise met en valeur l'inspiration et la motivation personnelle. On dit que les Néerlandais aiment les solutions alors que les Français adorent les problèmes, que les uns avancent quand les autres regrettent.*

Le « c'était mieux avant », qui focalise la France sur ses gloires du passé pour tenter d'échapper aux imperfections du présent, n'existe pas ici. Le repli sur soi ne fait pas recette, pas plus que le retour au Florin, la sortie de l'UE, ou la fermeture des frontières. Au regret et à l'immobilisme, le caractère néerlandais préfère assurément se prendre en main et aller de l'avant sans regarder en arrière.

> *« La France n'est pas amoureuse de son présent, elle est angoissée par son avenir, et se réfugie dans son passé. »*[24], *bien à l'opposé des Néerlandais.*

La pugnacité est une qualité

Au travail et en affaires, le caractère néerlandais est pugnace. Il ne rechigne pas à l'effort, et lorsque celui-ci est engagé dans une négociation, le Néerlandais saura tenir ses positions, saura manoeuvrer sans se fatiguer et sans rien lâcher.

---

[24] Philippe Bloch, « Tout va mal... Je vais bien ! », éditions Ventana

Leur pugnacité, qui frise l'obstination, est bien une qualité, que ce soit pour leurs projets personnels pour avoir la force de les réaliser, au travail pour abattre les tâches, ou en affaires que l'on va chercher le couteau entre les dents. La mentalité calviniste considère que l'on gagne sa vie à la sueur de son front. Et effectivement, l'obstination finit par payer.

Jamais stressés, toujours contents

Bien que soumis aux mêmes aléas de la vie moderne que les Français, les Néerlandais semblent être d'une nature moins nerveuse et peu sensible au stress, comme s'ils ne le ressentaient pas[25].

> *Les Néerlandais semblent posséder un caractère de fond stable, peu émotif, presque hermétique à la panique ou à la perte de calme. Le tout agrémenté d'une touche indéfectible de bonne humeur, jointe à une propension naturelle à prendre les choses du bon coté.*

Comme un bonheur de vivre qui leur colle à la peau, à la grande différence des Français qui restent perpétuellement mécontents et râleurs.

La modération comme point d'équilibre

La modération, qui en France pourrait dénoter un manque de caractère, de sincérité ou d'opinion, est ici perçue comme une qualité d'équilibre, de juste milieu, de pondération qui sera à même d'assurer le contentement du plus grand nombre. Ce qui serait perçu en France comme un manque de panache ou de brio, sera au contraire reconnu ici comme une marque de vie en bonne intelligence. La vie en société et les rapports entre les individus sont en équilibre constant autour d'un point de modération dont il faut avoir conscience pour ne point chuter.

---

[25] *Voir chapitre IV La Vie en Société, Il faut gérer son stress*

> *L'individu ne peut pas adopter un comportement donnant dans l'excès, l'émotionnel, l'impulsif, encore moins le radical, sans que cela ne soit perçu comme étant préjudiciable aux autres et à la société.*

En politique, la modération incline naturellement vers une approche centriste ou pragmatique qui cherche à trouver des compromis tout en évitant les positions radicales. Les politiques néerlandais éviteront les approches extrêmes, voire révolutionnaires, pour privilégier la stabilité et la sécurité des citoyens et de leur communauté, autour d'un point d'équilibre qu'il faut sans cesse rechercher par le biais des coalitions gouvernementales.

Pas de violence !

> *La violence n'est pas acceptée, les Néerlandais s'interposant immédiatement pour calmer les ardeurs d'un individu virulent cherchant la bagarre.*

Dans un bar, lorsqu'un individu manifeste de l'agressivité ou perd ses moyens, il ne sera pas rare de voir les autres clients venir spontanément le maitriser à plusieurs, sans porter de coups, en attendant la police sans s'énerver. A son arrivée sur les lieux, celle-ci prendra alors le temps d'évaluer la situation, de discuter calmement, sans autoritarisme ou agressivité verbale.

Au bout de deux années de pandémie et de confinements successifs, il y eut quelques débordements et violences urbaines dans quelques villages contre les restrictions de déplacement. La population, surprise par ces débordements qui ne sont pas acceptés dans la société néerlandaise, s'indigna. Le lendemain, les membres du club de foot local patrouillaient dans les rues pour tenir les agités à distance et éviter de nouveaux débordements qui troublaient la tranquillité et ternissaient la réputation du village.

La violence n'est pas que physique et matérielle, elle est aussi verbale et psychologique. Les conséquences d'une attitude agressive, avec ses mots menaçants ou méchants, ne sont pas à négliger dans la communauté ou au niveau national lorsqu'ils sont tenus par des personnalités politiques. Au delà du mauvais exemple, elles seront néfastes dans les relations sociales, et donc dommageables au « vivre ensemble » qui demeure fragile.

> « Comparé à la France, le niveau de violence verbale et sociale est bien moindre dans la société néerlandaise. »[26]

Alors que les Néerlandais n'hésitent pas à négocier, à faire des remarques et à donner des leçons de civisme, à dire ouvertement ce qu'ils pensent tout bas à quiconque, que ce soit leur voisin ou le Roi, ils le feront toujours sans violence et sans animosité, comme pour vous rendre service, et sans jamais compromettre leur bon comportement au sein de leur société.

Voyageurs et polyglottes

Les Néerlandais sont par nature de grands voyageurs curieux des grands espaces et des autres cultures.

> « La Hollande représente moins d'un pour cent de la surface de la Terre. KLM (compagnie aérienne nationale) s'occupera du reste. »[27]

Ils sont facilement polyglottes, leur langue étant une assise naturelle vers l'anglais ou l'allemand qu'ils peuvent maitriser sans grands efforts. En grandissant dans la société néerlandaise, les enfants seront naturellement exposés à la langue anglaise qu'ils maitriseront comme une variante régionale de leur langue maternelle. Etant un petit pays, les films étrangers n'y sont pas doublés mais seulement sous-titrés. Les salles de cinéma sont ainsi les meilleures classes de langues pour la jeunesse qui écoutera une bande sonore souvent en langue anglaise, tout en lisant la traduction en néerlandais. L'Allemand ne posera pas plus

---

[26] *Tanguy Lebreton, Association Les Français des Pays-Bas*
[27] *Publicité de la compagnie aérienne nationale KLM, 1993*

de difficulté. Le français est encore utilisé par les générations plus âgées, mais sa pratique se perd de nos jours.

De façon générale, il semblerait que les Néerlandais, comme les autres peuples du nord, soient plus disposés à l'apprentissage des langues étrangères que les latins, et plus enclins à les utiliser sans avoir peur. L'enseignement des langues, qui commence dès le primaire, puis s'intensifie rapidement au collège jusqu'au lycée, semble efficace pour que les jeunes élèves apprennent vite, et soient enclins à utiliser leurs acquis, même sommaires, au contact des étrangers, même des années plus tard.

L'intérêt pour les autres cultures et pour soi

Lorsque j'écrivais ce livre, mes interlocuteurs français, à qui j'en faisais part, ne montraient pas un intérêt marqué pour le sujet. La Hollande était certes pittoresque pour ce qu'ils en savaient, mais pas au point de chercher à s'y comparer. Les Français étant contents et fiers de leur culture et façon de faire, se suffisent à eux-mêmes et ne cherchent pas non plus à savoir comment ils sont perçus par leurs voisins étrangers et ce qui les distingue.

A contrario, mes amis et connaissances néerlandaises que j'informais de l'écriture de ce livre, voulaient savoir quelles étaient ces différences qui les caractérisaient. Surtout, ils voulaient lire comment je les avais perçus, quelle avait été mon expérience personnelle à leur contact, dans leur propre pays.

> *Les Néerlandais sont ainsi sincèrement curieux de savoir comment ils sont perçus par un étranger qui a choisi de s'intéresser à eux, sans interpréter ce que je décris comme des reproches ou des commentaires personnels sans se sentir jugés.*

Rotterdam, embarquement pour le nouveau monde

Au coeur de la ville portuaire de Rotterdam, au dessus de la Meuse se déploie le pont suspendu Erasmus à l'élégante structure blanche, que les habitants ont surnommé « Le Cygne » à cause de son unique pylône asymétrique qui s'élève à 140 mètres de haut à une extrémité, et d'où s'élance par dessus le pont la volée de haubans qui soutiennent le plateau dans le mouvement élégant des rémiges d'une grande aile déployée. « Le Cygne » n'est pas l'unique symbole architectural de la ville. Il dessert les grands docks réhabilités où se trouve un autre bâtiment symbolique: l'Hotel « New York », posé en bout de la jetée face au large. Il a été construit en 1917 dans le plus pur style Art Déco massif et conquérant, sur le terminal des grandes croisières. Il est l'ancien bâtiment administratif de la « Holland-America Line (HAL) » qui transportait à la Belle Epoque les passagers entre l'Europe et l'Amérique. Cette jetée, qui porte le nom de la Reine Wilhelmina (1890-1948), a vu partir de nombreux émigrants vers New-York, depuis que les Pilgrim Fathers, dissidents anglais exilés aux Provinces-Unies, embarquèrent de Rotterdam en 1622 vers Southampton en Angleterre, d'où ils partirent vers l'Amérique sur un galion marchand nommé le « Mayflower ».

Parmi ces migrants, beaucoup furent Hollandais. Tous embarquèrent vers le « Nouveau Monde » dans l'espoir d'une vie meilleure. Alors que pour des Français, l'émigration européenne qui allait peupler les colonies britanniques puis les Etats-Unis d'Amérique, reste une leçon abstraite de géographie humaine dans des manuels scolaires, elle est aux Pays-Bas ressentie comme un lien culturel et affectif fort.

> *L'apport français à l'immigration américaine, suite à la révocation de l'édit de Nantes de 1685, fut relativement faible par rapport aux Irlandais, aux Britanniques, aux Allemands et aux Hollandais. Son souvenir fut vite effacé du roman national français, alors qu'il est toujours présent dans la mémoire collective néerlandaise aujourd'hui, entre connivence et fierté de ce que les anciens ont réalisé en érigeant la première puissance mondiale.*

On se souvient toujours que, avant de s'appeler « New-York », la ville emblématique et cosmopolite du nouveau monde, la plus européenne des villes américaines, fut créée par les Néerlandais et s'appelait « Nouvelle Amsterdam ».

Registre des naissances, merci Napoléon

Quelques heures après la naissance de ma dernière fille à Delft en 1999, je me rends à la municipalité pour l'y enregistrer. Je suis accueilli par un agent au guichet qui me félicite et qui visiblement partage ma satisfaction d'être à nouveau papa, ce qui fut toujours à mes yeux un instant magique et tellement gratifiant. Nous sourions et procédons ensemble à ce qui allait s'apparenter à un verre de l'amitié bureaucratique sans alcool, cordial et affectueux. L'agent, visiblement fier de la tenue de son registre, explique alors au Français que je suis, qu'il a hérité de ce système de Napoléon lui même, alors de passage en conquêtes, et qui avait pris le temps de mettre de l'ordre dans les affaires administratives locales.

L'agent m'expliqua qu'en effet, Napoléon transforma l'état civil néerlandais en lui conférant le cadre du Code civil français, aussi connu sous le nom de Code Napoléon. C'est à cette époque que de nombreuses régions des Pays-Bas virent l'introduction de systèmes d'état civil avec l'attribution systématique et uniforme de noms de famille. Les registres d'état civil furent créés pour enregistrer les naissances, les mariages et les décès, et l'attribution de noms de famille fut réglementée. Quelques 200 ans plus tard, mon agent municipal bouclait la boucle dignement avec un jeune papa français qu'il assista avec la meilleure volonté du monde.

Une langue vivante intégratrice

Loin d'y voir une menace pour leur culture, les Néerlandais aiment intégrer des mots d'origine étrangère dans leur vocabulaire en les transformant. Ce faisant, ils intègrent des locutions étrangères dans leur corpus linguistique qui va les assimiler profondément.

Le dictionnaire « Van Dale » organise chaque année un appel aux mots nouveaux pour désigner les nouveaux concepts qui sont apparus dans nos sociétés modernes. Les Néerlandais (et les Flamands) se mettent à assembler de nouveaux idiomes qu'ils composent avec des fragments de mots existants ou qu'ils créent de toutes pièces. Certains seront ensuite choisis pour figurer dans le dictionnaire mis à jour, comme par exemple :

« *Prikspijt* » ou « regret de la piqûre », le regret d'avoir dû se faire vacciner à contre-coeur

« Te*gelwippen* » ou « changement des dalles », la fréquence à laquelle la municipalité remplace et réajuste les pavés de la voirie qui se déchaussent vite sur un sol meuble

« *Knaldrank* », « envie de faire sauter le bouchon », envie irrépressible de faire la fête

> *Les Néerlandais aiment faire vivre leur langue qui assimile ainsi de nouveaux concepts, sans craindre d'y perdre son authenticité. Ils se préoccupent de la faire vivre plus que de la défendre, sans chercher à la protéger des évolutions du monde.*

La misère, peur ancestrale

Au sortir de la seconde guerre mondiale, le peuple néerlandais nourrissait une animosité et une aversion totale envers les Allemands dont les bombardiers avaient rasé la ville de Rotterdam, et dont l'armée avait organisé le blocus et affamé la population pendant « l'hiver de la faim » en 1944 pour la punir de ses réticences à soutenir l'effort de guerre des nazis. Plusieurs dizaines de milliers de personnes périrent ainsi de froid et de faim.

Pendant des décennies, les familles entretinrent une haine viscérale envers les agresseurs allemands. Malgré la paix et la réconciliation, les Néerlandais continuèrent longtemps à entretenir un sentiment de rejet et de moqueries qui s'exprimait ouvertement à l'encontre des touristes allemands en vacances sur leurs côtes.

Puis une génération succéda à l'ancienne, l'Union Européenne succéda à la Communauté Economique Européenne et l'Euro remplaça le Gulden et le Deutschmark. Une nouvelle aire s'ouvrait pour le pays qui allait renouer avec la croissance économique durable. L'antipathie à l'égard des Allemands céda la place à une autre peur ancestrale qui avait été occultée jusqu'alors, sans jamais disparaître de la mémoire populaire, et qui témoignait d'une époque pas si lointaine que cela. Celle de la pauvreté et de la faim, de la dureté à gagner son pain et de l'âpreté de la vie.

En 1885, bien après le riche et opulent siècle d'or du XVIIe siècle, le peintre Van Gogh peignait sa toile « Les mangeurs de pommes de terre » dans des tons sombres et glauques . « Je sens tellement bien ce tableau que je peux littéralement le voir en rêve. » témoignait alors le peintre, qui avait minutieusement observé les paysans de l'époque vivant dans des conditions de vie dures et misérables. Le souvenir de la crise économique majeure des année 1930 est encore bien présent, celui de la guerre ainsi que les années de la reconstruction qui furent bien loin de l'opulence, puis celui des nouvelles crises économiques et énergétiques des années 70. Ce ne fut qu'à partir des années 1980 et 2000, que le pays put renouer avec une croissance relativement stable et bénéfique.

> *Depuis les années 1970, les Néerlandais savent ce qu'ils doivent à l'Union européenne et à la monnaie unique, dont ils ont su tirer un grand parti économique.*

Les étalages dans les magasins ou la fréquentation de l'aéroport de Schiphol, aujourd'hui l'aéroport le plus fréquenté en Europe par le nombre d'avions qui y font escale, ne ressemblent plus en rien à ce qu'ils étaient dans les années 1970. Il demeure dans la culture populaire, dans les discussions entre grands-parents et petits-enfants, cette crainte de la crise économique et de la pauvreté, qui peut survenir à tout instant.

La satisfaction de dépenser moins

Il est indéniable que les Néerlandais sont par nature économes. Ils aiment gérer leur budget et mettent des limites à leurs dépenses.

Dépenser moins procure aux Néerlandais satisfaction. L'argent gagné avec effort par leur travail sera aussi dépensé avec raison et parcimonie.

Autant les Français en général aime recevoir des primes et des allocations pour pouvoir les dépenser, autant les Néerlandais aiment débusquer les bonnes affaires, les offres commerciales à prix réduits. Chez des amis, il sera fréquent de discuter des offres et réductions obtenues pour les achats récents.

Il est certain que l'argent et le prix des choses ne sont pas tabous aux Pays-Bas, c'est même une valeur sûre.

Manger froid sur le pouce

Les Néerlandais ne possèdent pas de culture culinaire prononcée, tout au contraire des Français qui, eux, sont capables de continuer à parler recettes et cuisine tout en mangeant autre chose.

Pour ne pas être gênés par la digestion d'un repas chaud, ils préfèrent expédier en un quart d'heure, un déjeuner froid pour pouvoir se remettre au travail, et surtout, quitter le bureau plus tôt en ayant fini ce qu'ils avaient à faire. Aux Pays-Bas, on ne vit pas pour manger assurément.

Des visiteurs étrangers en réunion de travail au ministère des Affaires étrangères où travaille mon voisin, pourront se voir gratifier pour le déjeuner d'une boîte contenant 2 sandwichs, un gobelet de lait et une pomme, ce qui pourrait provoquer un incident diplomatique auprès des émissaires français habitués à offrir un bon restaurant et de bons vins en l'honneur des délégations étrangères.

Une chanson populaire pour se distinguer avec humour

En 1996, la chanson « 15 Millions de personnes »[28], écrite à l'origine pour une publicité de la banque postale néerlandaise Postbank, creva l'audimat, et, en devenant numéro 1 du top 40, acquit une renommée nationale.

Au delà de ses qualités musicales, le texte[29] de la chanson égrène les traits de caractère dans lesquels le peuple néerlandais aime à se reconnaître, sans se prendre au sérieux dans cette dérision bienveillante dont ils sont coutumiers. Ils ont depuis adopté cette chanson populaire comme un hymne national qu'ils entonnent à pleine voix dans les gradins aux victoires de football ou de patinage de vitesse.

---

[28] *On compte 17,8 millions d'habitants aux Pays-Bas en 2023*

[29] *Voir en annexe*

Paroles	Signification
Pays des mille avis	La pluralité
Le pays de la sobriété	Le sens économe
Tous ensemble sur la plage	Souvent en groupe
Biscotte au petit déjeuner	Biscotte typique, comme la baguette pour les Français
Le pays où personne ne se laisse aller	On ne perd pas ses moyens, on ne s'excite pas
Sauf si nous gagnons	Sauf en cas de victoire au football!
Puis la passion se déchaîne soudainement	Un déchaînement de joie populaire ! mais sans violence ou dégradation.
Alors personne ne restera à l'intérieur	Souvent être dehors à célébrer ensemble
Le pays réfractaire à la condescendance	Pas de condescendance, on se prend en main
Aucun uniforme n'est sacré	L'autorité n'interdit pas la remise en cause
Un fils qui appelle son père Piet	Les jeunes sont aussi des adultes qui tutoient les adultes
Un vélo n'est en sécurité nulle part	Le vélo, instrument de leur vie, qui se vole
15 millions de personnes	Un petit peuple
Sur ce tout petit bout de terre	Un petit pays vulnérable
Qui ne vous dicte pas les lois	Le peuple n'accepte pas les dictats
Qui vous laissent dans leur valeur	La valeur individuelle est reconnue
15 millions de personnes	Un petit peuple

Sur ce tout petit bout de terre	Un petit pays vulnérable
Ils n'ont pas à passer par la camisole de force	On n'asservit pas le peuple
Ils vous laissent dans leur valeur	La valeur individuelle est reconnue
Le pays plein de groupes de contestation	La pluralité, organisée en associations
Pas de chef qui est vraiment le patron	Peu de hiérarchie
Les rideaux sont toujours ouverts	On n'a rien a cacher aux yeux des voisins (effectivement, on peut voir chez les gens par les fenêtres)
Le déjeuner est un sandwich au fromage	Habitude alimentaire et culture culinaire sommaire
Le pays de la tolérance	La tolérance
Pas pour le voisin	On rappelle au voisin comment bien se comporter en communauté
La grande question qui reste toujours	Ce qui est important
Comment paie-t-il son loyer maintenant ?	c'est les sous
Le pays qui prend soin de tout le monde	Le but de la société est le bien-être et la sécurité de tous
Aucun chien n'est dans le caniveau	Personne ne sera laissé à la rue
Avec des boules de nassi dans le mur	Le « nassi » est une boule de viande pour manger sur le pouce
Et personne ne mange de pain sec	La hantise de la pauvreté et de la misère

IV. Le vélo, la « grande reine »

★ La famille royale à bicyclette, comme tout le monde.

★ La population se révolte contre le massacre des enfants sur les routes.

★ Plus qu'un moyen de déplacement pittoresque, la bicyclette permet un art de vivre dans un bonheur certain.

A ciel ouvert

Le ciel est immense, il est partout. Où que l'on se tourne, aussi loin que porte le regard, il n'y a dans ce pays que le ciel immense. Il est plus vaste que dans un pays de montagnes où le relief compartimente l'air en volumes que l'on peut embrasser du regard. Dans les contrées montagneuses, on est porté à contempler le creux des vallées et l'on remarque à peine le ciel qui se détache entre les cimes.

A l'inverse, dans ce pays plat plus bas que les autres, sans la moindre colline ou le moindre vallon qui ondule dans le lointain, dans ce pays qui n'est qu'un immense champ ouvert à tous les vents du large, le ciel envahit l'espace de toutes parts. La platitude des Pays-Bas, qui pourraient aussi bien s'appeler les « Pays-Plats », se distingue immanquablement du reste de l'Europe ce qui en fait la contrée idéale pour la bicyclette.

D'autre pays, comme la Belgique, ou d'autres régions en France le long de la Loire, dans le Pas-de-Calais, ou encore dans les landes en Gironde, offrent la platitude adéquate à la pratique de la bicyclette. Pourtant, nous sommes loin de l'importance de l'usage du vélo que la société néerlandaise pratique quotidiennement. Assurément, il s'est passé quelque chose d'inédit dans l'histoire de ce pays. Il faut remonter aux années 1880, à l'époque où l'engouement pour la bicyclette était répandu partout en Europe, en France et en Angleterre, mais aussi aux Etats-Unis.

> *C'est dans les années 1970 que les Pays-Bas prirent un virage volontariste et original afin de ne pas subir le développement exclusif de l'automobile, contrairement aux autres pays qui virent alors la bicyclette sortir de la route. Assurément, il s'est passé quelque chose d'inédit dans l'histoire de ce pays.*

L'engouement des années 1880

Tout comme les Etats-Unis, la Grande-Bretagne ou la France, les Néerlandais connurent cet engouement mondial pour le vélo dès les années 1880. En 1883 fut créée la fameuse « Association Générale néerlandaise des Cyclistes » ANWB[30] dont l'objectif était d'accompagner la pratique de la bicyclette, et surtout de développer les infrastructures nécessaires, ce qui fut fait dès 1890 avec la construction des premières pistes cyclables. Cet engouement se propagea dans toutes les couches sociales de la population, jusqu'à la famille royale elle même qui se montrait facilement à vélo.

Il faut y voir déjà à l'époque, le manque de hiérarchie prononcée et la proximité de la royauté avec le peuple qui prévalaient dans ce petit bout d'Europe. Wilhelmina, qui fut Reine de 1890 à 1948, circulait à vélo dans son royaume.

Le blocus de la première guerre mondiale

Malgré sa neutralité, le pays fut soumis pendant la première guerre mondiale au blocus anglais contre l'empire allemand. Privée d'essence et de ressources, la population ne pouvait plus que rouler à vélo. L'arrêt des importations nécessita de démarrer une production nationale, et c'est à cette époque que le fabricant Bavaria dessina le modèle de bicyclette qui devait devenir emblématique, le fameux « Omafiets » (« vélo de grand-mère »), ainsi que son modèle masculin « Opafiets » (« vélo de grand-père »). C'est toujours ce modèle populaire de bicyclette, urbain et robuste, adapté à les tous les âges, qui figure sur les cartes postales pittoresque du pays.

Face aux pénuries de la guerre, l'association cycliste ANWB fut autorisée à réaliser plus de pistes cyclables, ce que les associations d'automobilistes dans les années 20 voyaient d'un bon œil, puisque cela déplaçait les cyclistes hors des chaussées.

---

[30] *« Algemene Nederlandse WielrijdersBond » ANWB*

En 1924, fut introduite une taxe de 5% sur les ventes des vélos afin de financer le construction de pistes cyclables, devenues obligatoires pour toute nouvelle route construite[31].

> *Fidèle à sa réputation, le peuple néerlandais ne restait pas les deux pieds dans le même sabot. Il faisait face à l'adversité en prenant des mesures concrètes et pratiques pour toute la communauté.*

Dès 1928, on comptait deux fois plus de bicyclettes par habitant qu'en France (environ 300 contre 170). A la veille de la seconde guerre mondiale en 1938, le pays comptait presque 2700 km de pistes cyclables quand l'Allemagne en avait environ deux fois moins et la France presque dix fois moins.

Arrêt brutal de l'embellie

Partout en Europe après la seconde guerre mondiale, le développement foudroyant de l'automobile dans le monde occidental signifia l'arrêt brutal de l'embellie pour la bicyclette. Dans tous les pays occidentaux, la pratique cycliste chuta au profit de la reconstruction et de la modernisation du pays. Ce fut la circulation automobile à tout-va qui occulta presque totalement l'usage de la bicyclette, cependant moins aux Pays-Bas que dans les autres pays. Partout ailleurs, l'usage généralisé de la bicyclette dans la vie quotidienne allait disparaître presque totalement pour ne plus jamais s'en relever. Dans les années 1970, la pratique du vélo aux Pays-Bas fut réduite à un tiers de ce qu'elle avait été dans les années 1950. En France, ou au Royaume-Uni, elle diminua de plus de 7 à 10 fois, ce qui signifia une disparition quasi-totale.

Le tournant de la crise énergétique

Au sein d'une population traditionnellement adepte de solutions pratiques, la crise énergétique mondiale qui éclata en

---

[31] Frédéric Héran, *Le retour de la bicyclette, Une histoire des déplacements urbains en Europe, de 1817 à 2050*.

1973 remit précipitamment le développement cycliste à l'ordre du jour. Une fois de plus précurseurs en la matière, les Néerlandais proposaient dès 1977 de réduire la circulation automobile en centre-ville en laissant les voitures dans des emplacements en périphérie, et de prendre ensuite les vélos ou les transports en commun, ce qui préfigurait les parkings « P&R » de nos jours.

La mortalité routière

Mais c'est surtout la catastrophe de la mortalité routière et des drames humains qu'elle provoquait dans toute la société, qui fut à l'origine d'une réaction dont le peuple néerlandais est coutumier face aux épreuves[32]. En 1971, les véhicules automobiles firent 3300 victimes cyclistes sur les routes [33], dont 500 enfants, dans une accumulation macabre jamais atteinte auparavant. Rapporté à la population, cela représentait une mortalité deux fois supérieure à celle du Royaume-Uni, mais malheureusement équivalente à celle de la France qui connaissait elle aussi un pic de mortalité sur les route dès 1972 avec plus de 18000 tués. Dans tous les pays occidentaux, des efforts importants furent alors entrepris pour inverser cette courbe mortifère; ceinture de sécurité, contrôle de l'alcoolémie, limitation de vitesses, permis à points, radars...

> *Aux Pays-Bas, le mouvement contre la mortalité routière prit une tournure singulière sous la bannière d'un mouvement d'ampleur nationale visant à protéger la vie des enfants.*

« Arrêtez le massacre des enfants !! »

Ce fut à cette époque que le fils du rédacteur en chef Vic Langenhoff du journal « De Tijd » fut fauché et tué sur la route. Désespéré, son père écrivit alors une série d'articles sous le titre: « Arrêtez le massacre des enfants !! » (« Stop de Kindermoord !! »). Il se révoltait contre cette tuerie inhumaine et

---

[32] Voir paragraphe « Plan Delta » dans le chapitre VII « Le combat séculaire contre la nature »
[33] https://mag.hollandbikes.com/la-place-du-velo-aux-pays-bas/

demandait à ce que les enfants, en danger de mort le long des routes, soient protégés lorsqu'ils se rendaient à l'école. Dans une société attachant beaucoup d'importance au bien-être et à la sécurité de ses habitants, ce cri de désespoir suscita un élan de soutien populaire inédit.

Les activistes des années 1970 du courant hippie « Flower Power », qui militaient déjà contre la circulation automobile et la pollution dans les centres-villes, et contre les destructions du patrimoine qui en résultaient, reprirent la cause à leur compte.

A la différence de la France, les associations de particuliers et des habitants sont mieux considérées aux Pays-Bas, leurs revendications sont mieux prises en compte et moins dénigrées par les partis politiques conservateurs.

Issue des milieux féministes et progressistes, une jeune mère amstellodamoise de 23 ans, Maartje van Putten, reprit le titre de l'article « Stop de Kindermoord » à son compte pour sa propre association militante. L'organisation se développa rapidement avec le soutien des parents et des enfants eux-même, qui prenaient part aux manifestations organisées pour attirer l'attention des médias et des premières télévisions.

La renaissance du vélo

Au fil du temps, la première association créée en 1883 à l'origine pour les cyclistes, s'était progressivement transformée en club pour automobilistes et pour le tourisme, suivant en cela l'évolution de la société qui se modernisait. L'acronyme populaire ANWB, qui désignait à l'origine les usagers de la bicyclette, avait été conservé mais sans signification réelle. Il fallut donc créer un nouveau syndicat pour les cyclistes sous un nouvel acronyme. Ce fut l'ENWB[34], acronyme qui fut immédiatement poursuivi en justice par la précédente organisation automobile nationale ANWB pour usurpation de nom. Le nouveau syndicat

---

[34] *Eerste Enige Echte Nederlandse Wielrijdersbond (ENWB)*

des cyclistes perdit son procès, mais gagna une immense popularité et 30 000 membres dans tout le pays en peu de temps. L'acronyme pour les cyclistes fut finalement transformé en ENFB[35].

Ce nouveau syndicat des cyclistes obtint rapidement le succès escompté et put entreprendre des réalisations majeures grâce à une politique typiquement néerlandaise, alliant pragmatisme et compromis, sans s'opposer frontalement à la puissance de l'automobile devenue omniprésente.

> *Dans un esprit de discussion et de compromis, plutôt que de s'opposer frontalement à la puissance sans cesse croissante de l'automobile, les associations et la population proposèrent des solutions alternatives et complémentaires pour accompagner et faciliter le développement de la circulation, à la fois automobile et cycliste, en particulier en ville.*

Ce fut la renaissance du vélo dans tout le pays.

Les plans nationaux vélo[36]

En 1990, les Pays-Bas lancèrent leur premier « plan national vélo » pour développer des aménagements cyclables et permettre aux habitants et leurs enfants, de pouvoir rouler en toute sécurité le long des routes. La réussite fut telle qu'un deuxième plan suivit en 2009, le gouvernement investissant 25 millions d'euros pour la construction rapide de pistes cyclables.

Ce fut donc grâce à une politique volontariste d'aménagements publics que la pratique du vélo augmenta de 35% entre 1978 et 2005.

> *Cette expérience réussie, unique en Europe, démontre bien que le développement de l'usage du*

---

[35] *Echte Nederlandse Fietsersbond (ENFB).*

[36] *https://detours.canal.fr/pourquoi-le-velo-est-il-aussi-populaire-aux-pays-bas/*

vélo passe nécessairement par la mise en place de pistes et d'infrastructures dédiées pour permettre de rouler en toute sécurité.

Des pistes au kilomètre !

Les résultats des ces politiques volontaristes sont élogieux et se mesurent facilement en kilomètres de piste. Pour une fois, les chiffres sont parlants et donnent vite le tournis : 19 millions de vélos en état de marche pour 17 millions d'habitants, 37000 km de piste contre 18500 km en France. Ce pays, qui représente à peine 7% de la surface de la France, compte 2 fois plus de kilomètres de pistes cyclables ! Cela donne 2 mètres par habitant contre 30 cm en France. Les Néerlandais parcourent en moyenne presque 1000 km par an, contre 90 km pour les Français. Le vélo représente 30% des moyens de transport (contre 3% en France), devant la marche à pied (18%) et la voiture (15%) mais toujours derrière les transports public (45%) ! [37].

La part des vélos électriques dans le parc a augmenté de façon explosive depuis 10 ans. Ils facilitent grandement la pratique, surtout pour les adultes et les personnes âgées. En allongeant la distance parcourue de 30 à 50%, ils remplacent aisément une seconde voiture.

Des autoroutes sans interruption de circulation

Les Pays-Bas se sont dotés d'autoroutes exclusives réservées uniquement aux cyclistes, à l'exclusion de tout véhicule motorisé. L'intérêt de ces pistes par rapport aux autres pistes cyclables réside dans le fait qu'il n'y a plus d'intersections avec le trafic motorisé, ni de feux de circulation, ce qui se traduit par un temps de trajet plus court. On y parcourt facilement de plus grandes distances en évitant les embouteillages.

---

[37] *https://mag.hollandbikes.com/la-place-du-velo-aux-pays-bas/*

Tout comme le réseau routier, ces autoroutes portent un numéro, précédé d'une lettre, la lettre F pour « Fiets », qui signifie vélo, « Fietssnelweg » signifiant autoroute à vélo.

L'essayer c'est l'adopter

Le vélo est ici non seulement un mode de transport, mais aussi et surtout un mode de vie.

L'usage du vélo dans la vie quotidienne contribue grandement à la diminution du stress, à l'amélioration de la santé, à l'attitude positive des gens grâce à la pratique d'une activité physique régulière, au confort que procurent l'autonomie et la liberté de circuler, surtout pour les enfants et les étudiants.

Cela contribue aussi à la baisse de la pollution, à l'embellissement des zones urbaines et des parcours, les pistes cyclables pouvant passer par des itinéraires plus attrayants que les rocades ou les périphériques. Etant adaptée aux trajets courts, la bicyclette incite à la fréquentation régulière des centres urbains dans les bourgades, ce qui facilite les courses d'appoint pendant la semaine. On préférera se rendre à vélo dans les petits commerces de proximité plutôt que dans les grandes surfaces des zones commerciales de la périphérie.

Hommes et femmes à égalité sur un vélo

Les propos dénigrants comme « les femmes au volant », ne trouvent plus leur place derrière un guidon. Le statut social, l'affirmation de la masculinité et la misogynie disparaissent instantanément. Les hommes peuvent tout autant que les femmes aller faire des courses à vélo, ou aller chercher leurs jeunes enfants à l'école.

Donnez nous des pistes pour nos vélos

Il ne s'agit pas seulement de fournir des vélos en location ou en libre accès. Le vélo reste la propriété de l'utilisateur qui le choisira en fonction de ses utilisations, sportive ou de tourisme, pour la campagne ou pour la ville.

Il est primordial de procurer aux usagers les infrastructures nécessaires et sûres, des pistes cyclables dédiées, la signalisation et les abris, afin de protéger le cycliste et son équipement.

Les vélos en libre accès ne sont que la prolongation des transports en communs. Ils participent peu à la généralisation du vélo comme mode de vie, pour aller de chez soi faire des courses au village, aller à l'école, au cinéma, au club de sport ou aux cours de danse, faire une sortie sportive ou culturelle. Il est important de posséder son propre vélo que l'on pourra utiliser à de multiples occasions. Le vélo personnel ne remplace pas les transports en commun pour des distances supérieures à 10 ou 15 km, mais il ouvre un champ de mobilité et de liberté supplémentaire dans la vie quotidienne, que la voiture ne peut procurer. Cela rend la vie de tous les jours plus naturelle, plus intelligente, plus équilibrée et plus sociale. Se mouvoir en vélo, seul ou en groupe, par les pistes cyclables est infiniment plus valorisant et satisfaisant que d'être enfermé seul dans sa voiture sur des grandes voies routières pénibles et encombrées, dont la fréquentation devient vite fatigante.

On pourra aussi arguer du fait que le vélo convient à un pays plat comme les Pays-Bas. Il faut néanmoins préciser que le vent souffle très souvent et fort dans ce plat pays, ce qui ne décourage pas ses habitants. De plus, l'essor du vélo électrique a radicalement changé la donne au point de se substituer à la voiture pour des distances inférieures à 15 km. Plus de la moitié des ventes de vélos neufs aux Pays-Bas sont des vélos électriques, ce qui a malheureusement tendance à provoquer des situations plus dangereuses sur les pistes cyclables, auxquelles il faut aujourd'hui s'adapter.

La mort au tournant

L'adoption de la bicyclette à l'échelle d'un pays entier comme moyen de transport quotidien ne va pas sans risque. A la différence de la mortalité routière qui ne s'aperçoit que furtivement le long de la chaussée, et qui est effacée aussi vite que possible afin de ne plus gêner la circulation, les accidents à bicyclettes se remarquent d'autant plus qu'ils se produisent au milieu d'autres cyclistes à qui cela aurait pu arriver quelques instants plus tôt sur le même parcours. Beaucoup viennent porter immédiatement assistance, les autres regardent la police et les secours agir. Tous les esprits sont marqués et compatissent.

En un quart de siècle de présence aux Pays-Bas, j'ai pu être le témoin de 3 scènes d'accidents graves, dont deux mortels. La première fois, je vis un homme allongé et inerte sur la chaussée devant un camion immobilisé, qui avait dû le renverser en sens contraire. Même si la vitesse du cycliste avait pu être modérée, l'inertie du camion arrivant dans l'autre sens avait dû être fatale à l'impact.

La seconde scène, des années plus tard, fut la plus terrible. Je rentrais du travail par la piste longeant la mer par les dunes côtières. En revenant vers l'intérieur des terres pour rentrer au village, je commençais par voir une petite voiture les quatre roues dans le petit canal qui longeait la route, avec de l'eau jusqu'au bas des portières. A son bord, une conductrice hagarde et tétanisée par ce qu'elle avait commis. Dehors à son coté, un cycliste essayait les pieds dans l'eau d'ouvrir sa portière coincée par la vase. On voyait clairement les traces creusées par les roues de la voiture dans l'herbe du bas-coté jusqu'au canal. En remontant les traces jusqu'à la route, j'aperçus la scène horrible. Le corps d'une jeune femme inerte gisait au milieu du croisement, la tête écrasée au sol au milieu d'une flaque de sang noir. Elle était entourée de plusieurs personnes qui tentaient, impuissantes, de lui porter assistance. On avait recouvert son visage, sans doute abimé, d'un foulard. Quelqu'un soulevait son bras sans vie pour tenter un geste. Une autre jeune fille, peut être une amie de la victime, en état de choc et secouée par des spasmes de larmes, était tenue à l'écart par un autre groupe pour la calmer. Les voitures, dont les conducteurs étaient venus porter assistance, étaient garées en désordre le long du canal. On entendait la sirène des ambulances qui arrivaient précipitamment.

J'apprenais dans le journal le lendemain que la jeune étudiante était décédée pendant son transport à l'hôpital. Cette scène se passait sur une route de campagne à proximité de mon domicile. Depuis, à chaque fois que je passe à cet endroit, je peux voir, la gorge serrée, un panier de fleurs et une gerbe déposés à cet endroit, été comme hiver.

Personne ici ne peut ignorer le danger de la circulation à vélo qui se partage avec les voitures. Les Néerlandais savent bien pour quelles raisons les règles du code de la route existent. Et ils ont de bonnes raisons de les respecter.

Protection rapprochée

Tout le monde garde à l'esprit qu'un cycliste se met en position de vulnérabilité par rapport aux voitures qui l'entourent. Le vélo est par essence une activité qui comporte un risque physique important, ce que tout cycliste qui circule en ville au milieu des voitures ressent, inconsciemment ou pas, en permanence. Il faut donc les protéger en aménageant des pistes distinctes des routes, et qui ne soient pas seulement matérialisées par une simple bande de peinture au sol que les automobilistes peuvent franchir allègrement sans se soucier de la vie des autres. Il faut, autant que possible, établir une séparation physique, et attribuer une couleur distincte, ici l'ocre rouge, pour distinguer la piste cyclable du l'asphalte noir de la route. Partout où ils peuvent rouler, les cyclistes doivent se sentir non seulement en sécurité à l'écart des voitures, mais aussi dans leur droit.

Les automobilistes doivent comprendre que, lorsque la route est partagée avec la piste, ils sont chez les cyclistes envers lesquels ils doivent prêter une attention particulière, et non l'inverse.

La protection passe aussi par la loi

L'ordre de priorité des responsabilités est d'abord le vélo, puis le piéton, et enfin la voiture. En cas d'accident avec un cycliste, un automobiliste sera systématiquement tenu responsable au regard des assurances, quelles que soient les circonstances.

Les cyclistes sont physiquement trop vulnérables face aux voitures pour ne pas être avantagés et protégés juridiquement face aux automobilistes. Quelles que soient les circonstances, un conducteur aura systématiquement tort au regard des assurances en cas d'accident. Cela ne dispense pas les cyclistes de respecter le code de la route et de la circulation. Ils devront payer des amendes comme tout le monde si, par exemple, ils ne respectent pas un stop, ou s'ils n'ont pas de lumière en fonctionnement la nuit. Ils seront verbalisés pour toute infraction, comme n'importe quel conducteur.

Dès 8 ans à bicyclette

Les parents n'hésitent pas à laisser leurs enfants aller à l'école à vélo, dès l'âge de 8 ans environ.

La moitié des élèves du primaire va à l'école à bicyclette.

On peut ainsi voir défiler le matin ces bandes d'élèves à vélo en longs cortèges, dans un sens le matin, puis dans l'autre sens dans l'après-midi. Ils rythment la journée par leurs allées et venues régulières et quelque peu nonchalantes. Si les grands-parents habitent dans le même village, ce qui n'est pas rare dans ce pays dont les petites dimensions permettent aux familles de rester proches les unes des autres, les enfants ne manqueront pas de passer les saluer devant les fenêtres dans une atmosphère très conviviale.

Il est prouvé que l'exercice matinal et quotidien sur un vélo avant les cours ou avant le travail, augmente les facultés de concentration des élèves et l'efficacité des employés. Cela constitue un réveil musculaire et cérébral bénéfique pour toute la population estudiantine et active.

La circulation à vélo, cela s'apprend dans les règles

A l'âge de 10 ans, les enfants passent obligatoirement une épreuve officielle de circulation[38], qui met à l'épreuve leur conduite à vélo sur parcours, ainsi que leurs connaissances du code de la route. Cela développe leur conscience de la circulation avec d'autres cyclistes, tout en côtoyant la circulation automobile. Cette conscience de la circulation cycliste leur sera ensuite toujours présente à l'esprit lorsqu'ils seront eux-mêmes au volant de leur voiture, partageant la route avec des vélos.

L'apprentissage du permis de conduire automobile, qui prend en compte la présence des vélos sur les voies de circulation, est plus exigeant qu'en France. Le respect des règles de circulation, particulièrement de la vitesse, que ce soit en voiture, en moto ou en vélomoteur, n'est pas pris à la légère.

Le style batave à vélo

Tout comme les Néerlandais ont inventé une manière de vivre en société qui ne ressemble guère à aucune autre en Europe, ils ont aussi développé un style particulier qui les distingue immanquablement lorsqu'ils pédalent. Vous pouvez être sûr de reconnaître un cycliste batave si, et seulement si, il répond à l'un de ces trois comportements caractéristiques:

- Il, ou elle, tient son parapluie en main ouvert sur sa tête tout en roulant quand il pleut

---

[38] « Verkeer examen »

- Il, ou elle, promène son chien tenu en laisse à coté de soi sur les pistes
- Ils, ou elles, roulent côte-à-côte et papotent comme si de rien n'était, en roulant à l'allure leur permettant une discussion sereine sans se soucier de quiconque derrière eux..

Les fourmilières à vélos

Aujourd'hui, le pays compte 23 millions de vélos, c'est à dire bien plus que d'habitants (17,5 millions) ce qui n'est pas surprenant puisqu'il n'est pas rare de compter 2 montures par personne. Dans les gares des principales grandes villes, souvent au sous-sol, se trouvent des hangars de grandes dimensions qui abritent les bicyclettes par centaines, alignées, souvent entassées, en rangées ou en amas qui semblent inextricables pour un regard non averti. Il vaut mieux se souvenir de l'endroit précis où l'on a laissé sa bicyclette pour pouvoir la retrouver rapidement le soir.

Les abris à vélo sont nombreux, surtout en centre ville, où déposer, cadenasser et reprendre son vélo doit pouvoir se faire en toute sécurité et de façon pratique. Attention à la mise en fourrière, notamment autour des gares, si les vélos ne sont pas garés là où il faut.

V. La vie en société

★ Le « vivre ensemble » de toute une communauté érigé comme pinacle de la vie harmonieuse en société.

★ On parle franchement de tout, sans tabou, et sans méchanceté.

★ Des citoyens d'abord responsables et autonomes, qui ont le droit et le devoir de décider pour eux-mêmes et de s'assumer.

★ Pour se gouverner, une règle pour tous et tous pour la règle.

★ Le peuple a droit à 2 heures de délire par an, pas plus !

Le sacro-saint « vivre ensemble »

A tout âge, les Néerlandais cultivent le sacro-saint « Samenleving »[39], le « vivre ensemble » en communauté qu'il s'agit de préserver et de cultiver en permanence.

> *Les Néerlandais attachent la plus haute importance à une vie harmonieuse en communauté, suivant le principe d'un bon "vivre ensemble » en société, érigé en règle quasi-constitutionnelle. Les bons rapports humains dans la communauté, faits de tolérance, d'assistance, de respect et de pacifisme, sont érigés en loi cardinal de la vie en société.*

Cette règle d'or pourrait se résumer à "vivre ensemble en harmonie". Les visiteurs fraîchement débarqués de France sont souvent frappés par l'atmosphère bon enfant et sans stress qui règne dans la société néerlandaise. Il est fréquent d'entendre les journalistes aborder un problème de société, comme l'accueil des demandeurs d'asile, l'afflux des touristes en centre ville, les débordements pendant des matchs de football, le vieillissement de la population, en considérant d'abord et avant tout les problèmes que ces situations pourraient engendrer sur le fameux "vivre ensemble", qu'il s'agit de préserver à tout instant.

Le "ensemble" se décline en de multiples formes, comme par exemple le "vieillir ensemble" du programme d'aide aux personnes âgées, qui les met en contact avec de plus jeunes qu'eux pour les soutenir, ou encore le programme "en bonne santé ensemble" concernant tous les aspects de la santé au quotidien et d'une bonne hygiène de vie. Ce sens de la vie en communauté concerne tous les Néerlandais à tous âges, dès l'école primaire et dans toute la société, entre tous. Il n'est pas spécifiquement associé à la coexistence des communautés d'origines immigrées, comme le concept du « vivre ensemble » l'est souvent en France.

---

[39] Voir Chapitre IV « La Vie en société, Samenleving »

Racisme et antisémitisme sont intolérables

Le racisme ou l'antisémitisme sont intolérables pour cette société qui chérit l'harmonie et les bonnes relations entre individus. Le 24 décembre 2024, pour son discours de Noël, le Roi lança un appel pour protéger le lien entre les communautés confessionnelles, mis à l'épreuve depuis la guerre à Gaza déclenchée en octobre 2023, et surtout, depuis les agressions violentes à Amsterdam en novembre 2024 contre les supporters de l'équipe de football israélienne[40], agressions qualifiées d'antisémites par de nombreux gouvernements occidentaux. Malgré l'impuissance des Pays-Bas à pouvoir peser sur un conflit qui lui était étranger, le roi en personne eut alors un message clair et direct à l'adresse d'une société déterminée à préserver son « vivre ensemble » menacé.

 « *Ce que nous pouvons faire, c'est veiller à ne pas importer d'amertume et de haine dans nos rues.* »[41]

L'homme laissé mort chez lui pendant 5 jours

En 1966 survint un drame qui provoqua à l'époque l'indignation de la population et qui resta dans la mémoire collective sous l'expression « L'homme laissé mort pendant 5 jours chez lui » (« Dode in de woning »[42]). Ce qui s'apparentait en France à un « fait divers » provoqua la première grande campagne d'information et d'indignation à l'échelle nationale sur ce sujet.

Cees Heuvelman était décédé en janvier 1996 dans son appartement à Rotterdam sans que l'on ne découvre son corps pendant cinq jours, malgré les signes visibles de sa mort pour le voisinage. L'affaire suscita un grand émoi et fut largement médiatisée, mettant en évidence les défaillances de

---

[40] *Match de football de Ligue Europa entre l'Ajax Amsterdam et le Maccabi Tel-Aviv, novembre 2024*

[41] *Discours de Noël du Roi, 24 décembre 2024*

[42] *affaire « Heuvelman »*

communication entre les autorités et les voisins. Cela renforça dans l'esprit de la population l'importance de la vigilance communautaire.

SIRE, « la société c'est toi »

En 1967 fut fondé l'association indépendante SIRE[43], avec l'aide des média et des annonceurs sur le modèle de l'association « American Advertising Council »[44] aux Etats-Unis, dont le but était d'attirer l'attention du public, des leaders d'opinion et des décideurs sur les questions sociales jugées primordiales pour la vie harmonieuse en société. La première campagne d'information à l'échelle nationale traita cette affaire de « L'homme laissé mort chez lui pendant 5 jours ».

Depuis, plus d'une centaine de campagnes furent menées sur des sujets tels que la sécurité routière, l'environnement, la santé publique, ou l'éducation.

> *« SIRE veut éveiller les gens, inciter les gens à réfléchir, rendre les choses difficiles négociables, stimuler le débat et faire bouger les gens. Faites-leur comprendre que certaines questions qui reçoivent peu ou pas d'attention le méritent. Avec ses campagnes, SIRE veut rendre la société un peu plus belle. »*[45]

Les fondateurs de SIRE, Frits Baylé et Paul Mertz, furent nommés Chevalier de l'Ordre d'Orange Nassau[46] en 2019.

Comparé à la France, cet état d'esprit se distingue par son objectif de refuser de classer des drames dans la rubrique des « fait divers » sans agir. Il existe aussi en France des associations humanitaires et de bienveillance qui luttent contre la pauvreté,

---

[43] *Stichting Ideële Reclame, par par Frits Baylé, Louk van Haastrecht, Henny Janssen, Jos Kluiters, Paul Mertz et Joop Roomer*

[44] *Crée en 1942*

[45] *Sire.nl*

[46] *La famille Royale*

l'exclusion sociale, le racisme, la discrimination et les inégalités, les atteintes aux droits fondamentaux et aux libertés individuelles. Ces associations s'attaquent à des problèmes qui se développent et s'installent malheureusement dans une société très conflictuelle. L'association SIRE quand à elle, se veut être un « appel à plus d'humanité » et veut veiller à la préservation d'un « vivre ensemble » et des bons rapports humains entre les individus, jugés primordiaux au yeux des Néerlandais.

Alerte à la polarisation [47]

Récemment, afin de préserver le primordial « vivre ensemble », l'association SIRE a lancé une campagne pour défendre un équilibre fragile menacé par la montée de la polarisation dans le débat public. En mai 2023, une campagne contre les effets néfastes de la polarisation et de l'agressivité qu'elle peut induire dans les rapports humains, fut lancée:

« Ne vous éloignez pas les uns des autres, lorsque la polarisation se rapproche ».

> *Il s'agit d'alerter sur les signes sournois des mauvais rapports et surtout donner des conseils pratiques à mettre en oeuvre par chacun pour préserver les bons rapports entre tous.*

Le moral de la population sous sondage permanent

> *Il existe aux Pays-Bas un Bureau indépendant d'enquête et de statistique, le SCP[48], qui sonde en permanence, de façon transparente et publique, le ressenti subjectif de la population vis-à-vis de tous sujets politiques, sociaux, et aussi culturels. Hormis les données qualitatives et statistiques, le SCP s'attache principalement à la dimension subjective et au moral de l'opinion publique.*

---

[47] Voir Annexes
[48] Sociaal en Cultureel Planbureau

Il joue un rôle important dans la compréhension des tendances et des défis sociaux perçus aux Pays-Bas. En retour ses travaux sont largement utilisés pour alimenter le débat public et influencer les politiques.

A l'inverse en France, on pourrait dire que le débat public et les politiques publiques influencent les sujets des sondages qui sont réalisés en fonction des sujets d'actualité du moment, et que les données recueillies sont plus d'ordre quantitatif et statistique, que subjectif. La sensibilité et l'écoute de la population sont abordées différemment en France. Plus que le moral de la population, ce sont les décisions politiques et les actions du gouvernement qui sont évaluées à travers des élections, des manifestations, des débats publics, des consultations citoyennes, des délibérations, plus que par des sondages.

Aux Pays-Bas, les questionnaires destinés à sonder le moral de la population sont pour le moins surprenants. La teneur des questions, leur grande ouverture sur des sujets de tous ordres, aussi bien que le ton familier et porté vers le ressenti des individus, seront à la fois instructifs et amusants pour des Français. Florilège de quelques déclarations soumises à l'appréciation du public, issues d'une enquête réalisée en avril 2023 publiée dans le journal Volkskrant. Cochez les cases que vous approuvez:

- ☐ Le pays va dans la mauvaise direction.
- ☐ Je suis toujours satisfait de ma propre vie.
- ☐ Les problèmes aux Pays-Bas s'accumulent parce que rien n'est réellement réglé.
- ☐ Le gouvernement ne devrait pas forcer la politique en ce qui concerne le dossier de la pollution par l'azote.
- ☐ Le gouvernement devrait investir beaucoup plus dans les choses pour lesquelles je suis d'accord au lieu de gaspiller l'argent dans des bêtises.
- ☐ Les séries sur mon abonnement de Streaming sont bien assez nombreuses ce qui ne m'incite pas à regarder la télévision.

- ☐ Je ris toujours beaucoup de « Today Inside », une émission dans laquelle il est principalement question de tout ce qui est merdique.
- ☐ Je fais entièrement confiance à Johan Derksen, lorsqu'il affirme quotidiennement qu'il n'y a aucun problème d'azote.
- ☐ Je suis pour moins de demandeurs d'asile mais contre plus d'argent pour l'aide au développement.
- ☐ Les Pays-Bas devraient prendre exemple sur les pays où les choses s'améliorent.
- ☐ Le salaire minimum ne devrait pas être augmenté, car il continuera d'être répercuté dans le prix ce qui ne sert à personne.
- ☐ Les peines aux Pays-Bas sont trop faibles.
- ☐ Les amendes routières aux Pays-Bas sont trop élevées.
- ☐ La cinquième place des Pays-Bas dans le World Happiness Report 2023 sur les pays les plus heureux du monde, publié la semaine dernière, est bien trop faible.
- ☐ Le gouvernement devrait faire plus pour soutenir la classe moyenne.
- ☐ Je pense que c'est fou que mes courses en ligne soient livrées dans un délai de trois heures.
- ☐ Le gouvernement doit faire plus pour s'attaquer aux problèmes des embouteillages sur les routes.
- ☐ Je ne laisse pas les gens qui sont sur la bretelle d'accès passer parce que j'étais sur l'autoroute avant eux.
- ☐ Le personnel de la restauration d'Amsterdam, des champs d'asperges du Brabant et/ou des abattoirs devrait être tenu de parler néerlandais.
- ☐ J'ai peur que si peu est construit, je n'aurai bientôt pas de maison de vacances, sans parler de pouvoir acheter un logement pour mon enfant du collège.
- ☐ Je refuse d'admettre que nos deux plus grands héros sportifs soient belges.
- ☐ J'envisage d'émigrer au Portugal et de continuer à tweeter toute la journée à quel point tout est merdique aux Pays-Bas.
- ☐ Selon l'AIVD, les théories du complot sur "une élite perverse" qui détient le pouvoir aux Pays-Bas constituent une menace sérieuse à long terme pour la sécurité aux Pays-Bas.
- ☐ L'Europe doit s'occuper de ses affaires.
- ☐ Fin avril, il aurait dû y avoir au moins quelques belles journées
- ☐ Je suis rendu fou par tous les touristes dans ma région.
- ☐ S'il y a encore une foule extrême à l'aéroport de Schiphol, j'envisagerai de voyager par un autre aéroport la prochaine fois.

- ☐ C'est que j'ai vraiment besoin de soleil à cause du mauvais temps, sinon j'envisagerais presque de ne pas prendre l'avion.
- ☐ Ce serait bien si on avait enfin un beau printemps le jour du Roi, mais ce ne sera pas le cas.

L'intendance ne suivra pas!

La célèbre formule « L'intendance suivra », attribuée à de Gaulle, résume bien l'état d'esprit des hommes politiques français qui tiendraient l'économie et l'organisation pour quantité négligeable face aux grands desseins politiques. C'est exactement le contraire aux Pays-Bas.

> *Tout projet sera confronté aux réalités matérielles de sa réalisation, en particulier celle du financement, avant d'avoir une chance d'être mis en oeuvre.*

Une organisation irréprochable

> *L'organisation de la société et son bon fonctionnement passent avant tout. En venant du sud de l'Italie, le contraste est saisissant: on a l'impression d'arriver en Suisse ou au Japon. Les trains et les bus sont ponctuels, l'administration est directe et efficace, les services aussi. C'est à se demander si le fonctionnement huilé des rouages de cette grande horlogerie n'est pas la raison d'être des habitants qui aiment vaquer à leurs occupations en bon ordre.*

Ce bon fonctionnement, allié au respect des règles de la circulation et celui des personnes, procure un apaisement de chaque instant. Tout devient plus simple, sans tension inutile et sans fatigue. Mon cousin qui me rendait visite, s'étonnait de ce calme apparent et de cette organisation tirée au cordeau. En bon Français, il se demandait si « cela ne devenait pas ennuyeux au bout d'un moment?..». Non, les Néerlandais ne connaissent pas l'ennui d'une organisation efficace et d'une vie bien réglée.

Le parlé franc

Les Néerlandais sont adeptes d'un franc parlé qui va droit aux faits, sans méchanceté et sans arrière-pensée.

Ils n'hésiteront pas à dire ouvertement ce qu'ils pensent tout haut, sans préambules ou tournures de politesse, sans craindre de froisser l'interlocuteur qui n'y verra pas d'offense personnelle. Ils parlent sans fioriture et sans retenue des choses telles qu'elles sont, telles qu'elles se présentent dans la vie, sans jamais verser dans l'agressivité ou la vulgarité.

Arrête la peinture, fais de la photographie !

Lors d'une soirée entre amis, Wilco, en bon Néerlandais qu'il est, me confiait de façon inopinée mais sincère, ce qu'il pensait de mes photographies, qu'il trouvait bien cadrées avec un oeil que d'autres n'ont pas. Il aimait voir le monde par ma vision personnelle. Il y retrouvait un rendu du film argentique qui comptait beaucoup pour lui. Il aimait consulter les albums à son aise car il y trouvait un enrichissement et un apaisement que lui procurent les belles images bien faites et sensibles. Il me disait rechercher, avouait-il, ma sensibilité et mon regard qu'il n'avait pas. Je fus touché par le compliment, qui s'avéra vite être une simple constatation de sa part, suivie par un autre constat, moins élogieux.

De façon tout aussi directe et sincère, il trouvait que je me dispersais trop par la pratique de la peinture, par laquelle j'essayais, de me convaincre d'un talent non inné. Je cherchais par le travail et les efforts à produire un art sans facilité qui aurait plus de crédit à mes yeux. C'était une attitude me disait-il, qu'il avait déjà remarqué chez les jeunes étudiants, au moment du choix d'une filière ou d'une discipline. Ils délaissaient le talent naturel pour lequel il y avait peu d'efforts à fournir, pour se tourner vers des études studieuses qui bénéficient de l'aura rassurante du travail. La gêne de la facilité et du talent résiste mal au sérieux des efforts et des études. En bon Néerlandais sincère qui cherche à rendre service en disant ce qu'il pense sans-arrière pensée, il m'encourageait donc à délaisser la peinture qui me demandait trop d'efforts laborieux, pour produire des albums de photos sur papier afin de révéler et partager ma propre sensibilité innée. Il préférait la facilité du talent à l'effort laborieux et terne. Naturellement, si on dispose d'une aptitude innée, autant l'utiliser. Et surtout, autant l'avouer sans fausse honte.

Réagir et se défendre en plein désordre

Ayant pratiqué le Krav Maga, technique de combat utilisée pour la défense personnelle, en France et aux Pays-Bas, il est frappant de constater que cette pratique, qui devrait a priori être la même partout, est pratiquée de façon très différente dans les deux pays. Le sport révèle lui aussi les différences culturelles, et de façon criante dans ce sport de combat.

Aux Pays-Bas, où l'on n'a pas l'habitude de s'embrasser de principes, surtout s'ils volent trop loin de la réalité, et où l'on aime passer à l'action pour agir, on ne tergiverse pas, sauf par feinte. Sous la menace d'une arme d'un agresseur qui veut vous déposséder, on va feindre d'aller fouiller sa poche pour donner son argent tout en l'apaisant avec des paroles de soumission : « d'accord, du calme, je te donne tout !.. », pour brutalement écarter l'arme et frapper pour faire mal. On s'entraîne essentiellement aux techniques de dégagement d'étranglement, de désarmement et de neutralisation des couteaux et armes à feu. Il s'agit d'écarter la menace pour prendre la fuite dès que possible, tout en mettant ses proches hors de danger. On va exploiter les trottoirs et les voitures en stationnement pour faire trébucher l'adversaire. On va exploiter les murs et le sol pour cogner sa tête contre, on travaille donc le combat au sol et ses techniques toutes aussi vicieuses que les autres.

> *On ne reste pas immobile, les deux pieds dans le même sabot ; on agit avec le maximum d'efficacité,*

le plus rapidement possible, avec le moins d'effort possible, pour ne pas s'affaiblir.

En France, on préfère invoquer le principe de prudence et ne prendre aucun risque, au motif, louable, qu'on ne va pas risquer sa vie ou une blessure pour un téléphone portable, son argent et les clés de sa voiture. On donne tout, pour prendre la fuite ensuite.

Mais surtout aux Pays-Bas, on s'entraîne au chaos. Une agression, comme dans la vie, est faite d'imprévus qui ne font que s'enchaîner. On s'entraîne à continuer de réagir sans se figer, en fonction des désordres qui déboulent et qui changent la situation, ce qui ouvre de nouvelles possibilités. Les échauffements se font dans un espace restreint qui resserre les participants dans une petite foule. Il y est impossible de développer un geste ample sans se heurter, impossible de savoir d'où vient l'agression, impossible de développer un enchaînement de mouvements de façon académique. Il règne un joyeux chaos où il est impossible de dire qui gagne ou qui perd, chacun faisant de son mieux sans trop réfléchir pour sauver sa peau. Les techniques et les enchaînements ne sont pas pratiqués dans les règles de l'art, parce que cela n'est pas possible dans la vraie vie. Il faut savoir changer en plein mouvement, que la technique fonctionne ou non, en fonction des interruptions et des changements qui surviennent et auxquels il faut s'adapter, de façon opportuniste. On préfère en France la clarté d'un enchaînement académique bien huilé, le conformisme d'un combat dans les règles de l'art, on aime le geste qui a pour objectif la perfection plus que l'efficacité.

Quant au respect du cadre de la légitime défense, c'est un souci bien français que de veiller à agir en toute légalité, pour ne pas risquer des conséquences judiciaires au cas où l'agresseur se ferait passer pour l'agressé devant le juge. On va brider les attaques et veiller à ce qu'elles soient proportionnelles, ce qui est une chose utopique dans le feu de l'action. On ne s'embarrasse pas de tels scrupules aux Pays-Bas, on s'entraîne même à crier à voix haute que l'on est la victime, « arrêtez de m'agresser, arrêtez de me taper », alors qu'on est clairement passé à l'offensive en train de marteler la tête et les parties génitales de l'adversaire.

Pas de « mobilité douce »

Ce parler franc détonne avec la pratique française d'user de tournures, de définitions et d'éléments de syntaxes fabriqués de toutes pièces pour rendre conceptuel ou politiquement correct, un sujet pourtant simple et pratique. Au pays de la bicyclette et du parler franc, vous n'aurez aucune chance d'entendre parler de « mobilité douce ». Au contraire des Français, les Néerlandais ne connaissent pas le besoin de conceptualiser et donner des définitions à tout pour se rendre sérieux ou crédibles. La définition[49] par un Ministère public français de la « mobilité douce » leur paraîtra alambiquée et superflue, voire drôle. « La définition de la mobilité douce en matière de transports est large: elle englobe les modes de mobilité dits "actifs", qui ne font appel qu'à la seule énergie humaine (marche, vélo, trottinette...) mais aussi tout moyen de mobilité, collectif ou individuel, contribuant à une baisse des émissions de CO2. » . Plutôt que de gloser, ils enfourcheront leur bicyclette dont l'utilité et les avantages pour la vie en société leur sont aussi évidents que naturels.

Discussion autour d'une table à la télévision

Contrairement à la France où il est important que les hommes politiques brillent par leurs talents oratoires et leur aura, il est plutôt mal vu aux Pays-Bas de jouer de verve et de charisme, ce qui pourrait cacher un manque de compétence ou une certaine duplicité. A cela s'ajoute le manque de hiérarchie dans les relations au travail et en société car cela favoriserait une distance factice et peu opportune entre les individus.

Les émissions à la télévision ressemblent à des discussions entre amis au coin d'une table, chacun se côtoyant amicalement, où il

---

[49] Site de « La vie publique » du Ministère https://www.vie-publique.fr/eclairage/279082-transports-le-defi-ecologique-des-nouvelles-mobilites#:~:text=La définition de la mobilité,baisse des émissions de CO2.

serait mal vu d'étaler sa science. Les témoignages les plus banals d'individus sans grade seront considérés avec autant d'attention sinon plus, que ceux des experts, que l'étude des livres aura tenu éloignés de la vie pratique.

Les médias sont factuels

La différence avec la France saute d'autant plus facilement aux yeux qu'elle s'affiche chaque soir au journal télévisé. On s'attache à donner des informations factuelles, certes accompagnées de certains témoignages et prises de positions, mais qui s'efforcent de rester partiaux. Le ton employé est dépassionné et factuel. En aucun cas on ne versera dans le sensationnalisme pour accrocher le spectateur par ses émotions, ou pire, par son anxiété. Alors que la pandémie du Covid faisait rage à la télévision française, qui donnait alors toute la mesure de son pouvoir anxiogène auprès des spectateurs qu'elle terrorisait, il était reposant de regarder les informations du soir aux Pays-Bas, qui, comme à l'accoutumée, traitait un sujet grave avec calme et distance, sans pour autant lui consacrer toute la couverture.

Par ailleurs, les discussions politiques ne laissent pas libre cours aux attaques personnelles qui sont jugées à la fois impolies et déplacées, car blessantes pour les personnes, et surtout, parce qu'elles ne traitent pas le fond du sujet dont on discute. La critique moqueuse, acerbe, ou insultante, n'a pas cours ici. En pleine négociation pour former une nouvelle coalition gouvernementale avec le parti d'extrême droite, un des protagonistes, Pieter Omtzigt, quitta brutalement la table des négociations en février 2024, laissant les discussions et ses interlocuteurs en plan. A aucun moment Pieter Omtzigt n'eut de mots déplacés à l'encontre de celui qui pourtant l'excédait. A aucun moment ses collègues ne l'attaquèrent personnellement, alors qu'ils se plaignaient amèrement de la situation. Au même moment en France, les médias et partis politiques de l'opposition, alimentaient du feu de leurs critiques acerbes et blessantes, une protestation à la nomination d'une nouvelle ministre de l'Education nationale. En comparaison des médias néerlandais, certains propos tenus en France par certains commentateurs extrêmes, en devenaient nauséabonds.

La politesse franche, manière de vivre

Les Néerlandais ont développé une politesse matinée de familiarité qui n'est jamais hautaine ni trop familière. C'est un des rares lieux où des personnes qui ne se connaissent pas, se salueront et se diront bonjour en se croisant dans la rue. Ils s'adressent entre eux de manière polie et respectueuse. Ils attendront poliment que leur interlocuteur finisse d'abord une discussion engagée avec une autre personne, sans l'interrompre, avant de lui adresser la parole. Ils tiennent sans doute ces manières respectueuses de leur éducation reçue dans les classes maternelles lorsqu'ils s'adressaient, à tour de rôle, à toute la classe chaque matin.

Les Néerlandais utilisent dans le langage courant quantité de petits mots sans signification particulière, dont l'unique utilité est d'arrondir les angles et d'entretenir un ton cordial. Ils truffent leurs phrases avec des « bon », « hein », « alors » ou « ben ». Cela vient adoucir le parler franc et direct dont ils sont adeptes, en lui donnant des formes pour ne pas provoquer d'atteinte personnelle.

Le boyau de la rigolade

Les bataves, malgré une culture calviniste, possèdent un fond jovial enclin à la franche rigolade qui s'exprime à la moindre activité sociale en groupe, en particulier au sein des clubs et associations dont ils sont des membres assidus.

J'ai pu constater, avec étonnement, cette propension à rigoler souvent de tout, lors de leçons de self-défense et de combat rapproché militaire, qui ne sont pas à proprement parler des pratiques relaxantes à prendre à la légère. Et pourtant, en plein entrainement, mes collègues ne pouvaient s'empêcher de sortir des vannes, tout en écoutant les enseignements du coach avec attention et sérieux. L'un n'empêchait pas l'autre, visiblement. Par exemple pendant ces cours, on désigne un crochet du bras au visage de l'adversaire par l'abréviation « un 360 » (peut-être parce que le bras forme un arc de cercle pour porter le coup). Systématiquement, mes collègues jouaient avec les mots en prononçant des chiffres erronés pour tromper leur adversaire ou désigner un coup manqué (« 370 ! » ou « 342! mince, raté .. »). Leur humour était d'autant plus curieux à mes yeux qu'ils se mettaient à la tâche et à la frappe sans faire semblant, avec beaucoup d'énergie et d'engagement, et ce d'autant plus que les Néerlandais possèdent en général un physique plus imposant que celui des Français. Ou alors leurs blagues faisaient-elles diversion pour créer l'ouverture propice à l'attaque?

Lors de courses amicales sportives, il n'est pas rare de voir les amis et supporters des coureurs se manifester le long du parcours de façon démonstrative, arborant des tenues exubérantes et loufoques, et prodiguant des encouragements en braillant et en chantant. S'il s'agit d'épreuves nautiques en lac, ou dans les canaux, vous aurez droit aux matelas gonflables et grosses bouées circulaires avec col de cygne ou de canard, rivées autour des bedaines replètes qui ont visiblement abandonné toute prétention sportive. Bref, même dans l'effort et la compétition, le batave aime la dérision.

Vie privée poreuse

Les Néerlandais peuvent signaler un comportement qu'ils jugent inopportun, et le dire sans hésitation à la personne à qui ils s'adressent. Ils le font directement, toujours calmement et sans méchanceté, sans intention de nuire. Pour un Français, il sera difficile de ne pas se sentir ainsi jugé. Le Français aura immanquablement tendance à penser que son interlocuteur se mêle de ce qui ne le regarde pas, car chacun, dans la culture française, peut bien faire ce qu'il veut dans sa vie privée sans que quiconque ne vienne y faire des commentaires.

> *Les deux cultures diffèrent quant à l'appréciation des frontières qui délimitent la sphère privée, plus ou*

moins poreuse, et jusqu'à quel point chacun peut y pénétrer pour se mêler des affaires des autres, qui le regardent, ou pas.

Force est de constater que les Néerlandais se mêlent ouvertement des affaires de leur voisinage proche, qu'ils observent et qu'ils commentent sans fausse honte, ce qui pour un Français, revient à se mêler de ce qui ne les regarde pas.

Journées fenêtres ouvertes

Tout visiteur qui se rend aux Pays-Bas pour la première fois est frappé par l'absence de rideaux aux vitres et aux fenêtres, ce qui expose sans discrétion les intérieurs et les occupations des habitants aux regards de tous les passants. Ces fenêtres peuvent être aussi larges que la pièce comme un mur abattu dévoilant un intérieur qui donne entier sur l'extérieur. C'est une vitrine au travers de laquelle on se salue et on se sourit, une surface d'accueil et d'échange bien plus que d'exclusion et de protection intime. Cette ouverture pourrait être perçue comme une forme d'intrusion en France, voire comme un moyen de surveillance généralisée, chacun s'exposant au regard comme au jugement des autres. Mais puisque l'on mène une vie en société irréprochable, on n'a donc rien à cacher qui pourrait être suspect. La transparence est synonyme et garante d'honnêteté.

Les caméras de surveillance, ainsi que les associations de quartiers assurant une vigilance du voisinage, sont courantes. Elles constituent le prolongement d'un regard social protecteur généralisé.

Les inventeurs du reality show

Le contrôle social par le regard rend les Néerlandais observateurs et curieux de tout, sans fausse honte. Allié à leur caractère actif et entreprenant, cela donne des individus à l'affût de tout pour créer. Il fallait être Néerlandais pour observer ce qui se passait dans le monde au début des années 2000, et inventer une nouvelle forme d'émission télévisée qui allait devenir le « reality show » avec le succès que l'on connait.

Dans la fin des années 1990, une expérience fut menée en plein désert par des scientifiques aux Etats-Unis qui s'enfermèrent dans une biosphère pour simuler les conditions de vie sur une autre planète. Afin d'étudier les effets de leur isolement sur leurs comportements, ils furent filmés pendant toute la durée de l'expérience. Ce qui n'était pas le but des scientifiques, mais ce qu'ils auraient pu anticiper, ce furent les histoires d'amour qui apparurent entre ces êtres humains dotés d'émotions et de sentiments.

Puis ce fut le tour d'une jeune américaine qui décida en 1996, chose aussi nouvelle que saugrenue à l'époque, mais devenue aujourd'hui pratique courante, de filmer chaque jour son quotidien d'étudiante avec une webcam, et d'en poster une image par jour sur internet. C'était à l'époque une idée révolutionnaire qui atteignait un summum d'inutilité conjugué à un manque total d'intérêt: observer l'intimité d'une inconnue...

Il n'en fallut pas plus pour qu'un producteur néerlandais[50] d'émissions de télévision eut l'idée d'un concept pour une nouvelle formule: filmer en permanence un groupe d'hommes et de femmes enfermés dans un lieu clos. Ce fut le début d'une série culte baptisée « Big Brother » qui connut un engouement phénoménal dès l'instant où commencèrent les histoires d'amour entre les protagonistes.

L'émission se vendit à l'international dans 70 pays. Elle fit des Pays-Bas le troisième acteur insoupçonné des pays exportateurs de séries télévisées, derrière les Etats-Unis et la Grande Bretagne. Ces émissions de reality show étant culturellement neutres, elle peuvent en effet convenir à tout pays et aux goûts de tous les téléspectateurs. Nombreuses sont les émissions inventées aux Pays-Bas et exportées en France: *Loft Story, Secret Story, Star*

---

[50] Paul Römer, *Néerlandais, Lignes de vie d'une peuple*, Ateliers Henry Dougier

Academy, L'Amour est dans le pré, Les Marseillais, Les Cht'is, Adam recherche Eve, L'Ile de la tentation..

Les « stars » sur une toile

Les Néerlandais adorent les émissions mettant en scène « Monsieur ou Madame tout le monde » que l'on filme en train de réaliser en direct quelque chose d'assez banal, mais qui a été mis en scène pour devenir exceptionnel le temps d'un tournage, et qui sera vécu en direct par beaucoup de téléspectateurs. Les émotions comptent autant, sinon plus, que les réalisations.

Le programme s'appelle « Des stars sur une toile » (« Sterren op een doek »). Il consiste à rassembler des individus qui pratiquent la peinture, sans nécessairement se revendiquer artistes, autour d'une célébrité nationale dont ils vont devoir réaliser un portrait en quelques semaines. Le programme les filmera dans leur progression, tout en faisant parler la célébrité sur sa vie. Cette dernière ne verra le travail qu'une fois achevé, lors d'une mise en scène soigneusement orchestrée, en présence des artistes qui dévoileront leur travail. L'un d'eux sera alors choisi, par élimination pour faire monter le suspense, par la célébrité qui emportera la toile chez elle.

Je me suis intéressé soudainement à cette émission TV lorsque ma professeure de peinture, exerçant dans le petit village reculé en campagne de Voorhout, fut choisie pour y participer en octobre 2019. Elle remporta le concours en peignant le portrait d'une actrice de cinéma.

Service personnel

Ce comportement, jugé intrusif par un Français, se révèle pourtant utile et prévenant dans la vie en société. Un passant voyant une voiture garée avec ses phares allumés, demandera lui même dans le voisinage à qui elle appartient et ira personnellement prévenir son propriétaire. Il en ira de même pour une carte d'identité ou un téléphone trouvés par terre. L'individu qui les trouve, fera spontanément l'effort d'en retrouver le propriétaire et de lui rendre son objet perdu en main propre. Cela est possible dans un quartier où tout le monde connait tout le monde, chacun se parle et s'observe. L'attention vis-à-vis des voisins est chose normale, sans être une bonne action particulière. C'est ainsi qu'un illustre inconnu sonna un jour à notre porte pour nous ramener la carte d'identité que ma femme avait égarée au magasin.

Délation ordinaire

En surveillant son voisinage, on n'hésitera pas à appeler la police si des vélos ont été laissés à un emplacement non autorisé, ou les services de la protection animale si un chien a été laissé seul dans un jardin pendant trop longtemps. Les propriétaires devront alors payer les services de la fourrière ou du refuge à leur retour pour récupérer leur vélo ou leur animal domestique.

> *Les Néerlandais ne considèrent pas le fait d'appeler les services de police ou de l'administration comme un acte de délation lâche et anonyme, mais comme une participation honnête et sincère à la vie de leur communauté pour rendre service à tout le monde.*

Et aussi de remettre les voisins à leur place en leur disant ce qu'il faut faire et ne pas faire, un peu de morale sociale dans cette société d'inspiration protestante et calviniste ne faisant pas de mal…

La hiérarchie sans hauteur

De manière générale, la distance entre l'autorité, que ce soit l'administration, la police, l'armée, la gendarmerie, les professeurs, les médecins, et les citoyens est beaucoup plus réduite qu'en France. Les uns sont au service des autres qui en retour les respectent sans les craindre. On parle d'égal à égal.

Cette mentalité permet de construire une société ouverte et peu hiérarchisée dans son fonctionnement, contrairement à la société française qui apparaît fermée et hiérarchisée. Il est inconcevable pour un citoyen néerlandais de ne pas pouvoir trouver un numéro de téléphone sur les sites des autorités gouvernementales, des partis politiques ou même des groupes d'action. En France, le contact ne sera possible que grâce à un formulaire e-mail, auquel bien sûr, dans une parfaite logique bureaucratique, personne ne répondra. Les Français devront obtenir les bons contacts par leurs relations personnelles, s'ils en ont. Si vous n'avez pas de relations en France, vous comptez moins, ou peu.

Le contre-pouvoir dans vos mains

À l'image de l'organisation de l'église protestante, l'autorité n'est pas exclusivement détenue par les dirigeants ou l'administration, aux mains desquelles les citoyens ne sont pas assujettis, mais plutôt servis. Un maire ne parlera pas de ses « administrés » comme un abbé de ses « ouailles ». Le droit de regard sur les affaires civiles est ancré chez tous les individus, qui ont le devoir de rester vigilants. Chacun porte individuellement son contre-pouvoir vis-à-vis de l'autorité locale, ou même nationale.

Quiconque, à titre personnel ou au sein d'une association, pourra demander des comptes, avec les chiffres détaillés, de la gestion des affaires civiles qui le concernent de près ou de loin, quelle que soit l'administration, que ce soit une mairie ou un ministère. Et il les obtiendra de manière rapide et transparente, chose tout à fait inconcevable en France.

Une royauté accessible et populaire

La Royauté elle même se veut accessible vis-à-vis de son peuple. On peut ainsi aborder le roi Willem Alexander qui se promène en ville chez lui à Wassenaar, où j'ai habité plus de 25 ans. Cela n'est pas fréquent, mais cela arrive et ne choque personne. Ce qui choquerait serait bien le contraire, c'est-à-dire une distance hautaine et condescendante de la part de la royauté ou des autorités vis-à-vis des administrés.

> Le roi Willem-Alexander le disait lui-même en 2013 lors de son intronisation. « *Je ne suis pas un fétichiste du protocole, les gens peuvent s'adresser à moi comme ils le souhaitent pourvu que cela les mette à l'aise.* »[51]

« Petite maison, petit arbre, petit animal »[52]

L'expression « Métro, boulot, dodo » se traduit dans la langue néerlandaise par la combinaison: « Maisonnée, arbuste, animal domestique » pour traduire une vie routinière et sans originalité. Les embouteillages sur les routes le matin pour aller travailler, l'encombrement des transports publics, le travail qui perd son intérêt pour devenir une tâche alimentaire, le manque de temps pour les loisirs et la fatigue qui s'accumule, la monotonie de la vie quotidienne, se cristallisent dans une référence à leur petit intérieur douillet dans leur petite maison, avec un petit jardin qui leur offre un petit bout de nature à tailler et à biner, et un animal domestique qui dort sagement à l'intérieur. Il est vrai que leur habitat est très standardisé, que toutes les maisons d'un quartier sont bâties sur le même modèle qui est reproduit à l'infini en rangées monotones, comme des maisons de poupées absolument semblables. Plutôt que la tâche et la fatigue qui pèsent, les Néerlandais préfèrent faire allusion à un petit chez soi absolument standardisé, qui possède une forte valeur affective pour les réconforter. Ils aiment cette expression pour se représenter non pas la vie idyllique qui n'existe pas, mais une vie domestique tranquille et agréable. La maison, l'arbuste dans le jardinet et l'animal de compagnie symbolisent la stabilité et le bonheur familial, l'aspiration à une vie calme et confortable.

L'expression a d'ailleurs servi de titre pour une émission télévisée scolaire hebdomadaire« Huisje Boompje Beestje » dans laquelle les enfants sont encouragés à réfléchir sur la vie monotone et réglée qui les attend, et sur eux-mêmes. On y aborde les sujets de

---

[51] *Roi Willem-Alexander 2013*

[52] « *Huisje, boomtje, beestje* »

société, la nature et la technologie, la vie au travail. Le programme, qui a été produit de 1988 à 2014, est toujours diffusé.

On jette tout et on refait tout à neuf

Régulièrement, que ce soit à l'occasion d'une nouvelle installation ou pas, les habitants procèdent à un nettoyage et à un réaménagement de leur intérieur de fond en comble. On voit souvent dans le quartier devant les maisons ces containers de chantier qui se remplissent de gravats, de portes et de baignoires, de meubles et de sofas dont on se débarrasse sans hésiter. Les Néerlandais on la main lourde lorsqu'ils s'agit de rénover leur intérieur. Ils s'adonnent à la tâche régulièrement, comme un grand nettoyage de printemps décennal.

Des citoyens responsabilisés et autonomes

Le respect envers autrui est garanti par des rapports d'égal à égal à tous les niveaux dans la société, la fonction ne donnant pas, ou peu, de privilèges ou de considération par rapport à ceux qui doivent s'y soumettre et y obéir.

> *Les rapports hiérarchiques sont peu marqués en entreprise ou dans la société en général. En retour, les individus, à qui on donne une grande autonomie en leur faisant confiance, se sentent responsabilisés et feront de leur mieux pour se montrer dignes de l'estime accordée. Il leur sera plus naturel de se prendre en main.*

Tout comme les élèves décident eux-mêmes de leur conduite et de leur avenir sans devoir en référer à l'autorité parentale, les citoyens ont droit à la parole, et peuvent décider sans devoir se soumettre systématiquement au jugement et à l'approbation de l'autorité. Leur avis sera respecté.

« C'est pas la faute à Rousseau »

Tout repose sur la confiance accordée. Responsabiliser les gens, c'est leur faire confiance. En échange de la confiance et des responsabilités qu'on leur accorde, les personnes se sentent valorisées et seront enclines à bien faire.

> *Comme le pensait Rousseau, on considère d'emblée que « la plupart des gens sont bons »[53] par nature, mais contrairement à Rousseau, on veut croire qu'une société harmonieuse garantissant la confiance et la responsabilisation des individus ne va pas corrompre cet état de bonne disposition naturelle, mais au contraire le préserver. Il n'est pas nécessaire par principe de contrôler les gens.*

Nul besoin de contrat social par lequel l'individu abandonne aux mains du gouvernement et de l'éducation la responsabilité de le rendre bon malgré lui en « l'éduquant », nul besoin d'abandonner sa liberté individuelle pour lui substituer une liberté sociale. La culture néerlandaise ne porte pas un regard pessimiste sur l'histoire en général et la civilisation en particulier, au contraire elle entretient un optimisme raisonné sur la nature humaine qui à priori est digne de confiance et peut être responsabilisée. Ce qui se fera sans recours excessif aux lois ou aux règlementations.

La liberté dans le choix des écoles

Tout comme la France, les Pays-Bas sont devenus un pays sécularisé dans lequel la pratique religieuse et la fréquentation des églises ont fondu comme neige au soleil au XXe siècle. Il n'est plus possible de juger de la liberté de culte, qui demeure un principe fondateur et existentiel du pays, si ce n'est dans la variété des écoles, confessionnelles ou neutres, qui existent partout. Les parents, et surtout les élèves, auront le choix entre les écoles dites « spéciales » (« bijzondere scholen ») qui peuvent être protestantes, catholiques, islamiques, musulmanes, ou associées à

---

[53] *« De meeste mensen deugen »*

des courants pédagogiques spécifiques comme Montessori, Dalton ou Freinet, et les écoles publiques dites « neutres », ouvertes à tous. Ce ne sont pas moins de 70 % des élèves qui fréquentent les écoles « spéciales » aux Pays-Bas, l'exact opposé de la répartition en France où ils ne sont que 20 % dans les établissements dits « privés ».

Il faut cependant relativiser l'orientation confessionnelle des établissements, et l'influence, assez faible, de la religion dans l'enseignement catholique ou protestant.[54]. Le catéchisme reste une matière optionnelle, à laquelle personne ne sera obligé d'assister. Et on ne demande rien à personne concernant sa pratique religieuse, n'importe qui, quelle que soit sa religion, pouvant intégrer ces établissements.

> *Le système éducatif néerlandais repose sur la loi fondamentale de 1917 qui retranscrit leur tradition de pluralisme et de tolérance religieuse en matière d'éducation. Elle vise à favoriser la liberté de choix et de pratique grâce à un financement public égalitaire pour tout type d'école, confessionnelle ou neutre, tant qu'elles respectent les normes académiques.*

La France préfère la laïcité, inscrite dans la loi de 1905 sur la séparation de l'Église et de l'État. Elle retranscrit un principe d'égalité visant à offrir la même éducation à tous, indépendamment des convictions religieuses. L'école publique est laïque, afin de ne favoriser ni enseigner une religion particulière. Les signes religieux ostentatoires sont également interdits dans les établissements publics depuis la loi de 2004. La liberté de choix s'en trouve plus limitée par rapport aux Pays-Bas. Même si en France les parents peuvent encore choisir des écoles privées confessionnelles, ces établissements ne perçoivent que partiellement des subventions publiques et sont donc payants. L'égalitarisme conduit à une uniformisation et à moins de choix,

---

[54] *Je ne suis pas en mesure de porter un jugement sur les établissements judaïques ou musulmans.*

ce qui serait perçu aux Pays-Bas comme une limitation de la liberté de chacun et contraire à la tolérance religieuse.

Vous êtes malades ? Guérissez-vous ! [55]

> *Les patients vis-à-vis de leurs médecins sont responsabilisés. Il détiennent à priori une certaine part de responsabilité dans la maladie qui les affecte, en tout cas certainement dans le traitement qu'il faudrait y apporter.*

Il appartient aux patients d'appeler eux-même le cabinet médical qui a reçu les résultats de leurs analyses. Cependant, dans le cas de résultats anormalement graves, le médecin prendra alors contact lui-même avec le patient. Il appartient à chacun de veiller à son hygiène de vie et à son équilibre psychique avec l'aide des proches, de la famille et de la société qui propose de nombreuses aides à domiciles et d'aides à la personne. Une attention particulière est portée à ce que chacun puisse rester autonome chez soi. Il n'y a aucune honte, mais plutôt une dignité, d'assumer son autonomie, et d'utiliser pour cela des déambulateurs, des tricycles ou des fauteuils roulants en ville. Il est de coutume de traiter les dépressions nerveuses ou les surmenages par des programmes de remise en forme personnalisée, disponibles dans n'importe quel club de sport ou salle de fitness locale, en complément d'une thérapie chez le psychologue.

> *Dès que cela est médicalement possible, les patients sont éloignés du milieu hospitalier et sont renvoyés dans leur domicile pour y finir leur rétablissement.*

Retour à domicile juste après l'accouchement

Le jour même de l'accouchement, les mères, qui ne sont pas considérées comme des malades mais plutôt comme des personnes fatiguées ayant besoin de repos, sont renvoyées à leur domicile, où les attend une assistante à tout faire qui va prendre

---

[55] Voir aussi chapitre Santé

en charge toute la logistique et l'organisation du foyer pendant 10 jours, de telle sorte que la mère n'ait plus rien à faire. Courses, cuisine, ménage, vaisselle, lessive, repassage, ainsi que l'agenda et les horaires des visites, tout sera régi par cette assistante maternelle aux pleins pouvoirs, que le mari devra respecter. En tant que nurse, elle surveillera aussi l'état général du nourrisson, son alimentation et son poids; elle conseillera la jeune maman pour l'allaitement. Chaque jour, la mère recevra la visite de son médecin de famille à son domicile. Tous les soins médicaux et domestiques seront ainsi assurés, sans hospitalisation.

Il faut gérer son stress

Les Néerlandais sont assurément soumis aux mêmes aléas de la vie moderne trépidante, à ses risques et aux incertitudes d'un monde en perpétuel mouvement. Comme tous les Français, ils sont soumis aux servitudes de la vie active, aux séparations et aux divorces, aux drames familiaux, aux maladies, aux aléas économiques et aux problèmes financiers, aux crises économiques et à l'histoire toujours en mouvement qui poursuit son cours chaotique et qui ne les épargne pas plus que d'autres.

> *Pourtant, les Néerlandais se distinguent des Français par un manque de stress apparent et par une nervosité bien moindre.*

Il y a bien sûr ce tempérament plus stable, moins émotif et moins nerveux qui caractérise ce peuple. Il y a aussi cette volonté de prendre les choses en main pour tenter de ne pas se faire submerger par le stress. Ce sont des adeptes du yoga, de la relaxation et de la méditation, mais aussi des consultations chez le psychologue. Ces pratiques, loin d'être réservées à des personnes en mauvaise santé psychiques qui doivent « se faire suivre », sont considérées comme de saines pratiques d'hygiène mentale et corporelle afin de prévenir le mal.

L'hygiène buccale

Les Néerlandais attachent de l'importance à l'hygiène buccale, à tel point que pouvoir se brosser les dents les rassurera dans des circonstances stressantes. Le ministère des Affaires Etrangères pourvoit ainsi des rapatriés revenant de situations de catastrophes ou de zones de guerre, avec des brosses à dents et du dentifrice, comme première mesure pour calmer et rassurer, et initier un retour à la normale. Les drogueries et magasins « ETOS » qui sont des pharmacies banalisées vendant tous types de médicaments génériques de première et de seconde nécessité, comme les anti-douleurs, le paracétamol, les anti-inflammatoires et autres vitamines, offrent un assortiment sans égal de produits pour l'hygiène buccale, comme on trouverait des étalages remplis de pâtes diverses dans les magasins en Italie.

Dites le avec des fleurs

Les Néerlandais ne sont pas les champions de la culture des tulipes et des fleurs pour rien. Ils aiment fleurir leurs maisons comme étant la marque d'un intérieur à la fois bien tenu et chaleureux, où il fait bon vivre et accueillir les amis pour passer un moment de détente ensemble. Ici, les fleurs s'achètent par brassées à des prix qui semblent dérisoires pour des Français. Et ici, les fleurs durent 4 à 6 jours, au lieu de dépérir en une nuit. Lorsque des Français amènent une bouteille de vin à un diner chez des amis, les Néerlandais apporteront des fleurs.

Les minorités défendues

Les minorités sont non seulement défendues, accueillies et protégées, mais totalement assimilées de façon à être intégrées le mieux possible au sein de la société. Les homosexuels, gays ou lesbiennes, sont reconnus comme ayant les mêmes droits que n'importe quel individu. Ils sont acceptés et intégrés dans la société, au point d'en devenir anodins. Loin d'être un particularisme qui se remarque, ou une posture de revendication, l'homosexualité fait partie de la normalité et ne peut plus servir aujourd'hui à se distinguer, le mariage homosexuel étant très courant depuis de nombreuses années.

Des limites de la tolérance

Cette acceptation, si elle est poussée à ses limites, pourra mener à l'indifférence et au détachement. Dans une société ou chacun prend ses responsabilités et peut vaquer à ses occupations en toute bonne conscience, la minorité, en devenant normale et banalisée, peut se retrouver seule, livrée à elle même, voire repoussée dans une mise à part, littéralement « apartheid » en néerlandais, dont les murs invisibles sont l'indifférence. L'esprit de la communauté allié à l'attention permanente portée au bon vivre ensemble sont là pour empêcher le développement d'îlots hermétiques dans lesquels on serait libre de pratiquer un mode de vie allant à l'encontre des règles de la vie en société.

> *L'acceptation des différences et la protection des minorités ne peuvent pas être des prétextes à un communautarisme excessif et débridé, ou au refus de l'assimilation des règles du vivre ensemble dans la société pour ceux et celles qui désirent s'installer aux Pays-Bas. C'est à ce prix que les différences sont respectées et les minorités acceptées.*

Des ambulances pour les animaux

S'il est une minorité faible qui n'a pas les moyens de se défendre, et dont les Néerlandais prennent la défense avec ardeur depuis longtemps, c'est bien celle des animaux, principalement domestiques, mais aussi ceux de la ferme. Quiconque voyant un animal en détresse, chien, chat, lapin ou pigeon, pourra appeler une ambulance spécialement aménagée pour porter les premiers soins d'urgence aux animaux. Le véhicule est même équipé d'un masque à oxygène pour canidés. Les animaux recueillis seront ensuite transportés dans des refuges spécialisés pour animaux. On dressera des barrières de police autour des nids de cygnes couvant leurs oeufs au bord des canaux, des routes et des pistes cyclables.

Des espaces et de la patience pour les enfants

> *La société ménage une place à part entière aux enfants.*

On trouve dans les banques, les bureaux de poste et les administrations publiques, des espaces proposant des jeux de constructions ou des puzzles pour faire patienter les plus petits quand leurs parents seront occupés au guichet. On trouve des parcs à jeux avec balançoires, toboggans et maisons d'enfants dans tous les quartiers au beau milieu des habitations et des immeubles. On trouve des enclos à brebis, à poules et à lapins dans tous les villages, quand ce ne sont pas de véritables petites fermes, les « kinderboerderij », pour permettre aux enfants de venir voir et nourrir les animaux.

Au supermarché, personne ne s'impatientera lorsqu'un jeune enfant aidera sa maman à décharger les articles sur le tapis de caisse à la vitesse d'un escargot, en essayant de ne rien faire tomber, surtout pas les oeufs frais. La caissière, et les autres adultes, qui attendent patiemment derrière dans la file, ne montreront aucun signe d'impatience. Ils iront même jusqu'à féliciter le petit d'avoir réussi à aider maman jusqu'au bout.

> *En règle générale, il est inconcevable que des parents perdent leurs moyens avec des enfants capricieux ou désobéissants. On ne voit jamais les parents néerlandais s'énerver ou gronder. Les claques ou fessées sont tout simplement inconcevables.*

Il serait inadmissible de donner des fessées, ou de sévir sur un enfant. Les caprices et les pleurs semblent passer sur les parents comme des gouttes d'eau sur les ailes d'un canard...

Saint-Nicolas, une affaire nationale pour les enfants

On célèbre le jour anniversaire de l'arrivée de Saint-Nicolas (« Sinterklaas ») aux Pays-Bas plus que la fête de Noël.

Trois semaines avant le 5 décembre de chaque année, le Saint homme, affublé comme un pape de sa mitre rouge et blanche, et de sa crosse épiscopale, débarque dans tous les villages et toutes les villes du pays au même moment, à bord d'un petit bateau à vapeur, et entouré d'une flopée de sacripants et de chenapans, aux visages noircis par la suie des cheminée par lesquelles ils ont au préalable déposé leurs cadeaux pour les enfants dans les foyers. Saint-Nicolas ira pendant toute la journée sillonner la ville au contact des familles et des enfants qui attendent avec ferveur de le voir passer. Pendant les jours suivants, il ira rendre visite aux crèches et aux écoles maternelles en déclenchant des acclamations et des ovations de cris d'extase, de joie enfantine.

Auparavant, pendant les 3 semaines précédant son arrivée, les enfants avaient pu décompter les jours grâce à un calendrier de l'Avent. Mais surtout, ils avaient pu suivre toutes ses péripéties à la télévision, car, tout comme les adultes, les enfants disposent de leur propre journal télévisé qui leur est entièrement consacré, le « Journal des jeunes » (« NOS jeugdjournaal »).

> *La fête de Saint-Nicolas est un évènement national organisé et célébré spécialement pour les jeunes enfants, et retransmis sur les canaux d'information au même titre que les affaires pour les adultes. Les enfants trouvent leur place dans les nouvelles nationales et sont considérés comme partie prenante de ce qui s'y passe.*

L'exception qui confirme la règle du calme en société

Dans une société bien organisée, calme, respectueuse et polie, les adolescents et les étudiants jouissent d'une exemption particulière. Il leur sera pratiquement tout permis. Ils peuvent faire la fête tard le soir, boire et brailler jusqu'à point d'heure, dans ces « fraternités » (associations d'étudiants) dont le but est d'organiser des rencontres, prétextes à beuveries et autres exubérances, pour célébrer bruyamment et salement les fêtes nationales en jetant leurs canettes et détritus partout. Chaque année, la ville de Leiden fête la libération de la ville en 1574 du joug espagnol, et chaque année, elle en subit les débordements estudiantins.

Le manque de logements en résidences universitaires conduit les étudiants à s'entasser dans des maisons de ville. Ils perturbent alors allègrement la vie du quartier le soir, ce qui détonne avec la vie en société bien rangée partout ailleurs. On pourrait y voir l'exception qui confirme la règle du bon « vivre ensemble ». On doit y voir le droit pour les jeunes d'être adolescents et étudiants une fois dans leur vie, avant de rentrer dans le rang de l'âge adulte.

La drague au féminin

Les jeunes Françaises célibataires fraîchement débarquées dans le plat pays, pourront être admiratives de la stature et de la carrure sportive des garçons. Elles seront néanmoins surprises qu'on ne leur adresse pas la parole à tout instant, et qu'on ne les aborde pas spontanément pour leur compter fleurette. La drague insistante n'est certainement pas un comportement masculin habituel dans cette société. Au contraire, cela est considéré comme déplacé et inopportun. Les jeunes Françaises devront prendre l'initiative si elles le souhaitent.

> *Les jeunes filles seront ici tranquilles. Elles ne subiront pas les regards qui les dévisagent ou les suivent dans leur dos dans la rue, ni les remarques sexistes qui sont jugées totalement déplacées et irrespectueuses.*

Des cafés, partout des cafés, pour causer

La démocratie locale s'exerce beaucoup dans les cafés et les lieux de convivialité. Les Néerlandais sont les champions de la discussion de bar, accompagnée d'un café ou d'une bière. Ces lieux de discussion et de convivialité sont présents en grand nombre dans les villes et villages, partout où cela est possible, que ce soit au club de sport, à la patinoire municipale ou à l'université. Le « vivre ensemble » est une responsabilité partagée, que les

Néerlandais entretiennent avec une ferveur certaine, lorsqu'ils se réunissent à domicile ou au café, pour deviser, parler de ces petits rien qui forment leur vie quotidienne et du temps qui passe.

> *Les Néerlandais ont un art consommé du palabre en société et en famille.*

Ils utilisent le mot « chillen » ou « gezellig » pour décrire ces moments de détente conviviale, propre à leur vie en société et difficilement traduisible en français.

> *Ce mot « chillen » est un savant et savoureux cocktail mélangeant les ingrédients naturels des discussions à bâtons rompus pour parler de tout et de rien; la procrastination, la détente, le lâcher prise, la détente, l'insouciance, l'ennui confortable..*

Un agenda de ministre

La vie des Néerlandais est ainsi tellement remplie de discussions au cafés, de réunions professionnelles et privées autour d'un verre en famille ou entre amis, qu'il faut prendre rendez-vous pour se fréquenter. La pratique de la gestion du temps avec son agenda, qui ne s'applique qu'au travail en France, est parfaitement généralisée à la vie privée aux Pays-Bas, pour gérer avec sérieux tous ces moments de détente et les discussions à bâtons rompus, sans queue ni tête.

Recevoir à la maison

Quel que soit le moment dans la journée, un visiteur se verra proposer un café en signe de bienvenue, alors qu'en France, on consomme les boissons à des heures précises. Les Français attendent l'heure du goûter pour les enfants ou l'heure de l'apéritif avant de sortir les verres, ce qui mettra un visiteur néerlandais mal à l'aise, au point de se sentir mal accueilli.

Comme en Angleterre ou en Allemagne, on dine également plus tôt aux Pays-Bas, vers 18h. A 19h tout est terminé et rangé pour pouvoir regarder les informations à la télévision ou aller aux cours et activités du soir. Ce qui peut donner lieu à des situations cocasses. Des Français novices invités à 19h chez des Néerlandais ne sauront pas que ces derniers ont déjà dîné. Les visiteurs auront droit au café en signe de bienvenue, puis repartiront dépités avec peut-être quelques chips et cacahuètes dans le ventre. Des Néerlandais novices, ayant déjà mangé léger chez eux comme à leur habitude, invités à 19h chez des Français, se verront offrir l'apéritif et les cacahuètes pour commencer. Puis viendra l'entrée qu'ils prendront pour le snack café après le diner et qu'ils consommeront franchement. Le plat principal puis le fromage seront donc des surprises de taille qu'il faudra surmonter. Le coup de grâce viendra avec le dessert.

Ce qui compte aux Pays-Bas, c'est d'être ensemble et de passer un bon moment de façon informelle. Il est facile de se rendre chez les autres à toute heure sans craindre de gêner, pour autant que l'on ait pris rendez-vous dans un agenda bien rempli, et il est facile de recevoir de façon décontractée, sans repas ou diner. Les Français passent plus de temps à préparer le repas qui doit être à la hauteur, la table étant une affaire importante en France, mais pas aux Pays-Bas.

L'anniversaire, le jour le plus important de l'année

S'il est un jour d'importance dans l'année, c'est bien le jour d'un anniversaire, le fameux «Verjaardag». On se souvient que l'intronisation d'un enfant en classe maternelle se fait le jour de son anniversaire. On célèbre occasionnellement les fêtes nationales annuelles, qui sont surtout appréciées comme des jours de vacances supplémentaires. Mais on ne manquera jamais de célébrer, avec les amis et en famille, l'anniversaire de chacun, réunion élevée au rang de tradition familiale de la plus haute importance nationale. L'anniversaire se fête entre amis, mais aussi avec toute la famille réunie pour l'occasion, des grands parents jusqu'aux petits-enfants, les dimensions réduites du pays facilitant les déplacements. On félicitera, de vive voix ou par courrier, la personne qui vient de passer une année supplémentaire, mais aussi tous ses proches qui seront eux aussi gratifiés de félicitations personnelles « Gefelicideerd ! », comme si c'était leur anniversaire à eux tous aussi. C'est ainsi que l'on présente ses compliments appuyés à tous les membres de la famille proche, pour les gratifier personnellement d'un « Sincères félicitations pour (l'anniversaire de) ta fille ! ta femme ! ton grand-père ! etc. », « Haartelijk gefeliciteerd met je dochter ! met je vrouw ! met je opa ! .. ».

A l'école, les enfants amèneront une boite remplie de bonbons qu'ils feront circuler auprès de leurs petits camarades dans une salle de classe toute entière décorée pour l'occasion comme il se doit, de drapeaux et de grosses lettres F.É.L.I.C.I.T.A.T.I.O.N.S, énormes et gonflées à l'hélium. Ils seront, le temps d'une journée, le centre du monde et de l'attention de leurs petits camarades qui chanteront pour elle ou pour lui.

Le calendrier des anniversaires

> *Le calendrier des anniversaires de la famille et des amis est un document de la plus haute importance dans la vie sociale des individus.*

Sa bonne tenue et sa mise à jour se discute en famille. Il trône traditionnellement au mur dans les toilettes, lieu stratégique où tous les membres de la famille, ainsi que les gens de passage, doivent nécessairement s'arrêter. Chacun pourra voir y figurer son nom, ou pas. Il existe le calendrier des anniversaires pour la famille à la maison, mais aussi celui pour les collègues de bureau, les membres d'un club de sport, et même les animaux domestiques inscrits dans les cabinets des vétérinaires qui recevront eux aussi leur carte de félicitations à leur date anniversaire. Ils sont souvent richement décorés d'images folkloriques qui représentent un élément essentiel de la culture traditionnelle néerlandaise. Ces calendriers sont souvent désignés par le nom de l'artiste néerlandais « Anton Pieck » (1895-1987) renommé aux Pays-Bas pour ses illustrations et estampes de contes de fées, de scènes de la vie hollandaise traditionnelle et populaire. On parle ainsi des calendriers « Anton Pieck » pour indiquer ces agendas d'anniversaires à fêter.

L'achat et l'envoi des cartes de voeux d'anniversaire, décorées de la manière la plus traditionnelle ou la plus folklorique, la plus farfelue ou la plus loufoque, est une pratique impérissable dans tout le pays encore de nos jours.

L'anniversaire de la Reine / du Roi

Il existe deux fêtes annuelles très populaires aux Pays-Bas où les habitants aiment à se retrouver ensemble dans une atmosphère festive et bon enfant, dans des accoutrements quelquefois burlesques et fortement teintés de couleur orange. Le premier est le « jour du Roi » en Avril.

Une fois par an, les Néerlandais célèbrent l'anniversaire de leur Reine ou de leur Roi, dans une ambiance conviviale et festive qui ne connaît aucun formalisme, comme si chacun faisait partie de la famille royale et fêtait l'anniversaire de l'un des leurs.

Pendant 30 ans, ce fut le jour de la fête de la Reine (« Koninginnedag »), en l'honneur de leur souveraine Beatrix, de 1980 à 2013. Etant née un 31 janvier en plein hiver, ce qui n'était pas une saison propice aux Pays-Bas pour faire sortir ses sujets dans la rue sous la pluie, elle décida, avec un pragmatisme bien néerlandais, mais aussi avec le souci de prendre soin d'eux, de changer sa date anniversaire et de l'instaurer à la fin du mois d'avril, dans la douceur printanière et la floraison des champs de tulipes. Elle devait abdiquer en faveur de son fils le 30 avril 2013, et ce jour anniversaire devint depuis celui du Roi (« Koningsdag »), toujours à la fin du mois d'avril, Willem-Alexander étant né lui, un 27 avril par un heureux hasard.

Ce jour, qui célèbre l'anniversaire du monarque, est resté dans l'esprit une fête populaire pendant laquelle un peuple s'approprie sa royauté, sans formalisme et sans distinction de classes sociales.

La célébration est sympathique, avec de la musique, des fêtes de rue, des marchés aux puces et des foires. Le tout sous les drapeaux de la nation, mais surtout sous les bannières de couleur orange, symbole de la famille royale Orange-Nassau. La famille royale, qui s'y montre, comme à l'accoutumée, accessible et bienveillante, jouit d'une réelle popularité. Chaque année, le souverain se rend ce jour anniversaire dans une ville différente afin d'aller à la rencontre des habitants, loin de sa résidence royale, contrairement aux célébrations rendues en Angleterre, où le peuple est convié à se rassembler autour du palais royal de Buckingham. C'est en quelque sorte un hommage rendu à tous les Néerlandais, qui vont sortir partout ailleurs dans toutes les villes et les villages du pays, portant la couleur orange sur leurs habits, chapeaux et bannières, dans une immense fête joyeuse et populaire.

> *Aux Pays-Bas, les fêtes et les célébrations nationales sont avant tout destinées pour ce peuple à l'esprit naturellement festif qui aime à se retrouver derrière le symbole de la couronne royale et populaire: la couleur orange.*

Le débarquement de Saint-Nicolas

La seconde fête annuelle célébrée dans la joie, se fait à l'occasion du débarquement de ce bon Saint-Nicolas qui a la bonne idée de débarquer simultanément dans tous les villages du plat pays, au grand émerveillement des jeunes enfants venus en foule, avec parents et grands-parents, assister à l'évènement. La fête est d'abord organisée de longue date à l'échelle nationale pour les jeunes enfants encore dans leur petite enfance, mais elle se partage naturellement avec les adultes qui viennent s'attendrir de l'innocence et de l'enchantement de ces jeunes âmes. C'est une fête familiale célébrée en foule dans les rues du village comme si le pays était lui même une grande famille. Elle a lieu fin novembre, 3 semaines avant la fête de la Saint-Nicolas qui sera célébrée dans l'intimité des foyers. Et l'ambiance vaut le détour, même pour ceux comme moi dont les enfants ont maintenant tous quitté la maison. Dernière fête en date, ce samedi 19 novembre 2023, je n'étais pas le seul à y être venu sans enfant.

Les familles sortent de chez elles en ce début d'après midi et viennent en procession, poussettes devant et petits accrochés aux mains des parents et sur les épaules des papas, rejoindre à pied le canal qui fera office de port d'arrivée pour sa Sainteté, affublée de toute sa troupe de joyeux drilles burlesques. Tout le monde s'agglutine des deux cotés du canal, et commence à taper du talon en rythme sous les chants des animateurs et de la musique de carnaval qui réchauffent l'ambiance à grands coup de décibels dans les hauts-parleurs. Aux Pays-Bas, l'attente ne dure pas longtemps, tout le monde arrive à l'heure, même Saint-Nicolas qui pourtant vient d'Espagne. Il est précédé par le bateau de sa troupe costumée et colorée de garnements qui s'agitent dans tous les sens et commencent à distribuer des friandises aux petits. Puis le voilà, certainement un grand-père du village, entièrement déguisé dans un manteau de père Noël, avec une longue barbe blanche, une mitre rouge et blanche sur la tête, et s'appuyant sur sa crosse épiscopale pour ne pas glisser à l'eau en débarquant. Le voilà à terre, il se dirige vers les enfants attroupés, ils les salue longuement en marchant le long de la foule et en soulevant sa main comme pour les bénir, les petits exultent, les chants traditionnels se répandent et sont repris en choeur. Puis le Saint homme tente d'enfourcher sa monture, un brave cheval blanc absolument placide, mais sa jambe manque de souplesse et il s'affaisse sur le dos de l'animal la tête en avant! Des acolytes viennent à son secours, le redressent, réajustent sa tiare et retendent sa longue cape rouge pour couvrir la croupe de l'animal, sous l'oeil amusé des parents. Le cortège, avec en tête l'orchestre en costume de parade, s'ébranle dans les rues le long desquelles les habitants se sont massés pour le voir passer. La police montée sur des vélos, clôt la procession. Derrière eux, les agents municipaux en gilets jaunes de sécurité, s'affairent déjà à démonter l'estrade et les lampions au port. En 20 minutes, tout sera rangé et nettoyé autour du port. Le saint homme continuera jusqu'à un podium sur la place du village, pour chanter et saluer la foule. Puis il disparaitra, et les enfants rentreront chez eux dans l'attente de retourner en classe dès que possible, car Saint-Nicolas passera dans toutes les écoles du village tout au long de la semaine suivante. Chaque apparition déclenchera des cris de joie qui résonneront dans les rues avoisinantes. L'esprit de la fête mettra plusieurs jours avant de s'éteindre.

Pierrot-le-noir, c'est raciste !

En 1850, un certain Jan Schenkman fit paraître un livre « Saint-Nicolas et son serviteur », dans lequel ledit serviteur était un personnage noir de peau, d'origine africaine. Le livre à l'époque connut un tel succès que depuis cette date, Saint-Nicolas est affublé dans tous ses déplacements d'une bande de joyeux drilles burlesques à la peau noircie, qui font des blagues et des bêtises, en distribuant les friandises de leurs sacs en toile de jute à tour de bras.

En 2014, Verene Shephard, d'origine jamaïcaine et conseillère aux Nations Unies, dénonça cette tradition qu'elle jugeait raciste et dégradante. Elle lança un mouvement de dénonciation aux Pays-Bas qui allait provoquer quelques remous auprès de la population. Certains arguaient du fait que tous les enfants rêvaient d'être des « Pierrots le Noir » (« Zwarte Piet ») à qui tout était permis. Les grands frères et grandes soeurs, qui avaient cessé de croire à l'existence du Saint homme, tenaient à se noircir le visage, quelle que soit la couleur de leur peau, afin de faire partie de la joyeuse bande le jour de la fête sans être reconnus par leurs petits frères et petites soeurs, ce qui par conséquent prouvait que cette tradition n'était en rien offensante. D'autres préféraient mettre en avant la tradition, comme dans l'est de la France, des ramoneurs qui passaient par les cheminées la nuit pour distribuer les cadeaux au pied des chaussons. La polémique enfla néanmoins, il y eut un mouvement « Pierrot-le-noir pour tous ! »[56] qui visait purement et simplement à les bannir, sans connaître

---

[56] *Zwarte Piet voor iedereen* »

l'ampleur d'un mouvement « Black lives matter » comme aux Etats-Unis.

L'important restait la satisfaction des enfants à qui la fête était destinée, la politique ne devait pas tout gâcher.

Pierrot-le-noir avec des couleurs !

En 2023, une approche pragmatique et consensuelle, qui préservait le plaisir des petits et des grands, était déjà en place. Les visages des sacripants étaient encore noircis, mais plus légèrement, pour faire d'eux des ramoneurs. Il portaient tous une tenue de page de couleur noire, mais avec des rehauts, des liserés, des manchons, des ceintures, des capes et des plumes sur le chapeau d'une couleur spécifique, qu'elle soit bleue, verte, fuchsia, violette ou jaune. De la sorte, tous les diablotins avaient le visage noirci, ce qui était nécessaire pour que les petits ne reconnaissent pas les grands frères et soeurs, mais ils se distinguaient tous par une couleur spécifique. On entendait alors leur nouvelle dénomination: un « Pierrot-le-noir bleu » ou un « Pierrot-le-noir jaune ». De manière pragmatique et consensuelle, l'affaire fut réglée en quelques années. Et le mouvement « Pierrot-le-noir pour tous », qui visait à les bannir, a maintenant complètement disparu.

Des petits cadeaux personnalisés

Les Néerlandais préfèrent les petits cadeaux peu onéreux mais bien personnalisés, aux articles standardisés et coûteux des marques de luxe. Passer du temps à trouver ce qui correspondra le mieux à une personne est pour eux une marque d'attention et d'affection.

Les adultes célèbrent eux aussi le jour de Saint-Nicolas, le 5 décembre au soir, en se réunissant entre amis. Chacun amènera un petit cadeau, peu onéreux, pour la personne qu'ils auront tirée au sort, et à propos de laquelle ils auront écrit un petit poème à la fois humoristique, gentiment taquin mais affectueux.

Célébrer le sport pour la fête

D'un tempérament festif, cherchant toutes les occasions pour célébrer bruyamment mais toujours amicalement et pacifiquement, les Néerlandais ont trouvé dans le sport, le football en particulier, l'alibi idéal pour se réunir entre amis ou pour faire la fête de chapeaux oranges dans les rues, affublées et décorées de fanions et de drapeaux oranges. La ferveur des habitants pour leurs équipes est plus forte qu'en France, où la fièvre commence à monter seulement si l'équipe nationale atteint les demi-finales et la finale. Aux Pays-Bas, on n'aura pas attendu pour faire la fête.

Les Pays-Petits, denses et dynamiques

Les Pays-Bas sont aussi et surtout le « Pays-Petit ». On mesure à quel point l'étendue réduite du pays, qui ne doit pas dépasser quelques départements français, conditionne et facilite la vie en société. Il est tout à fait possible à la famille de se réunir aux anniversaires, de garder les petits-enfants si nécessaire, ou de prêter main forte aux jeunes couples qui habitent à proximité ou dans la même localité que les grands-parents.

L'urbanisation atteint vite une densité suffisante pour permettre l'accès aux services et aux infrastructures pour le plus grand nombre. Tout devient plus facilement accessible en voiture ou en train, ou à vélo, lorsque les routes sont trop encombrées.

Un pays au camping

Le pays est dense, les maisons sont exigües, si bien que les habitants aspirent dès que possible à vivre en plein air. Dès que les vacances arrivent, le pays entier part vivre au camping dans des conditions plutôt rustiques qui comblent leur besoin d'être dans la nature. Les campings et les résidences de vacances, offrant des bungalows nichés dans les bois, avec ses restaurants et ses lieux d'activités, une petite ferme où nourrir les chevreaux et les lapins, une piscine et ses toboggans, les inévitables bars pour les palabres autour d'une bière ou d'un café, le tout parcouru de pistes cyclables innombrables donnant accès à tous les environs, tous ces petits villages reconstitués en pleine nature quadrillent le pays du nord au sud.

De là vient la propension naturelle des Néerlandais à partir en camping à l'étranger pour y trouver plus de soleil. On y voit certes leur penchant à surveiller leurs dépenses lorsqu'ils amènent avec eux leurs provisions achetées avant de partir. Mais on ne soupçonne guère cette attirance pour la vie au plein air et le contact avec la nature verte qu'ils affectionnent où qu'ils soient, surtout dans leur propre pays.

Des grands-parents omniprésents

> *Les grands-parents sont très sollicités dans l'organisation de la vie familiale, et cela pour le bonheur de toutes les générations semble-t-il.*
>
> *Que ce soit aux spectacles de fin d'année de l'école, du club de sport ou de musique, de la remise des diplômes de natation, les grands-parents sont toujours présents en nombre pour applaudir leurs petits-enfants. Ils remplissent la moitié des salles et des tribunes.*

Nulle part ailleurs, les grands parents ne font autant de baby-sitting qu'aux Pays-Bas. Le prix élevé des crèches, ainsi que la réduction des allocations familiales, font que 60% des enfants néerlandais jusqu'à l'âge de 3 ans ont un grand-père ou une grand-mère comme baby-sitter. En France, comme au Danemark ou en Suède, la plupart des jeunes enfants fréquentent la garderie pendant plus de 30 heures par semaine. Cela se produit rarement aux Pays-Bas où les grands-parents gardent leurs petits enfants 2 jours par semaine en moyenne. Dans les villages de vacances, il est coutumier de voir des familles rassemblant 3 générations dans des bungalow proches, passer des vacances au grand complet.

Et bien sûr, ils ne manqueront jamais les anniversaires qui seront d'autant plus nombreux que la famille est grande.

> *Cette proximité des générations, alliée à la convivialité naturelle des Néerlandais, donne au pays un air de grand village familial où tout le monde peut vivre ensemble.*

Au coeur de la dorsale européenne

Dans la moitié méridionale du pays s'est constituée une métropole délimitée par les grandes villes de Amsterdam, de Rotterdam, de La Haye et de Utrecht. Cet espace dessine ce que l'on appelle le « Randstad », littéralement « ville(s) de la bordure », qui concentre le tiers de la population du pays en une densité des plus élevées en Europe.

Situé sur l'axe qui relie Londres à Milan en Europe, le Ranstad constitue l'épine dorsale de la grande mégalopole européenne, aussi appelée dorsale européenne, espace densément peuplé et fortement urbanisé, centré sur l'Europe rhénane et connecté aux échanges mondiaux, à l'intérieur duquel se concentrent la production de richesse et les flux les plus importants en Europe[57].

Sur le territoire néerlandais, le Randstad regroupe 7 millions d'habitants, soit environ le tiers de la population des Pays-Bas, dans l'une des plus grandes aires urbaines d'Europe. La vie y est active, le travail et les échanges sont dynamiques, les universités attractives et florissantes.

> *Sans être frénétique, la société y est énergique et affairée. L'état d'esprit dans le Randstad n'est certainement pas au pessimisme, ni à la déprime, mais au développement.*

---

[57] Roger Brunet « Structures et dynamiques du territoire français » 1973

Le bénévolat, un vrai métier

Le bénévolat, ou volontariat, est une activité quasiment "professionnelle" aux Pays-Bas. Il touche absolument tous les secteurs d'activités de la population active. La seule différence avec les activités professionnelles, est que ces travaux de volontariat ne sont pas rémunérés en argent, mais en nature. Les volontaires sont officiellement reconnus comme tels par une carte individuelle, ce qui leur donne droit à des réductions de prix, en échange de quoi ils s'engagent à fournir un certain nombre d'heures au service de la société. Ils sont tenus à un emploi du temps rigoureux, et doivent poser leurs vacances à l'avance comme tout employé actif.

Les journées portes ouvertes

Les Néerlandais aiment visiter les lieux et bâtiments, d'ordinaire inaccessibles au grand public, lors de journées portes ouvertes, comme la caserne des pompiers, l'antique moulin à vent du village, le blockhaus de la seconde guerre mondiale, la base militaire locale, la gendarmerie, ou les locaux techniques et salles de test de l'Agence Spatiale Européenne implantée sur la commune. Ils s'intéressent et aiment voir ce que leurs impôts financent, ce qu'ils considèrent leur appartenir d'une certaine manière. Ils aiment surtout la transparence dans l'utilisation concrète des deniers publics.

Comparés à la journée dédiée aux monuments historiques en France, les bâtiments et lieux visités aux Pays-Bas ne sont pas restreints à un cadre historique et culturel, mais touchent tous les domaines du fonctionnement de leur société.

Les trois corps d'armée, Terre, Air et Marine, organisent indépendamment chaque année des journées portes ouvertes, ou des rassemblements avec démonstrations des forces, à destination du grand public. Ces évènements ont lieu dans les communes où les bases et les aéroports militaires sont implantés.

Les civils aiment leurs vétérans

Il existe une « journée des vétérans (« Veteranendag »), de commémoration et de célébration dédiée aux soldats ayant participé aux conflits, même récents comme la guerre en Yougoslavie ou en Afghanistan, dans lesquels les Pays-Bas furent engagés. Ces « vétérans » ne sont donc pas seulement des anciens combattants de la dernière guerre mondiale, pratiquement tous disparus aujourd'hui, mais bien des soldats de l'armée néerlandaise en service, ou l'ayant été dernièrement.

> *Ces journées sont le moment de manifester la reconnaissance et le soutien que la société civile voue à ses soldats engagés. Il y a une certaine ferveur et sympathie populaire qui s'y expriment, et qui témoignent autant qu'elles fortifient, du lien entre la société civile et ses militaires.*

Même si les évènements ne sont pas comparables, on peut noter des différences frappantes entre le défilé du 14 juillet en France, et celui de la journée des vétérans au mois de juin à La Haye aux Pays-Bas. Le premier est formel, discipliné, précis et distant. Il se doit d'illustrer la grandeur et la puissance militaire de la France. Le second est informel, sympathique, convivial et accessible à tous et à toutes. Les marches au pas ne sont pas réglées au cordeau, les uniformes ne sont pas tous ajustés, et les corps des volontaires défilent en jeans sous leurs vestes militaires.

Les bikers et les clans de motards, qui comptent parmi eux de nombreux vétérans, défilent au ralenti sur leurs engins vrombissants. Ils arborent sur leurs blousons les écussons des opérations militaires auxquelles ils ont participé. Contrairement à la Belgique ou aux Etats-Unis, ces « gangs » de bikers ne sont pas criminalisés. Sous leurs allures de routards durs à cuire, ils démontrent une loyauté et une fidélité à toute épreuve à l'armée et au service de la nation.

Enfin, le défilé des vétérans néerlandais finit par un rassemblement du défilé et des spectateurs dans un grand parc à

La Haye. Le public vient à la rencontre des vétérans et des militaires, retirés ou encore actifs, et peut admirer leurs équipements et leurs véhicules, et se faire photographier avec eux. Tout le monde assistera, bière à la main, au concert de rock qui se déchaîne sur une estrade dans une ambiance festive, gentiment débridée et bon enfant.

> *Nous sommes loin de la solennité du défilé militaire français, de la distance affichée par les militaires, et de l'admiration respectueuse des civils tenus à distance.*

2 minutes de silence pour les victimes

Chaque année le 4 mai, quel que soit le jour de la semaine, jour travaillé ou jour férié, dans tous les lieux publics, les restaurants ou les transports, les Néerlandais observent 2 minutes de silence entre 20h00 et 20h02, en souvenir des victimes, civiles ou militaires, qui ont été tuées ou assassinées au Royaume des Pays-Bas, ou ailleurs dans le monde, aussi bien pendant la Seconde Guerre mondiale et la guerre coloniale en Indonésie, que pendant les situations de guerre et les opérations de paix qui ont suivi.

> *Cette commémoration concerne tous les habitants, au beau milieu de leurs occupations habituelles. Où qu'ils soient, seuls, en groupes ou en famille, sans cérémonial, de manière aussi simple que spontanée, ils se lèvent et restent respectueusement immobiles et silencieux pendant 2 minutes. Ce n'est pas une commémoration officielle menée par les représentants de l'autorité publique avec des drapeaux, mais bien de simples citoyens qui célèbrent à l'unisson la journée du souvenir au beau milieu de leurs occupations.*

Les policiers sont sympas et actifs

Dès la classe maternelle, et pendant toute leur scolarité, les jeunes Néerlandais recevront la visite régulière des agents de la police qui les mettront en garde contre les mauvaises pratiques et les comportements d'individus dangereux. Ne pas accepter de bonbons d'un inconnu pour les plus petits, ne pas embarquer dans la voiture de quelqu'un que l'on ne connait pas, ne pas croire les messages frauduleux d'arnaque aux coordonnées bancaires sur les réseaux..

> *Dans tous les établissements scolaires et à tous les âges de la vie, la police vient régulièrement donner des conseils et des leçons pour que chacun puisse mieux se protéger. Ce faisant, elle se présente, de façon continuelle, à sa population sous un jour protecteur et rassurant.*

Aux Pays-Bas, le niveau de sécurité en milieu urbain est élevé. Les jeunes gens et les jeunes filles peuvent circuler en groupe en toute tranquillité tard le soir dans une grande ville comme La Haye.

> *La police est présente en grand nombre et se voit partout. Où qu'on aille, on croise des voitures de police qui circulent et patrouillent en permanence.*

Les policiers sont toujours en action, à surveiller les rues, à faire des tests d'alcoolémie, à s'arrêter pour parler aux jeunes filles marchant seules le soir, à calmer les ardeurs des individus éméchés, à réprimer tout comportement socialement proscrit comme marcher dans la rue une bouteille d'alcool à la main, même non débouchée.

C'est une différence frappante avec la France où l'on a plus l'habitude de voir des policiers immobiles et réprobateurs le long des routes à scruter l'automobiliste fautif. La police française cherche à faire respecter les règles par la peur du gendarme.

> *La police communique beaucoup avec sa population, dans laquelle elle est parfaitement intégrée et acceptée comme garante de sa sécurité. Elle n'est certainement pas vue comme un corps étranger*

coercitif qui chercherait à contrôler et à priver la population de ses libertés, et ce malgré la sévérité des amendes et des peines prononcées à la moindre infraction.

La police organise régulièrement des campagnes d'information contre les vols et les effractions des domiciles. Elle parle directement avec la population pour la conseiller, par exemple adopter des automatismes lorsqu'on quitte son domicile le soir: « Fermer les fenêtres, laisser des lampes allumées, fermer la porte à clefs ». La police n'attend pas les effractions et les manquements aux règles pour conseiller les habitants. Elle est au contact de la population en permanence et travaille avec elle à la sécurité de la communauté.

La police anime sa propre émission à la télévision de recherche d'enfants disparus, de poursuite de suspects ou criminels en fuite, et d'appel à information, souvent avec récompense. La population n'y voit pas de la délation, mais bien sa protection active.

Les policiers font des selfies

De retour du travail à vélo comme d'habitude, je passe par la digue de mer du village de Katwijk. L'endroit offre une belle vue dégagée sur la mer, et nombreux sont les promeneurs qui le fréquentent. J'aperçois alors une voiture de police garée, accompagnée de deux motards de la gendarmerie nationale. La voiture et les motards arborent la décoration et les rayures caractéristiques bleu et jaune fluorescent, qui font penser aux toiles abstraites et géométriques du peintre Mondrian, qui, elles aussi, sont visibles de loin. Craignant un accident, je m'approche prudemment lorsque je vois les policiers, hilares, en train de faire des selfies sur fond de mer écarlate. Ils m'expliquent qu'ils préparent la cérémonie de départ de l'un des leurs qui part à la retraite. Amusé, et presque leur ami, je les prends en photo dans la bonne humeur générale.

Une règle pour tous, tous pour la règle

> *Avant d'accepter la règle en soi, les Néerlandais tiennent à ce qu'elle s'applique à tous. Ils s'y soumettent individuellement à cette condition, pour être comme tout le monde, et pour que les autres y soient soumis comme eux.*

Contrairement aux Français qui acceptent la règle si elle satisfait à des principes ou à une doctrine, comme l'égalité des chances, ou la gratuité des soins pour tous, les Néerlandais y voient d'abord une méthode pratique de permettre une meilleure organisation de la vie en société. Quand un Français juge et critique la règle ou la loi au nom de son fameux esprit critique, les Néerlandais se posent moins de questions.

> *Peu importe qu'une règle soit logique, peu importe qu'elle soit conforme à un principe politique, pourvu qu'elle soit efficace pour la vie en société, et surtout qu'elle soit la même pour tous.*

Circulation « policée »

La circulation routière est réglée et contrôlée. Elle procure une conduite apaisante, parfois jugée molle et ennuyeuse par les Français. Les conducteurs savent la réguler d'eux mêmes lorsqu'il y a un rétrécissement, en cédant le passage une voiture sur deux, sans forcer le passage de façon inconsidérée et impolie.

Il y a des radars pour contrôler la vitesse partout et sur toutes les routes. Les contrôles sont stricts et les amendes sont appliquées scrupuleusement. Les amendes sont déclenchées au premier km/h au dessus de la limite, et doivent être payées avant toute contestation.

> *Ce qui passe ici pour une bonne organisation et application de la sécurité routière, pourrait être considéré comme un état policier plutôt coercitif en France.*

Big Brother is watching you

Tous les systèmes sont connectés, la population est fichée et contrôlée bien plus qu'en France, que ce soit par le système de santé, le contrôle technique des voitures ou les douanes. Un individu n'ayant pas payé ses amendes pourra être reconnu par les ordinateurs de l'aéroport international de Schiphol. Il devra alors acquitter son amende s'il veut pouvoir prendre l'avion.

Bien sûr, comme tous les citoyens de l'Union européenne, les Néerlandais bénéficient des mêmes garanties pour la protection de leurs données personnelles, rien de tout cela n'est illégal.

Des points chauds pour les contrôler tous

Les « Coffee shops » où la distribution du haschich est tolérée pour une consommation personnelle modérée, ainsi que les studios avec vitrine des prostituées, qui sont des travailleuses déclarées, projettent une image de tolérance permissive mal interprétée par les visiteurs. Il existe une contradiction manifeste entre cette image erronée, et la pression sociale qui s'exerce dans la société néerlandaise bien plus policée qu'il n'y parait. Ces activités illégales, mais tolérées, ainsi que la pratique de la prostitution, se déroulent en plein jour dans des lieux bien définis, afin de précisément pouvoir mieux les contrôler et les circonscrire, et protéger la société des dérives criminelles. Ce sont des points chauds sous contrôle, des soupapes d'échappement sous surveillance continue. Partout ailleurs, la drogue est formellement interdite, en particulier dans les établissements scolaires qui font l'objet de descentes de police régulières, avec chiens renifleurs qui inspectent les sacs des élèves alignés en rang le long du mur dans le couloir.

Les coursiers de la drogue

Nous sommes à la fin des années 1990, nous remontons en voiture aux Pays-Bas après nos vacances en France. Systématiquement, alors que nous roulions en Belgique à l'approche de la frontière néerlandaise, nous étions abordés en pleine vitesse par des petites voitures sportives, du style Volkswagen GTI, dont les passagers nous invitaient à nous garer à la prochaine aire de repos, à grand renfort de gestes évoquant la fumerie de gros pétards. C'étaient des « drug runners », des vendeurs de cannabis et autres drogues plus dures, qui faisaient de la vente à la sauvette à 150 km/h sur autoroute.

Et puis brutalement, ils disparurent de la circulation du jour au lendemain. En pleine guerre diplomatique franco-néerlandaise, les opérations Hazeldonk venaient de commencer.

La guerre diplomatique franco-néerlandaise

Le 17 mai 1995, Jacques Chirac devenait président de la République française, alors que les accords de Schengen, qui signifiaient la fin progressive des frontières et la libre circulation des biens et des personnes, venaient d'entrer en vigueur le 26 mars. La politique permissive néerlandaise attira immédiatement les touristes étrangers dans les coffee shops d'Amsterdam, dont certaines rues se remplirent de brouillard de haschich fumé à foison par les nouveaux consommateurs. Ce fut le début de désordres et d'incommodités pour le voisinage, à Amsterdam, à Rotterdam mais aussi en Belgique. La France, pour qui les Pays-Bas favorisaient ainsi le trafic de drogue jusqu'en France, ouvrit les hostilités en les qualifiant de « narco-État » et en maintenant les contrôles aux frontières belges et luxembourgeoises. De l'autre côté, les Pays-Bas subirent cette campagne de dénigrement brutale de la part des politiques français, dont le président Chirac en personne qui appelait au boycott. Ils en furent blessés, ce qui réveilla un ressentiment contre les Français que l'on accusait de ne pas connaître la société néerlandaise. Les deux étaient, et sont toujours, inconciliables.

> *« Deux philosophies irréconciliables s'opposaient : la répression à la française, d'un côté, le pragmatisme néerlandais de l'autre, les Pays-Bas étant persuadés que la consommation de drogue était*

inévitable, et qu'il valait mieux faire sortir de l'ombre le trafic pour en éviter les abus et les nuisances. En France, la drogue était, et est toujours, vendue dans les rues par des trafiquants, sans que la police intervienne systématiquement, ce qui génère une délinquance et une souffrance des populations vivant dans ces zones dites de non-droit. »[58]

Sensibles aux populations qui souffraient localement de ce nouveau tourisme de la drogue, les autorités néerlandaises mirent en place des opérations pour juguler ce trafic. À Rotterdam furent interpellés des milliers de clients et de dealers néerlandais et étrangers lors des opérations dites « Victor ». Dans les environs du village de Hazeldonk, à la frontière belge, furent menées en 2006 les opérations du même nom, qui mirent fin aux agissements tempétueux des « drug runners ». Cette coopération transfrontalière entre les Pays-Bas, la Belgique et le Luxembourg, et qui porte toujours le même nom de « Hazeldonk », est toujours opérationnelle et active. Récemment, en 2022, elle a permis de mettre la main sur 48 kilos de marijuana, 70 kilos de haschich, 73 kilos de cocaïne, 79 000 pilules d'ecstasy et près de 264 000 euros en espèces. Des enquêtes menées en amont ont également abouti au démantèlement d'un laboratoire de production de drogue et d'une "blanchisserie" de cocaïne, situés en Belgique. Les actions dites "drug runners", qui se déroulent plusieurs fois par mois et se concentrent sur les passeurs et réseaux qui utilisent les autoroutes, ont débouché sur la saisie d'un total de 60 kilos de cocaïne, 35 kilos d'héroïne, 45 kilos de marijuana, 20 kilos de speed, 360 000 pilules d'ecstasy, 3 litres de GHB et 700 000 euros en espèces en 2022.[59]

Toujours pour limiter les nuisances et les dommages associés, le gouvernement néerlandais réduit le nombre de coffee shops, en ciblant particulièrement les établissements clandestins qui

---

[58] 58 « *Histoire des Pays-Bas, de l'antiquité à nos jours* », Thomas Beaufils, Ed. Tallandier

[59] Journal belge « La Libre », janvier 2023. https://www.lalibre.be/belgique/judiciaire/2023/01/25/la-cooperation-internationale-hazeldonk-permet-la-saisie-de-stupefiants-et-le-dementellement-dun-laboratoire-de-production-MX2KTJT5TJARZL2LNDXQ5HJETI/

posaient le plus de problèmes. Leur nombre est passé de plus de 2 000 en 1995 à environ 1 200 en 1997. En 2014, il ne restait plus de 600 coffee shops dans tout le pays. Par ailleurs, la peine de prison pour la culture industrielle de cannabis fut portée de deux à quatre ans, et les sanctions contre les trafiquants de drogues dures furent considérablement durcies.

La guerre diplomatique franco-néerlandaise prit fin avec la visite d'État de Jacques Chirac en février 2000, chacun ayant conforté son propre point de vue.

> *Les Français furent satisfaits de leur politique de répression, les Néerlandais furent satisfaits d'avoir corrigé de façon efficace les dérives et les nuisances occasionnées aux habitants sans renier leur politique de tolérance. En somme, un excellent compromis.*

Le délire pendant 2 heures, mais pas plus!

La société néerlandaise fonctionne de manière très organisée, avec des règles et des normes que les citoyens respectent scrupuleusement, avec calme et retenue. L'ensemble est policé, ordonné, cordial et apaisé. Et ce durant tous les jours de l'année. Sauf un jour par an, pendant deux petites heures, temps très court pendant lequel les Néerlandais vont tout lâcher, hors des règles, et se défouler en tirant des pétards et des feux d'artifices à tout va !

> *Le 1 janvier de chaque année, de minuit à 2 heures du matin, les Néerlandais s'offrent un intervalle de délire et de folie débridée dans leur vie en société, d'ordinaire très réglée. Deux heures de délire pur, mais pas au delà !*

A minuit, à la première seconde du premier jour de chaque nouvelle année, les Néerlandais entrent en transe et se déchaînent à coups de feux d'artifice qu'ils vont se mettre à tirer devant chez eux comme des fous. Pendant deux heures, il leur sera permis de se déchainer dans un déluge de fusées, de pétards, de fumées et d'explosions qui déchirent la nuit et illuminent la nuit partout au même instant dans tout le pays. Chacun est sorti devant chez soi pour brûler le maximum de poudre et faire le maximum de bruit, dans un emportement irraisonné qui dilapide en fumée des centaines d'euros en quelques minutes. C'est une véritable scène de bombardement en pleine ville qui déchire la nuit, les oreilles et les yeux. Aux carrefours sont installées des pièces d'artilleries qui crachent leurs fontaines de lumières et d'artifices. Les fusées hurlent de toutes parts en montant dans le ciel, puis explosent en gerbes lumineuses en retombant sur les toits. Sur les plages de La Haye, on brûle des empilements de palettes de bois qui flambent jusqu'au ciel comme de gigantesques bûchers de fin du monde. Tout le ciel est illuminé comme en plein jour. Les scories et les papiers rouges brulés des pétards retombent de toutes parts, pour joncher le sol dans un chaos indescriptible.

A deux heures du matin, tout est fini. Aussi brusquement que le fracas avait commencé, il s'arrête dans le silence haletant des derniers pétards qui crépitent de loin en loin quelques instants encore. Bientôt la nuit retombe sur tous. L'aube dévoilera les vestiges fumants d'une nuit de déchainement, les rues partout jonchées de détritus brulés comme une ville qui se réveille dans les décombres d'un bombardement nocturne.

Dès les jours suivants, tout sera effacé comme si rien ne s'était passé. Les Pays-Bas auront retrouvé leur retenue et leur propreté habituelle. Deux heures de déchainement par an. Mais pas plus.

Le déchainement n'est pas sans risque

Naturellement, ces délires nocturnes donnent lieu à des débordements qui sont de plus en plus fréquents. La tendance est actuellement de proscrire les feux d'artifice allumés par les particuliers dans les grandes villes en raison des risques d'incendie. Il faut dire qu'ils sont tirés alors que chacun a déjà bien arrosé la nouvelle année.

En décembre 2018, les immenses feux de joie des tours de palettes en flammes sur la plage à La Haye répandirent sur les quartiers attenants une pluie de flammèches. Dans le vacarme des pétarades et le souffle du vent venu du large qui répandait les escarbilles incandescentes sur les toits dans une lueur rouge de ciel de guerre, les sirènes de pompiers hurlaient dans la nuit le long des avenues. Plusieurs incendies se déclarèrent, et on retrouva le lendemain les carcasses des vélos calcinés sous leurs abris brulés.

Chaque année, le gouvernement procède à des campagnes d'informations et de mise en garde contre les explosifs interdits mais importés en contrebande de Chine et de Belgique, et les risques d'amputation des doigts et des mains qui surviennent malheureusement chaque année.

Le radar à douches

Les habitants ont pris l'habitude de s'accommoder du climat nordique et océanique de leur pays. Ils sont aidés en cela par un radar qui détecte les précipitations à venir avec une bonne précision. Dès qu'ils le peuvent, entre les ondées annoncées localement très précisément par ce « Radar à douches » (« Buienradar ») sur leur téléphone mobile, ils sortent aussitôt pour courir, partir à vélo, promener le chien ou faire des courses.

De façon typique et un peu risible, les Néerlandais se précipitent dehors sur les bancs et sur les terrasses des cafés dès qu'un rayon de soleil perce la couche nuageuse, sans manteau pour se convaincre de la chaleur bienvenue. Par temps ensoleillé, ils semblent n'avoir jamais froid, même en hiver.

Srebrenica, traumatisme national

En juillet 1995 pendant la guerre de l'ex-Yougoslavie (1992-1995), plus de 8000 hommes et adolescents bosniaques furent exécutés dans la région de Srebrenica, en Bosnie-Herzégovine, par l'armée Serbe. Ce massacre était le premier depuis la fin de la seconde guerre mondiale, perpétré sur le sol européen, qui n'avait plus connu de génocide depuis 50 ans. Ce massacre fut rendu possible, ou ne fut pas empêché, par l'attitude irresponsable des 400 casques bleus néerlandais qui constituait la force d'interposition de l'ONU, sensée protéger les populations civiles dans cette zone. Le commandement néerlandais avait refusé l'appui aérien de l'OTAN en raison des risques pour leurs propres troupes, et avait fini par laisser l'armée serbe pénétrer dans la zone sans s'y opposer. Pire, il organisa le partage entre les hommes et les femmes, avant que ceux ci ne soient fusillés et les femmes expulsées. La sidération et l'incompréhension frappèrent l'opinion publique qui réalisait brutalement à quelle horreur leur naïveté, leur tolérance et leur laisser-aller avaient mené.

> *« Les Néerlandais ne savent plus comment gérer la violence (jusqu'en 1958, par exemple, nous étions très violents en Indonésie) à cause du risque que les musulmans, les chrétiens et les athées entrent en conflit les uns contre les autres, ce qui détruirait tout ce que nous avons essayé de construire depuis les années 1970. »*[60]

Ce massacre fut qualifié de génocide par le Tribunal pénal international pour l'ex-Yougoslavie (TPIY) et la Cour internationale de justice, siégeant tous les deux dans la capitale administrative du pays à La Haye. Ce traumatisme, dont les Néerlandais ne se remettent pas et qui hantera leur mémoire collective pour de nombreuses décennies encore, figure désormais dans leurs livres d'histoire, en particulier dans le « Canon des Pays-Bas », qui est une frise historique comportant 50 thèmes, personnages ou évènements, ayant contribué à l'émergence de ce qu'ils considèrent être devenu leur identité nationale.

Une journée des vétérans pour se souvenir et se soutenir

La Journée des vétérans aux Pays-Bas ("Nederlandse Veteranendag"), que nous avons évoquée dans ce chapitre, est un

---

[60] *René Prins, 2004*

événement annuel organisé à La Haye depuis 2005. La première édition a eu lieu le 29 juin 2005, date choisie en l'honneur de l'anniversaire du défunt prince Bernhard, qui jouissait d'une grande estime parmi les vétérans en raison de son rôle pendant la Seconde Guerre mondiale.

Bien que, officiellement, la création de cette journée ne soit pas directement liée au massacre de Srebrenica, elle visait à panser des plaies encore profondes et douloureuses. Il s'agissait de ressouder les liens entre des militaires à l'honneur terni et la société civile dont l'estime propre en souffrait aussi. Les civils reconnaissent bien que leurs militaires sont confrontés à des situations aussi dangereuses que complexes. Ces journées favorisent une meilleure compréhension mutuelle entre eux et la société néerlandaise.

MH17 deuil national

Le 17 juillet 2014, le Boeing 777 du vol MH17 de la Malaysia Airlines reliant Amsterdam à Kuala Lumpur, fut abattu au dessus de l'Ukraine, ne laissant aucun survivant parmi les 283 passagers et les 15 membres de l'équipage. Ce jour là, 193 Néerlandais périrent, provoquant une immense émotion dans tout le pays et un deuil d'ampleur national. L'image poignante de l'interminable procession des corbillards transportant les corps des victimes sur l'autoroute A4 au départ de l'aéroport de Schiphol, qui fut publiée en page de couverture par toute la presse, restera gravée dans la mémoire collective pour longtemps. J'ai ressenti à l'époque cette tragédie personnellement, à tel point que la vue de cette photo déchirante m'amène toujours les larmes aux yeux, 10 ans après le drame. Le 17 juillet est depuis souvent marqué par des commémorations et des moments de recueillement en mémoire des victimes.

« *Adieu, beau pays angoissé* »[61]

C'est en ces termes que le journaliste Peter Giesen terminait son séjour prolongé en France (2013-2018) en tant que correspondant du journal Volkskrant à Paris. Par effet miroir, il dresse ainsi le portrait de la vie néerlandaise, si différente.

> *« Les Français ont une culture riche et un grand amour de l'histoire. Mais bien que leur joie de vivre soit contagieuse, ils sont bien plus mécontents que nous, les vacanciers, le pensons souvent. »*

Le dicton néerlandais prétend que l'on peut « être heureux comme Dieu en France » (« Gelukkig als God in Frankrijk »). La France est leur destination de vacances préférée depuis des décennies. Le journaliste a observé un pays « qui tente sans cesse de se connecter aux temps modernes, de se rafraîchir sans cesse avec ce passé coloré. »

> *« La France est un pays fascinant et irritant. Parfois fermé, aigre et conservateur, parfois impressionnant, élégant et plein d'amour pour la belle vie. Où ailleurs pourriez-vous vous asseoir à un restaurant pendant votre pause déjeuner de deux heures à vous plaindre du monde, tandis que des verres de vin rouge sont remplis ? La France va me manquer, ce beau pays angoissé. »*

---

[61] Peter Giesen, « Retour de France » Editeur Thomas Rap

VI. Travail et politique

★ Traditionnellement, la société néerlandaise possède la faculté de s'adapter au monde qui change constamment. Traditionnellement, la royauté offre la constance et la stabilité.

★ Sans tout contester par principe, on discute de tout et sur tout, pour affaires professionnelles ou privées, en permanence.

★ Dans un monde réel, ni politisé ni fantasmé, les Néerlandais savent pertinemment que la solution idéale n'existe pas. Le compromis, c'est se contenter de la la moins mauvaise solution.

★ Les citoyens se mêlent des affaires de l'Etat, c'est à dire de leurs affaires.

La société bouge, la Monarchie reste

> « Traditionnellement, la puissance des Pays-Bas réside dans notre capacité à nous adapter à un environnement changeant. Le monde change de plus en plus vite. Une constante demeure : la Maison Royale Hollandaise de ce petit pays en bord de mer. »[62]

C'est ainsi que la Princesse Beatrix définissait elle-même le tempérament de son peuple dans son discours du Trône en 2005. Les Néerlandais possèdent la faculté innée, développée au cours des siècles pour leur survie et leur identité, et que la Reine n'hésite pas à qualifier de « force », de pouvoir s'adapter constamment au monde qui change autour d'eux et à la nature hostile qui encercle ce petit pays coincé quelque part au bord de la mer. Effectivement, le moins que l'on puisse dire, est que les Néerlandais ne restent pas les deux pieds dans le même sabot.

C'est aussi une manière de définir le rôle de la famille royale, qui est populaire aux Pays-Bas, comme un pôle de stabilité et de tradition, réceptacle des traditions et d'une histoire ancestrale. La royauté n'est pas perçue ici comme un système d'assujettissement ou d'organisation d'une société de classes.

« Polderen » ou la consultation permanente

> *Les Néerlandais cultivent la pratique de la concertation à outrance, des consultations sur tous sujets et avec tout le monde, personne ne devant être laissé de coté, surtout pas les minorités. Que ce soit dans les entreprises privées ou publiques, les comités et les réunions sont légions.*

L'origine de cette pratique remonte à la lutte du peuple néerlandais contre les eaux, et à la conquête patiente et tenace des terres asséchées et des polders, d'où le nom « polderen » pour désigner la pratique des discussions fleuves. En effet,

---

[62] *Princesse Beatrix, discours du trône, 2005*

l'établissement des digues et des remparts contre les eaux montantes impliquait une veille constante de l'état des installations, dans un combat sans fin, sans jamais pouvoir baisser la garde. Il fallait pour ce faire, impliquer toute la population dans la veille et dans l'entretien des digues, une petite négligence pouvant se révéler fatale et provoquer des milliers de victimes. Il était nécessaire d'impliquer et de responsabiliser le plus grand nombre pour assurer la sécurité de la communauté.

C'est ainsi que au XVIIIe siècle dans la province de la Frise, il fallait consulter les 11 villes et les 30 villages de la province pour pouvoir prendre une décision touchant à la gestion de l'eau et des infrastructures. Depuis l'expression « faire quelquechose à 11 et jusqu'au 30ème » (« iets op zijn 11 en 30tigst doen ») est restée pour désigner le grand nombres de parties impliquées et les discussions interminables qui en résultent. De nos jours, l'esprit de consultation et de responsabilisation de tous demeure.

L'esprit de compromis ou la moins mauvaise solution

On attribue aussi aux consultations l'effet bénéfique de résoudre les problèmes avant qu'ils ne s'enveniment et n'éclatent en conflits sociaux, comme il est souvent le cas en France. Force est de reconnaître que les grèves et les confrontations dures ne sont pas habituelles aux Pays-Bas, bien qu'elles aient tendance à survenir un peu plus ces dernières années. Ce qui est propre à la mentalité néerlandaise est non seulement le fait de prendre en compte les revendications, de sorte que les plaignants obtiennent, en partie, gain de cause, mais aussi, et surtout, qu'ils acceptent le compromis et ses conséquences.

> *Les consultations et négociations vont de pair avec un esprit de compromis partagé par toutes les parties en discussion, ce qui implique l'acceptation d'une solution en demi-teinte, qui n'est jamais la meilleure, souvent la moins pire. Pragmatiques de nature, les Néerlandais ne croient pas aux avis trop tranchés. Dans leur monde réel et peu politisé, loin de tout*

dogmatisme ou idéologie, il n'y a pas de oui définitif ni de non définitif.

Ceci ne peut advenir que dans une société qui responsabilise les individus depuis leur enfance, et qui responsabilise aussi, et surtout, les partis politiques en les incluant dans des coalitions gouvernementales auxquelles il incombe de rendre les choses possibles et gouvernables.

Toute partie en négociation, tout parti politique en coalition, porte une certaine responsabilité à faire avancer les choses et doit trouver un accord pour débloquer la situation. Cela prendra le temps qu'il faudra, mais au bout du compte, il faudra trouver une solution pour que la société puisse fonctionner à nouveau.

Du compromis pour impliquer tout le monde

Récemment en 2019, la concertation n'a pas suffi à éviter un blocage de la ville de La Haye par les agriculteurs à qui le gouvernement imposait la réduction de leurs activités pour faire diminuer les émissions de gaz à effet de serre. Les agriculteurs contestaient les fermetures des fermes et des élevages d'animaux. Ce sur quoi ils ne purent obtenir gain de cause. Ils contestaient aussi le fait d'être tenus pour seuls responsables des émissions de gaz, alors que l'industrie du béton et du bâtiment, ainsi que le transport automobile, y contribuaient massivement également. Ce sur quoi ils obtinrent gain de cause. Du jour au lendemain, tous les automobilistes virent passer la limitation de vitesse dans tout le pays à 100 km/h pendant la journée sur les voies rapides! Tout le monde fut mis à contribution. Le compromis fit passer une solution supportable par tout le monde.

Puis en 2022, alors que les agriculteurs recommençaient leurs blocages, l'aéroport de Schiphol dut à son tour réduire son trafic aérien de plus de 10% pour participer aussi à l'effort de réduction des émissions.

Des coalitions à faire et refaire

Il faut se faire à cette idée si étrange pour les Français habitués au parti politique majoritaire, et qui aiment l'homme fort et charismatique: il n'y a jamais eu (sauf à une exception près) de parti politique majoritaire aux Pays-Bas depuis la fin de la seconde guerre mondiale. Tous les gouvernements auront été des coalitions gouvernementales, se partageant les responsabilités et pratiquant nécessairement le dialogue et le consensus. Les Néerlandais ne parlent pas de gouvernement mais de « Cabinet » pour désigner ces coalitions gouvernementales et parlementaires. Les Pays-Bas sont ainsi dotés d'un véritable régime parlementaire et d'un système électoral à la proportionnelle, sans limitation d'accès, ce qui permet à des partis catégoriels comme le parti des animaux, des personnes âgées, des retraités ou des personnes d'origine étrangères, de se faire élire à l'assemblée.

Les Néerlandais n'attendent pas tout d'une seule personne, ils ont appris à trouver des solutions ensemble. Cette proportionnalité totale interdit à un parti d'imposer ses vues aux autres partis, et de susciter ainsi dans l'opinion une opposition frontale, systématique et bloquante.

Depuis la seconde guerre mondiale, la durée de vie des coalitions aux Pays-Bas a tendance à se raccourcir.

Entre 1950 et la fin des années 70, les coalitions gouvernementales avaient généralement tendance à durer plusieurs années. La coalition « Drees-Van Schaik » formée en 1959 a duré près de quatre ans, celle de « de Jong » de 1967 a duré plus de cinq ans.

À partir des années 1980, la durée de vie des coalitions a commencé à se raccourcir. La coalition « Van Agt-Wiegel" de 1977 a duré environ quatre ans, tandis que celle de « Van Agt II » de 1982 dura moins d'un an.

Depuis les années 2000, les coalitions ont tendance à être plus instables et leurs durées de vie de plus en plus courtes. La coalition « Rutte I » de 2010 dura environ deux ans, tandis que celle de « Rutte III » de 2017 (coalition) dura environ quatre ans.

Suite aux élections provinciales de mars 2023, gagnées par le parti populiste « des Fermiers et des Citoyens » (BBB), une ultime coalition fut formée dans l'urgence au sein du cabinet « Rutte IV » (en exercice depuis 2021), ce qui devait néanmoins le faire chuter 3 mois après, en juin 2023.

Dans ce cas, lorsque les désaccords paralysent une coalition, ou lorsqu'il faut en former une nouvelle suite à des élections qui rebattent les cartes, la coalition gouvernementale en cours se clôt et de nouvelles négociations pour une nouvelle coalition viable recommencent. Celles-ci peuvent même durer des mois [63], plus de 7 mois pour la dernière coalition Rutte IV (2021-2023) !

Pendant ces temps longs de tractations pour former des coalitions, c'est la démocratie et la négociation parlementaire sur tous les programmes qui achoppent, qui fonctionne à plein régime.

Civiliser les extrêmes

Le 6 mai 2002, alors qu'il venait de faire une entrée tonitruante dans la vie politique néerlandaise en fracassant les codes du politiquement correct contre l'establishment, le populiste Pim Fortuyn était assassiné quelques jours avant les élections législatives qu'il était sur le point de bouleverser dans une tornade populiste. Ce fut un véritable séisme politique qui propulsa l'extrême droite populiste aux portes du gouvernement. Les funérailles de Pim Fortuyn donnèrent lieu à des processions spectaculaires à travers tout le pays. En 2004, les Néerlandais le classèrent parmi les figures les plus importantes de leur histoire, devant des icônes telles que les peintres Rembrandt et Van Gogh,

---

[63] Voir Annexe « Durée des négociations des coalitions gouvernementales »

les philosophes Spinoza et Érasme, ainsi que les reines Juliana et Béatrix. Malgré – ou peut-être grâce à – la disparition tragique de son leader charismatique, la liste populiste radicale LPF obtint 17 % des suffrages exprimés et décrocha 26 sièges à la Chambre des députés. En l'espace de deux ans, un parti populiste extrémiste surgit de nulle part et devint en un seul scrutin la deuxième force politique du pays.[64]

Les Néerlandais ne dévièrent pas d'un pouce. Ils allèrent au bout de leur logique en ouvrant les négociations pour la formation de la coalition gouvernementale. Une telle situation aurait déclenché en France la levée de boucliers d'un « cordon sanitaire » afin d'exclure du gouvernement l'extrême droite montante. Le gagnant des élections, le parti démocrate chrétien CDA (28 % des voix), fut chargé de constituer une coalition avec l'extrême droite de la LPF et le parti libéral VVD. Le résultat ne se fit pas attendre. La coalition éclata en moins de 90 jours, durant lesquels les quatre ministres de la LPF, insuffisamment préparés à exercer le pouvoir, perdirent toute crédibilité. Les divisions internes, tant au sein du gouvernement que de la LPF, accélérèrent la chute du premier cabinet Balkenende.

> *Les Néerlandais savent le pouvoir corrosif de la coalition et des compromis qu'elle exige, sur les déclarations catégoriques et les postures politiques outrancières qui ne peuvent exister que dans l'opposition dégagée de toute responsabilité. La coalition gouvernementale a le pouvoir de « civiliser les extrêmes ».*

Cohabitation minoritaire

Pratiquant la coalition gouvernementale avec dextérité, la politique néerlandaise révèle une créativité étonnante. Sorti vainqueur des élections de 2010, le libéral (VVD) Mark Rutte, dit « le caméléon » pour ses facultés à endosser les nouvelles couleurs des coalitions, eut la lourde tâche de constituer un

---

[64] « Histoire des Pays-Bas, de l'antiquité à nos jours », Thomas Beaufils, Ed. Tallandier

gouvernement de coalition avec le CDA. Incapable de convaincre un troisième partenaire pour former une majorité au parlement, Mark Rutte proposa une solution inédite : un cabinet minoritaire (minderheidskabinet), soutenu, ou plutôt toléré (gedoogsteun), par les 24 députés du PVV, le parti d'extrême droite controversé dirigé par Geert Wilders. En échange, le gouvernement s'engagea à intégrer une partie des propositions du programme populiste de Wilders, notamment en matière d'immigration, d'intégration, de sécurité, d'aide aux personnes âgées et de réduction des déficits publics. Lorsque le soutien du PVV faisait défaut, cette alliance improbable se maintenait grâce au soutien ponctuel d'autres partis, comme le parti travailliste (PvdA), qui appuya les positions du gouvernement pendant la crise de la dette grecque et lors des négociations sur le régime des retraites néerlandais.

Cependant, la droite radicale du PVV finit par abandonner ses partenaires, forçant le gouvernement Rutte I à démissionner en avril 2012. De nouvelles élections eurent lieu en septembre 2012, remportées par les libéraux de Mark Rutte (VVD) et les travaillistes (PvdA). Sanctionnée par ses électeurs après l'expérience du cabinet minoritaire, la droite radicale de Geert Wilders (PVV) perdit des sièges.

> *Mark Rutte forma alors un gouvernement relativement plus stable, en coalition avec les socialistes du PvdA. Ce nouveau cabinet, union incertaine entre la droite libérale et la gauche modérée, alla pourtant jusqu'au bout de son mandat en mars 2017. Cette alliance, considérée comme une union des centres face à la montée des populismes, dura cinq ans, soit un quinquennat complet.*

L'éclaireur, l'informateur et le formateur

Une coalition doit réunir à la table des négociations des partis politiques qui viennent de faire campagne en s'opposant frontalement les uns contre les autres, en dénigrant les propositions adverses, en prenant ouvertement position contre d'autres candidats qui étaient des adversaires déclarés. Une campagne électorale ne prédispose donc en rien au compromis ; au contraire, elle mine dangereusement le terrain des négociations à venir. La formation d'une coalition avec des ennemis d'hier est une opération à risques qui sera vouée à l'échec si des mesures spéciales ne sont pas mises en place.

> *La méthode, qui a fait ses preuves au feu, s'apparente à des négociations diplomatiques entre anciens belligérants, tous perdants car tous minoritaires, mais forcés de trouver un accord de paix qui les liera tous et les fera travailler ensemble à la reconstruction. Elle comporte trois étapes et fonctions distinctes : l'éclaireur, l'informateur et le formateur.*

Comme dans toute opération militaire en terrain miné, il faut d'abord procéder à la reconnaissance. La Seconde Chambre, l'équivalent de l'Assemblée nationale française, désigne un « éclaireur », ou « explorateur » (« verkenner »), qui va s'entretenir avec tous les partis pour trouver les alliances possibles qui obtiendraient une majorité absolue. Certains partis refuseront de s'allier avec d'autres, d'autres seront plus ouverts. L'éclaireur n'est affilié à aucun parti, il n'en représente donc aucun. Il vient s'enquérir des affinités ou des incompatibilités politiques, sans chercher à convaincre. Il dresse un état des lieux de la situation après la bataille électorale.

Puis, il soumet son rapport à cette même Seconde Chambre qui l'avait mandaté et qui va pouvoir le remercier, pour nommer ensuite un autre personnage expert en diplomatie politique, un « informateur ». Cette fois, il s'agit d'un négociateur qui va piloter les discussions sur le fond entre les partis de la future coalition. Autant dire que l'on va entrer dans le vif des discussions, pour ne pas dire des disputes et des crises ouvertes qui aboutissent fréquemment à des blocages. Dans ce cas, chaque parti devra lâcher du lest en allégeant quelques-unes des revendications qui achoppent. On sacrifiera aussi l'informateur sur l'hôtel de la négociation en le remplaçant par un autre, ce qui effacera les mauvais souvenirs des altercations avec un nouveau départ. Il se peut aussi que l'on change d'alliance avec d'autres partis pour une autre majorité. Enfin, au bout des longues nuits de discussions, un accord sera conclu dans un document écrit d'une centaine de pages, rassemblant dans le détail tout le programme, point par point. Il s'agit d'un travail parlementaire en profondeur et de longue haleine, pour doter le pays d'un plan de route très précis.

Lorsque cet accord de coalition est finalisé, il est présenté par l'informateur à la Seconde Chambre, qui va le remercier, et va désigner un troisième personnage, un « formateur », qui sera souvent le futur Premier ministre. Ce dernier provient généralement du parti ayant obtenu le plus de sièges lors des élections. Mais il se peut que cela ne soit pas le cas si le candidat possède une personnalité trop décriée pour pouvoir représenter son pays, comme ce fut le cas de Geert Wilders, leader de la droite radicale arrivée en tête des élections de novembre 2023, lors de la formation de son cabinet en mars 2024. Durant cette ultime phase, le formateur s'entretient avec les candidats pour les postes ministériels et procède à la constitution de l'équipe gouvernementale. Il pourra ensuite être officiellement nommé et présenté au Roi.

C'est ce long processus, éclaireur, informateur puis formateur, qui dure au minimum six mois, qui permet d'aboutir à la constitution d'un gouvernement de coalition, un « cabinet », qui pourra inclure jusqu'à cinq partis politiques différents.

La politique sans Président

Vous l'avez compris : avec des élections parlementaires à scrutin proportionnel, qui produisent des coalitions gouvernementales, les Pays-Bas n'ont pas de Président de la République qui prend le devant de la scène, au détriment du Parlement où les oppositions et les manœuvres politiciennes se déchaînent. Les coalitions gouvernementales, qui doivent rassembler différents partis du spectre politique, sont condamnées à se fondre dans le consensus. En conséquence, les discours extrémistes, les esclandres, les scandales et les dégâts que cela occasionne dans le débat public et la vie en société, et qui font les affaires juteuses de tout un système politico-médiatique en France, sont nécessairement contenus et limités.

> *La politique ici, étant plus efficace et pragmatique, est forcément plus ennuyeuse. On parle politique pour régler les affaires de la vie en société, puis on passe à autre chose, comme après une consultation médicale ou un rendez-vous avec le chauffagiste. Il n'y a pas que la politique dans la vie et, surtout, tout n'est pas politisé à outrance. L'école, le baccalauréat, la santé, les éoliennes, les transports en commun... ne sont pas les terrains de lutte pour des dogmes politiques.*

Le monde est économique

Les Néerlandais voient le monde d'un point de vue économique et non politique. Loin de la conception française qui veut croire que l'économie doit être au service du politique, et non l'inverse, le monde est vu aux pays-Bas comme un jeu de forces impersonnelles dans lequel les individus ne peuvent avoir qu'une influence marginale. L'économie mondiale ressemble à l'océan au milieu duquel on peut naviguer si on s'adapte à ses contraintes, pour tirer profit de la météorologie changeante et des opportunités offertes. Les Néerlandais sont des navigateurs dans l'âme qui savent adapter la voilure pour maintenir ou changer de cap en fonction des circonstances.

> *Plutôt enclins à accepter les réformes qui favorisent la libre circulation des biens et des services, les Néerlandais ne cherchent pas à se protéger d'une hégémonie libérale qu'ils ne perçoivent pas comme une menace mais comme un moyen de développement. Ils adoptent une attitude résolument entreprenante, et flexible permettant de s'adapter, sans se refermer dans une attitude défensive qui compterait sur l'Etat pour les protèger des aléas de l'économie.*

Confortés par les chiffres du chômage deux fois moins élevé dans les pays libéraux d'Europe du nord qu'en France, les Néerlandais ont une attitude beaucoup plus ouverte sur l'économie et sur leur avenir que beaucoup de Français.

Il faut sauver le soldat Euro

En 2007 éclatait aux Etats-Unis la crise financière des subprimes. Elle allait entrainer au bord du gouffre le système bancaire mondial, et mettre l'Etat grec, trop fortement endetté, en défaut de paiement. La crise grecque menaçait d'implosion toute la zone euro qui n'eut d'autre choix que de soutenir financièrement ce pays membre en faillite, sous peine de voir d'autres pays, comme par exemple l'Italie elle aussi fortement endettée, être mis à mal, et de provoquer le repli des autres Etats qui ne pourraient plus payer pour renflouer de si gros budgets. L'éclatement de l'Union monétaire aurait signifié la fin de sa monnaie unique.

Les Néerlandais, pourtant attachés au dogme économique et à la bonne gestion des budgets publics, reticents à payer les dettes des Etats mauvais gestionnaires, sentirent le vent du boulet. Les Néerlandais savent bien ce qu'ils doivent à l'euro. Son importance est capitale pour leur économie. Sans sourciller, et comme à son habitude, le pays adopta une attitude pragmatique et constructive dans le développement des instruments nécessaires pour combattre la crise économique.

> *«Le génie créateur des experts du trésor néerlandais fut crucial dans la maîtrise des événements sans précédent qui frappèrent alors l'Union européenne.»*
> [65]

---

[65] Tom de Bruijn, texte préparatoire à l'ambassade des Pays-Bas à Paris le 23 mars 2023 dans le cadre d'une série de réunions sur la relation franco-néerlandaise menées dans la perspective de la visite d'État d'Emmanuel Macron aux Pays-Bas les 11 et 12 avril.

Brexit ?!? No Nexit !

En 2016, le Brexit sonna comme un coup de tonnerre dans un pays très attaché à l'Union économique et monétaire européenne. L'incompréhension et la surprise firent vite place au rejet, malgré le soutien traditionnel et la proximité culturelle que les deux pays entretiennent depuis longtemps. La réaction face à ce qui fut ressenti comme une trahison de la part d'un membre et allié de l'Union dans laquelle les membres devraient se serrer les coudes, fut un dépit affiché. « Bon débarras ! » s'exclama mon voisin, ancien diplomate. Il faut se souvenir que la population néerlandaise se sent concernée par les sujets économiques et les choix budgétaires de leur coalition gouvernementale, à qui elle a confié la gestion de leur porte-monnaie sans jamais signer de chèque en blanc. Ce que les Anglais venaient de faire, était une atteinte à leur économie, à leurs emplois et à leur épargne. Le Brexit fut ressenti par la population comme une trahison et une affaire personnelle.

> *Du jour au lendemain, les discours sur un éventuel retrait des Pays-Bas de l'Union, le « Nederland Exit » ou « Nexit », disparurent spontanément.*

A jouer avec le feu comme les Anglais l'avaient fait, en laissant l'idée du Brexit se développer sans être prise au sérieux, et donc sans contradiction dans le débat public, les Néerlandais risquaient de tout perdre et d'entraîner la zone euro dans des turbulences néfastes pour tous.

Une nation de « boutiquiers »

Napoléon Bonaparte considérait les Néerlandais comme une nation de « boutiquiers », ce en quoi il avait raison.

> *Les études courtes et l'apprentissage d'un métier manuel étant bien acceptés, voire favorisés, par le système éducatif qui filtre très tôt l'accès aux études longues et universitaires, les professions manuelles et artisanales sont bien considérées aux Pays-Bas.*

La société a besoin de plombiers, d'artisans, et de commerçants. Elle organise l'éducation et la formation professionnelle en conséquence. Cela satisfait de plus au besoin d'autonomie des individus néerlandais, qui aiment à mener leurs propres affaires et être indépendants.

La survie des petits commerces en ville

> *Les petits commerces de toutes sortes, les boutiques variées et surtout les cafés, lieux prisés de convivialité, sont légions dans les villages et bourgades néerlandaises, alors qu'ils ont été éliminés des centres des villages en France, sous l'influence dévastatrice des gigantesques centre commerciaux en périphérie.*

Le manque d'espace dans ce petit pays rend l'implantation des grands parkings de stationnements nécessaires aux grandes surfaces, particulièrement couteux. De plus, l'exiguïté des logements à étages, qui ne possèdent généralement pas d'entrée, ni de cellier ou de cave, ne permet pas de stoker facilement des provisions alimentaires pour une semaine. A défaut de pouvoir stocker les gros caddies de courses en voiture, les Néerlandais optent donc pour des petites courses plus fréquentes en centre ville et à vélo.

L'autorisation des implantations des grandes surfaces relève de l'autorité des régions, et non pas des municipalités. Les syndicats de commerçants et artisans, très bien organisés en « guildes » ou corporations depuis des siècles, veillent à restreindre l'implantation des grandes surfaces afin de ne pas tuer le petit commerce et la vie en ville.

Le contraste est frappant avec la France dans laquelle la grande distribution est devenue une industrie prédominante, qui jouit aujourd'hui d'un pouvoir économique et politique supérieur à celui de l'industrie manufacturière.

L'inventivité dans les gènes

De façon compréhensible, les Français jugent les Néerlandais au prisme de leur propre culture, qui ne voit pas d'un bon oeil l'argent et les affaires. Cela les pousse à considérer les Néerlandais comme des individus motivés par la recherche des affaires et de l'argent en toutes occasions pour en tirer un profit. Vu de la France, on qualifie facilement ce peuple d'individualiste et de commerçant, sans noble vision politique et sans idéal universaliste. La caricature a du vrai. Mais il faut l'avoir vécu de l'intérieur pour approcher l'analyse par l'autre bout de la lorgnette, et découvrir avec étonnement la créativité et l'inventivité dont ce peuple fait preuve, souvent dans les épreuves et les aléas de l'histoire.

> *L'esprit d'entreprise, au sens de faire quelque chose, de tâtonner et de bricoler pour trouver une solution pratique sans tergiverser, pourrait plutôt être comparé à une capacité au bricolage économique, à une inclinaison à avoir de l'initiative personnelle en permanence.*

On a même l'impression que les Néerlandais n'attendent que cela, qu'ils n'attendent que les problèmes qui surgissent inévitablement de part et d'autre, et au contact desquels ils se portent immédiatement pour les endiguer et les colmater. Ce qu'ils feront à leur niveau individuel, sans attendre des directives venues d'en haut.

Inventeurs et pionniers

Depuis plus d'un millénaire, les Pays-Bas doivent leur survie territoriale et leur prospérité économique, qui les a arrachés à la misère, aux innovations techniques qui bénéficient à l'ensemble de la société. Ils sont naturellement portés vers la recherche assidue d'une percée technique qui va les aider à surmonter collectivement les problèmes auxquels ils sont confrontés. Sans la technique, alliée à une ouverture au monde et à une confiance du groupe indéfectible, le pays n'existerait plus depuis longtemps.

Au XVe siècle, ils transforment les moulins pour assécher les marais et créer les polders. Puis au 18ème, ils mettent au point la première pompe à vapeur pour le drainage des polders, connue sous le nom de « Dikkepomp ». Elle fut d'abord installée à Groenlo en 1787, puis de façon permanente en 1802 à l'usine de drainage de Cruquius près de Haarlem par l'ingénieur Jan Blanken. Cette pompe est toujours considérée comme une merveille d'ingénierie de l'époque. Toujours au XVIIIe siècle, ils perfectionnent les techniques de cartographie et les instruments de navigation pour trouver les meilleures routes maritimes vers les Indes.

Aujourd'hui, Les Néerlandais sont à la pointe de la recherche et du développement, appliqués à des secteurs bien identifiés et concrets, dans le but de résoudre les problèmes de la montée des eaux qui les menace en permanence, d'obtenir un avantage concurrentiel dans l'économie mondiale, et d'apporter un bénéfice à la vie en communauté. Ils sont passés maîtres dans l'art de combiner les ouvrages civils, les digues, les pistes cyclables, les constructions urbaines, les espaces verts et récréatifs, comme par exemple le « coeur vert » (« Groene hart ») aménagé et préservé au beau milieu du « Randstad », cette conurbation la plus densément peuplée aux Pays-Bas, qui réunit les villes d'Amsterdam, de La Haye, d'Utrecht et de Rotterdam.

> « Cette nation a toujours eu une remarquable capacité à se régénérer, grâce à une force et une créativité sans pareilles qui jamais n'ont faibli. »[66]

Les précurseurs à Bordeaux

Fraichement débarqués dans la région Bordelaise où nous venons d'établir notre résidence en France, tout en continuant

---

[66] « Histoire des Pays-Bas, de l'antiquité à nos jours », Thomas Beaufils, Ed. Tallandier

d'habiter aux Pays-Bas, nous suivons une visite guidée pour découvrir l'histoire de la ville. Quel ne fut pas notre étonnement en entendant la guide commencer par d'abord remercier les Hollandais pour leur contribution singulière ! C'est une histoire qui illustre cet esprit d'initiative, mais que les Bordelais ont tendance à oublier, tant elle les rend redevables des Hollandais du XVIIe siècle d'avoir crée le Médoc, les vins blancs et les spiritueux, ainsi que la technique de conservation du vin en tonneaux. Rien de moins pour un vignoble connu dans le monde entier comme étant le porte étendard de la production viticole française.

En 1579, les Hollandais avaient obtenu l'indépendance politique, ce qui leur laissait une grande liberté de manoeuvre et de commerce en Europe et dans le monde. Au siècle suivant, leur marine était supérieure en nombre et en qualité de navigation, à toutes les marines européennes réunies. C'est-à-dire qu'elle écrasait à la fois la marine française et anglaise réunies, par le nombre mais aussi par l'efficacité. Leurs bateaux de commerce étaient à la fois plus nombreux, mais surtout plus rentables. Avant d'accoster à Bordeaux, qui n'était qu'une destination de plus pour eux, ils faisaient déjà affaire avec l'Allemagne et la Hongrie.

Avant l'arrivée des Hollandais, Bordeaux ne produisait pas de vins liquoreux blancs, et pour cause. Leur seule grande clientèle à l'époque, les Anglais, préféraient le vin rouge, qui était cependant plutôt clair et que l'on appelait le « Claret » pour cette raison. Les Hollandais bouleversèrent la donne en changeant la technique de vinification du vin rouge, ce qui le rendit plus foncé, et en introduisant les vins blancs et doux, dont la production égala vite celle du vin rouge.

Par ailleurs, ce furent les Hollandais qui drainèrent et asséchèrent toute la région du Médoc, alors très marécageuse et inexploitable. Ils transformèrent les marais en vignobles d'exception, que devinrent les Pauillac, Saint-Estèphe, Margaux, Saint-Julien, et prirent part à l'exploitation de quelques grands châteaux, comme celui de Lafitte Rothschild.

Pour parfaire le tout, ce sont encore eux qui inventèrent la sulfuration des fûts, afin de permettre la conservation du vin. Ils expliquèrent aux Bordelais comment brûler une mèche dans du soufre avant de remplir les tonneaux pour les désinfecter. Cette technique novatrice marqua la rupture avec la viticulture du Moyen-Age, les premiers pas vers la viticulture moderne et le vieillissement des vins de qualité. Enfin, les Hollandais eurent également une grande influence sur la production d'eau-de-vie, qui passa d'inexistante à la création de deux productions très célèbres aujourd'hui : l'Armagnac et le Cognac.

Le Covid déclenche les initiatives

A partir de mars 2020, il devint clair que le monde subissait une pandémie virale grave qui se répandait par voie aérosol. Il fallait l'endiguer en fermant les magasins non essentiels pour réduire les contacts entre les humains. Les restaurants aux Pays-Bas se lancèrent alors immédiatement dans la préparation de plats à emporter et dans la livraison à domicile, ainsi que les fleuristes. Chacun tenta d'adapter son commerce de proximité en le pratiquant sans contact physique, chacun essayait de rendre ses affaires viables dans la mesure du possible, sans attendre de directives gouvernementales expliquant comment réagir en pareilles circonstances. L'initiative personnelle tourna à plein régime.

Sport, cancer, courage et commerce

Avec mon ami néerlandais Jan, je pratiquais dans les années 2010 le sport de combat Krav Maga, qui est une technique de défense personnelle contre les agressions, mais aussi du combat corps-à-corps employée par les militaires et les groupes d'intervention de la police. Nous allions tous les deux gaillardement vers notre cinquantaine, ce qui faisait de nous les deux anciens du groupe parmi des jeunes toniques qui eux frisaient la trentaine. Mais l'ambiance était bonne, accueillante, les uns se mettant aux niveaux des autres. Quelques années plus tard, Jan fut frappé par un cancer des plus dangereux, un lymphome de Hodgkin, qui ne lui laissait statistiquement qu'une chance réduite de survie. Après avoir tenté, et supporté avec courage, des traitements lourds de chimiothérapie, Jan entra temporairement en rémission, mais reçut quelques mois plus tard des nouvelles affligeantes sur la reprise de la maladie. Il ne lui restait plus qu'une seule et dernière chance, celle de l'immunothérapie. Lorsqu'il me l'annonça, il me disait simplement au revoir, comme le font les Néerlandais qui tutoient la mort et vont quitter ce monde sans frayeur apparente [67].

Jan suivit l'immunothérapie et fut sauvé. Il est encore en vie et en bonne santé à l'heure où j'écris ces lignes en 2024. Mais la maladie l'aura épuisé, lui ôtant son énergie et réduisant drastiquement sa capacité de concentration. Il ne peut plus travailler plus de 20% de son temps. Chassez le naturel, il revient au galop, surtout chez les Néerlandais actifs et entreprenants. Soumis à un désir naturel de ne pas rester les deux pieds dans le même sabot, Jan s'attaqua à la situation. Il se mit à faire du commerce en ligne, achetant des imperméables et des vêtements chauds qu'il entassait dans son garage pour les réexpédier. Jan était physicien nucléaire de formation. Il avait commencé par travailler dans un laboratoire de particules avec le CERN où il manipulait les outils mathématiques de statistique de la mécanique quantique. Il partit ensuite travailler pour les banques pour modéliser les marchés financiers avec ces mêmes outils mathématiques. La crise financière de 2007-2009 provoqua une vague de licenciements, Jan dut quitter la banque et ouvrir son cabinet d'analyse de risque pour conseiller ses anciens clients. Ce travail de mathématicien statistique et de banquier des marchés financiers n'avait visiblement pas émoussé son sens du commerce. Ce sens, c'était dénicher les fournisseurs de produits de qualité, fuir la mauvaise marchandise, et s'assurer des performances réelles du produit. En achetant chez lui, on pouvait

---

[67] *Voir Chapitre « La santé, la vie puis la mort »*

être sûr que la pluie ne passerait pas par les coutures de l'imperméable, et que le vêtement prétendument chaud protégerait efficacement du froid. Il testait les vêtements lui-même pour s'en assurer.

L'invasion de l'Ukraine par la Russie en février 2022 provoqua un brusque afflux des commandes pour les soldats ukrainiens envoyés au front dans le froid de l'hiver. Les clients se mirent également à réclamer des casques et des gilets pare-balles, en lesquels ils pouvaient avoir confiance. Jan se mit au travail. Il choisit des fournisseurs qui avaient l'air sérieux. Puis, dotés de quelques échantillons, il alla sonner à la porte d'un l'institut de recherche en balistique de l'OTAN à La Haye, qui accepta de tester en situation réelle les casques et les gilets avec des balles réelles. Les tests furent faits dans la plus grande rigueur scientifique. La puissance des balles, la vélocité, la distance de tir, la mesure de la force des impacts (il s'agit en effet de résister à un impact de balle sans transmettre une onde de choc dévastatrice pour le corps), tout fut calibré avec précision. Jan obtint les certifications pour ses casques et ses gilets qui pouvaient sauver la vie de ses clients et assurer la réputation de sa boutique. Depuis le déclenchement de la guerre dans la bande de Gaza en octobre 2023, les familles israéliennes vivant aux Pays-Bas passent commande chez Jan pour équiper leurs enfants réservistes appelés sur le front.

> *A mes yeux, Jan est bien l'archétype du tempérament néerlandais qui regarde sa propre mort en face, qui entreprend à son niveau individuel sans hésiter à changer de métier, et qui possède ce sens du commerce pour comprendre les besoins de ses clients et leur apporter une aide véritable.*

Géopolitique miniaturiste

Vivre aux Pays-Bas, c'est vivre dans un petit pays. Sa superficie est seize fois inférieure à celle de la France, le plus grand pays d'Europe, pour une densité de population quatre fois supérieure. Cette petitesse se remarque encore plus quand on sait qu'un quart du territoire se trouve sous le niveau de la mer. Inconsciemment, cet espace conquis reste en danger, comme si cette terre menacée risquait de sombrer…

L'envergure que peut conférer l'usage de la langue dans le monde est aussi sans commune mesure. Il y a quinze fois moins de locuteurs néerlandophones sur la planète que de francophones. L'importance économique et politique complète ce tableau miniaturiste. Contrairement à la France, les Pays-Bas ne font pas partie du G7 ni du G20 (si ce n'est par l'intermédiaire du siège de l'UE).

Mais si la puissance économique de la France est essentiellement due à sa taille par rapport à la moyenne européenne, les Pays-Bas sont bien plus riches, se classant à la quatrième place en PIB par habitant, loin devant la France, qui occupe la onzième place en Europe. Dans le monde, les Pays-Bas figurent généralement entre la dixième et la douzième place, tandis que la France se situe autour de la vingtième à la vingt-deuxième place.

La petitesse et la fragilité, associées à la prospérité qui se gagne par le dynamisme individuel, imprègnent les esprits dans ce petit pays. La posture diplomatique en découle, radicalement différente.

Un pays sans grandeur

Ce pays n'éprouve pas de besoin de grandeur dans sa vision diplomatique ou ses discours politiques. Jamais je n'ai lu ou entendu que les Pays-Bas se targuaient de participer « au concert des Nations » et que leur fierté nationale en était réconfortée. L'influence des Pays-Bas dans le monde se juge à l'aune de ses performances économiques, des guerres qui grondent et de sa défense que le pays ne peut assurer qu'en coopération avec son puissant allié, les Etats-Unis, et son grand voisin européen proche, l'Allemagne.

> *Alors que, comme la France, ils sortirent de la seconde guerre mondiale vaincus, occupés, puis libérés, que leur ville portuaire de Rotterdam fut rasée en 1940 par les bombardiers, et que leur population fut affamée pendant « l'hiver de la faim » en 1944-45, les Néerlandais ne recherchèrent pas la gloire du camp des vainqueurs et la posture victorieuse pour sauver la face. Nul besoin d'effacer une défaite, de prendre une revanche et d'endosser un rang supposé de puissance mondiale.*

Non, rien de tout cela, les Pays-Bas sont un petit pays qui le sait et qui l'assume. Au vu de ses dimensions réduites de sa géographie et de sa population, il ne lui viendrait pas à l'esprit de se placer plus haut qu'il n'est.

Pourtant, à l'instar de la France, la nation connut un passé glorieux et exceptionnel, pendant son fameux « siècle d'or » de 1600 que personne n'ignore dans le pays. Perdue dans les marécages glauques et les brumes froides de la mer du Nord, l'émergence, au sens propre comme figuré, d'une petite peuplade qui a conquis une grande partie de son territoire en repoussant l'océan par la volonté, pour devenir lors de l'apparition des Etats en Europe au traité de Westphalie en 1648, le plus puissant d'entre eux, tient du miracle historique. Le commerce maritime et la colonisation propulsèrent ce petit pays enlisé dans le delta de l'Europe, au rang de première puissance européenne. Aujourd'hui, les fastes de cette glorieuse époque resplendissent encore à Amsterdam et en province dans l'architecture des belles demeures bourgeoises qui longent les canaux aux noms prestigieux, ainsi que par les peintures mondialement connues des grands maîtres comme Rembrandt ou Vermeer.

> *Pourtant, nulle nostalgie d'un temps révolu, nul désir de grandeur, encore moins de vouloir tenir un prétendu rang qui ne lui échoit plus parmi les puissances d'aujourd'hui. Alors qu'en France l'idée de grandeur retrouvée taraude toujours les esprits, les Néerlandais n'ont aucune motivation à être dominants ou influents dans le monde, ne serait-ce*

> que par l'entremise d'une Union Européenne forte, dont ils savent bien la puissance et l'autonomie stratégique fort limitée.

L'influence du monde sur le pays, et pas l'inverse

> « Les Français pratiquent la géopolitique, les Pays-Bas préfèrent s'en tenir au côté domestique. Les Français veulent se produire sur les grands événements internationaux; les hommes politiques ici se concentrent sur leur propre pays. » [68]

Le contraste ne pourrait guère être plus grand. Immédiatement après les attentats des tours jumelles à New York en septembre 2001, le président français Chirac fut le premier chef d'Etat à rendre visite au président Bush, pour conforter la France dans le rôle d'allié majeur aux cotés des Etats-Unis dans la réaction antiterroriste internationale qui allait venir. Au cours du Printemps arabe, les Pays-Bas ne contribuèrent que modestement à libérer les Lybiens de Kadhafi avec une sobre contribution financière, mais ils se livrèrent à de nombreuses discussions sur l'impact que ces bouleversements allaient avoir sur leur rapport avec l'Islam au sein de leur société. L'élection de Donald Trump à la présidence des États-Unis en 2017 produisit le même effet. Les médias néerlandais se préoccupèrent avant tout, avec une certaine anxiété, de savoir si cet événement n'allait pas déclencher une nouvelle percée populiste néfaste dans leur propre pays.

> « C'est une soirée au cours de laquelle les Pays-Bas[...]ont dit 'attention' au mauvais type de populisme. »[69]

Bien que les événements qui surgissent à l'étranger puissent provoquer effectivement de vives réactions aux Pays-Bas, celles-ci concernent bien plus le coté domestique.

---

[68] Journal NRC, 22 maart 2022 , Thijs van Dooremalen et Jan Willem Duyvendak
[69] Premier ministre Mark Rutte, discours de victoire aux élections à la Chambre des représentants en 2017

> « *Alors qu'en France les événements étrangers sont principalement considérés comme des opportunités de « franciser » la scène mondiale, aux Pays-Bas, ils sont principalement un motif de « domestication » – pour réfléchir à toutes sortes de questions intérieures. Parce que nous sommes insignifiants sur la scène mondiale, les pays étrangers « entrent » en nous beaucoup plus difficilement.* »[70]

America first, the Netherlands second..

Le 20 janvier 2017 avait lieu au Capitole à Washington la cérémonie d'investiture de Donald Trump qui venait d'être élu 45e président des États-Unis, aux cris de « America first! ». Un chroniqueur néerlandais rajouta à l'occasion : « L'Amérique d'abord, les Pays-Bas ensuite.. ». Conscient de la dépendance des Pays-Bas vis-à-vis du libérateur et protecteur américain, il prépara un petit film[71] humoristique à l'attention du nouveau président, vantant les mérites de son pays, dans le ton outrancier caractéristique du nouveau président D. Trump. « Parce que nous comprenons qu'il vaut mieux s'entendre, nous avons décidé de lui présenter notre petit pays. D'une manière qui lui plaira probablement. ». La fin du film se termine sur des termes qui résument bien la conscience assumée de leur dépendance vis-à-vis des USA:

> « *Nous avons une grande grande grande dépendance envers les États-Unis. C'est énorme ! Si vous foutez en l'air l'OTAN, nos problèmes seront à nouveau immenses. Ils seront énormes, ils seront gigantesques. C'est vrai. Ne le faites pas, s'il vous plait. Nous avons parfaitement compris: Ce sera l'Amérique en premier. Mais est-ce qu'on pourrait dire « Les Pays-Bas en deuxième ? » Est-ce que c'est ok ?* »

Le film engrangea plus de 29 millions de vues!! et inspira d'autres pays sur le thème « L'Amérique d'abord, mais mon pays

---

[70] *Journal NRC, 22 maart 2022 , Thijs van Dooremalen et Jan Willem Duyvendak*
[71] *https://www.youtube.com/watch?v=ELD2AwFN9Nc*

ensuite.. ». Des humoristes, journalistes, citoyens du monde entier détournèrent l'« America first » du président Trump pour promouvoir leur pays, dans des termes pas toujours distingués il est vrai, pour tenter d'atteindre la seconde place du classement! Ce furent d'abord les petits pays comme la Belgique (2 millions de vues) et la Suisse (13 millions de vues). Puis vint le tour de l'Allemagne (11 millions de vues) et de la France (1,4 millions de vues) qui à cette occasion, accepta de se tourner en dérision, de reconnaître la défaite de 1940 et sa dette vis-à-vis des USA. Comparés aux Pays-Bas qui ont accumulé 30 millions de vues, les Français ne gratifièrent que 1,4 millions de vues à ce thème peu flatteur pour leur honneur national.

Grèves, manifestations et émeutes aux Pays-Bas

> *Faire la grève n'est pas chose courante ou habituelle aux Pays-Bas. Le marché du travail y est plus flexible et dynamique qu'en France, les gens rechignent moins à changer de poste et d'entreprise. Ils considèrent cela comme une chose naturelle qui fait évoluer positivement le travail, l'expérience et la rémunération.*

Comparées aux grèves en France, celles aux Pays-Bas sont moins fréquentes, plus limitées en durée et en nombre de manifestants, tout en ayant un fort impact médiatique dans un pays peu habitué à ce genre d'évènement. Pendant la pandémie du COVID, les grèves furent limitées, voire anecdotiques. Les statistiques font état de 9 jours de grève par an en moyenne, contre 171 en France.[72]

> *Responsabilisés depuis leur plus tendre enfance, les Néerlandais ne comprennent pas le manque de sens de responsabilité des grévistes français qui sont en train de scier la branche sur laquelle ils sont assis, de mordre la main qui les nourrit. Infantilisés depuis leur enfance, les Français y voient quant à eux, une*

---

[72] *https://www.reddit.com/r/europe/comments/34hq47/ comparison_of_european_countries_average_number/?rdt=55322*

résistance à l'autorité à laquelle ils n'ont jamais eu d'autre choix que de se soumettre, au prix d'une perte d'initiative et de liberté.

Comme les grèves, les manifestations sont aussi moins fréquentes aux Pays-Bas, et concernent d'autres thèmes que le régime des retraites et les régimes sociaux. On manifeste aux Pays-Bas contre le réchauffement climatique, la maltraitance des animaux, ou le racisme.

Cependant, dans ce calme relatif par rapport à la France où certaines classes de la population manifestent régulièrement chaque année, les Pays-Bas connaissent eux aussi depuis 2019 des manifestations à répétition de la part des agriculteurs, confrontés aux mesures de réduction des gaz à effet de serre, le dioxyde d'azote en particulier, ce qui menace près de la moitié de leurs exploitations. Ce mouvement de contestation est profond et a pris une ampleur nationale, et a propulsé le Parti des Agriculteurs BBB dans la coalition gouvernementale en 2023.

Sans parler des émeutes des supporters de foot le temps d'une confrontation, entre le club d'Amsterdam « AJAX », et celui de Rotterdam « Feyenoord », ennemis jurés depuis des décennies, le pays ne connait pratiquement pas les émeutes de grande ampleur qui se propagent comme une trainée de poudre dans les banlieues en France, et qui durent plusieurs jours ou semaines. Il y eut quelques velléités dans le sillage des manifestations et des débordements des Gilets Jaunes en France, qui furent étouffées en moins de quelques jours. Puis des émeutes sporadiques éclatèrent contre les mesures de confinement pendant la pandémie, qui furent également vite maitrisées par la police.

La population n'aime pas la violence et n'y voit aucune justification. Le droit à protester ne donne pas celui de casser, de piller et brûler.

Relations syndicales

Les relations entre le patronat et les syndicats sont d'un autre type ici. Elles prennent place au sein du Work Council (l'équivalent du Comité d'entreprise, CE), dans une relation de partenariat et de dialogue, sous forme de véritables réunions de travail qui impliquent chacun dans les projets de l'entreprise. Les représentants du personnel y sont d'ailleurs simplement détachés, n'y consacrant qu'un temps partiel de leur travail, contrairement à leurs homologues français, qui sont occupés à plein temps à la tâche, étant des professionnels éprouvés du syndicalisme.

Les pouvoirs et le mode de fonctionnement sont aussi radicalement différents. Le CE néerlandais peut bloquer un projet de la direction par un vote. Cette dernière devra donc procéder à de nombreuses discussions préalables et réunions préparatoires afin d'aboutir à un consensus au moment du vote, ce qui rend les votes négatifs assez rares par la suite. On peut dire que c'est le contraire de ce qui se passe en France, où le vote du CE n'est que consultatif, un vote contre n'empêchant pas la mise en place du projet présenté. Une telle disposition permet de douter de l'utilité de cette consultation fictive, qui conduit à émettre des votes de posture qui ne changent rien.

Le CE néerlandais possède également un droit de regard sur les nominations des hauts responsables à partir d'un certain niveau de hiérarchie. Dans ce cas aussi, il faudra consulter pour tomber d'accord.

Seule la Cour de justice aux Pays-Bas peut contredire un vote négatif du CE. Elle peut également aller plus loin en cassant une décision de grève, comme ce fut le cas en 2016 à l'encontre du syndicat du personnel au sol de KLM, qui menaçait de faire grève en plein mois d'août. Pour protéger le tourisme estival et parer aux risques d'attentats élevés en Europe à ce moment-là, la Cour prit la décision de geler la grève prévue.

Pas de gilets jaunes

L'envolée soudaine des prix de l'essence en 2019 jusqu'à €2,40/l n'a provoqué ni tollé, ni mouvement social d'ampleur, ce qui aurait été inimaginable en France alors en plein mouvement de contestation des gilets jaunes dans les rues. Le retour de l'inflation suite à la guerre en Ukraine, n'a provoqué ni débat sur le pouvoir d'achat, ni mécontentement politique revendiqué.

L'économie fluctue de façon normale et régulière depuis toujours, sans que personne , ou presque, ne sourcille.

Le drapeau national à l'envers, quel émoi !

Lorsque les agriculteurs commencèrent à manifester en 2019 contre les mesures de réduction des gaz à effet de serre, en particulier le dioxyde d'azote que l'agriculture produit en quantité, et contre la réduction du cheptel et la fermeture programmée de la moitié de leurs exploitations, ils prirent l'initiative, jugée outrageante par beaucoup, d'arborer le drapeau national en l'accrochant à l'envers! L'affront devint vite le symbole de leur rébellion et une marque de ralliement à leur cause. On vit ainsi des autocollants du drapeau collés à l'envers sur les éclairages publics, ou des drapeaux que l'on hissait dans le mauvais sens dans les jardins ou aux façade des immeubles en signe de soutien. Il suffisait de malmener le drapeau national pour créer l'émoi.

Les constantes nationales

Il y a, comme dans toute nation, des constantes culturelles partagées par toutes les tendances politiques et qui ne se discutent même plus. Ces sujets vont de soi comme étant le caractère propre des Néerlandais. La bonne marche des affaires de chacun et de l'économie en général, la tolérance et la protection des minorités, l'état providence et le soutien social, sont habituellement des constantes partagées par tous les partis politiques quels qu'ils soient, de droite ou de gauche. L'économie n'est pas exclusivement de droite. La protection sociale n'est pas exclusivement de gauche. Les deux sont les fondements de toute politique néerlandaise.

La démocratie locale

A l'image de la structure « ascendante » de l'église réformée qui donne une large autonomie aux fidèles, le tissu social néerlandais est rempli d'associations, de corps consultatifs et d'organismes représentatifs qui font la marque de leur démocratie. Toutes les causes sont ainsi défendues par une quelconque instance, que ce soit le bien-être animal, les retraités, les cyclistes, la dénonciation de l'esprit machiste, ou les taxes et impôts trop élevés payés par les contribuables.

> *Aux Pays-Bas, « Ce n'est pas tant l'Etat qui se mêle des affaires des citoyens que l'inverse »* [73]

Lors des campagnes électorales, les programmes et les projets des partis politiques sont rendus publics et comparés de façon détaillée[74]. Ils mentionnent des sujets pratiques et locaux, comme l'implantation d'éoliennes en bordure d'un village, ou le maintien d'espaces verts ou de petites fermes d'élevage au coeur d'une bourgade.

> *Les sujets sont traités à un niveau local, et ne sont pas retranscrits dans un débat d'idées au niveau national.*

Il n'est pas rare que des élus appartenant au même parti politique fassent des recommandations opposées car appliquées à des communes et des situations différentes. Par exemple, le même parti politique s'opposera aux éoliennes à un endroit, alors qu'il pourra les approuver ailleurs.

---

[73] *Ernest Zahn, sociologue allemand*
[74] *www.kiesraad.nl*

Pour chaque élection, locale ou nationale, des sites internet regroupent et détaillent les offres et le programmes des partis politiques. Il est possible, en répondant à l'aveugle à un questionnaire en ligne, sans connaître de qui émane les propositions, de se voir suggérer les programmes et partis politiques qui répondent le mieux aux réponses et aux attentes de chacun. Il s'agit donc d'une offre que l'on propose à l'électeur de façon factuelle sans parti pris.

On pavoise sans véhémence

Les Néerlandais affichent ouvertement leurs opinions et leurs préférences lors des élections, comme aux Etats-Unis. Ils plantent le drapeau de leur parti politique sur la pelouse ou aux fenêtres, ce qui témoigne d'une ouverture et d'une tolérance aux opinions politiques diverses, impensables en France.

La population aime afficher les couleurs du drapeau national, ou la couleur orange de la royauté. Chaque foyer pavoise aux célébrations nationales et affiche un nationalisme bon enfant, tolérant et festif.

> *En politique comme en économie, les Néerlandais démontrent essentiellement un caractère pragmatique, factuel et dépassionné, certainement pas idéologique ou passionné.*

On travaille jeune pour se prendre en main

Dès l'âge de 13 ans, les jeunes Néerlandais se frottent au travail, souvent dans les magasins dans lesquels ils arrangent les étalages et s'occupent de la caisse, ou livrent les journaux à domicile. Il n'est pas rare de se trouver dans des magasins et dans des bars dont le personnel sera exclusivement constitué d'adolescents et d'étudiants, qui peuvent ainsi trouver relativement facilement un travail d'appoint pour financer leurs études.

Les jeunes font tout, tous seuls, en autonomie complète.

Ils cherchent leurs logements, obtiennent leurs bourses, et trouvent un travail d'appoint, seuls, sans leurs parents. Ils travaillent jeunes pour pouvoir assurer une indépendance financière, pour acheter leur scooter, financer leur permis de conduire, puis payer leurs études, qui peuvent durer longtemps, en fonction de leurs revenus et du temps qu'ils devront consacrer à devoir gagner de l'argent. Ils vont consulter le médecin seuls, sans leurs parents, et reçoivent leurs analyses médicales directement chez eux. Ils prennent en charge leur santé et les choix de leur contraception.

Tout se passe comme si on poussait les jeunes à voler de leurs propres ailes le plus tôt possible. En un mot, ils apprennent tôt à être adultes et responsables.

Pas de « n+1 » ou « n+2 » dans la hiérarchie

Les Néerlandais sont toujours étonnés d'entendre leurs collègues français en entreprise parler de leurs chefs en faisant référence à leur étage hiérarchique « n+1 » ou « n+2 ». Ils sont ébahis lorsque ces mêmes collègues se lèvent lorsqu'un chef fait irruption dans une réunion en cours. Aux Pays-Bas, il ne peut pas exister de grands chefs lorsqu'ils se font appeler par leurs prénoms.

Pas de simulacre de travail

Au travail prévaut l'effort, l'honnêteté et l'efficacité. On ne cherche pas à impressionner sa hiérarchie et les collègues en restant tard le soir, prétextant une charge de travail chronophage et un dévouement à l'entreprise à laquelle on prétend consacrer beaucoup de temps. Au contraire, des horaires à rallonge seront perçus comme un manque d'efficacité qu'il faudra corriger en changeant sa manière de travailler afin de pouvoir quitter son bureau avant 17h30, ou même avant si l'employé doit aller chercher son enfant quelque part.

La vie privée avant le travail

On l'a vu, les Néerlandais célèbrent leurs anniversaires, et ceux des autres, pas seulement lorsqu'ils sont enfants, mais aussi lorsqu'ils sont adultes, ce qui les amènera à quitter leur travail plus tôt ce jour-là, ou à poser des jours de vacances. Ils le feront en donnant ouvertement la vraie raison sans honte, et cela quelle que soit l'importance des réunions prévues et auxquelles ils ne pourront donc pas assister. C'est exactement le comportement inverse qui prévaut en France, où il n'est pas envisageable de faire passer un anniversaire avant une raison professionnelle.

Cette différence de mentalité se remarque aussi lorsque des employés doivent se présenter entre eux lors d'un tour de table en réunion. Alors que les Français exposeront le titre de leur poste, les Néerlandais commenceront naturellement à expliquer s'ils sont mariés, s'ils ont des enfants, quels sports ils pratiquent et quels sont leurs passe-temps. Il en ira de même pour l'annonce des événements familiaux qu'ils partageront avec leurs collègues et qu'ils n'hésiteront pas à fêter, brièvement, au bureau.

« *La vie privée prime donc sur la vie professionnelle en toute en toute circonstance aux pays-Bas* »[75]

Sérieux sur la forme

La primauté accordée aux anniversaires et aux événements familiaux ne signifie en rien que le travail est négligé. Bien au contraire, les Néerlandais restent toujours rigoureux, en particulier sur la forme, quand les Français le seront sur le fond. Les réunions sont gérées avec méthode et efficacité afin de ne pas les laisser déborder ; l'agenda, les actions prises et le temps consommé resteront sous contrôle. Les tâches réparties et leur état d'avancement aussi. Les mails recevront leur réponse dans l'heure, on ne laissera pas traîner longtemps une question en

---

[75] *Un champs de Lys et de Tulipes, Les cultures française et néerlandaises, terreau du Groupe Air France KLM*, Jérôme Picard, The BookEdition.com

suspens, au détriment de l'approfondissement du sujet que l'esprit français préfère pour étayer une réponse complète et synthétique.

Puissance de conviction

Depuis leurs études, les Néerlandais ont appris à présenter leur travail, à le documenter et à en exposer les étapes et la progression. Ce n'est pas ce que pratiquent les étudiants français, habitués à travailler le fond plus que la forme des dossiers. Ce qui fait qu'au travail, les Néerlandais sont les rois de la présentation PowerPoint et de la mise en forme, à laquelle ils consacrent beaucoup de temps. Ils n'hésiteront pas à embellir un contenu sommaire, voire inexistant, quand les Français préféreront aller au fond des choses pour dégager une vue d'ensemble synthétique. Une chose est sûre, les Néerlandais savent se présenter et se vendre.

Les sociétés néerlandaises respirent ainsi au flux des tendances et des nouveautés de la technologie, en particulier de l'informatique et du numérique. Les employés peuvent se laisser convaincre par un argumentaire de vente qui déroule une force de conviction impressionnante. Non seulement les adeptes sont sûrs d'eux lorsqu'ils en parlent, mais les équipes elles-mêmes semblent n'attendre que cela, une solution ad hoc qui correspond bien à leur tempérament opportuniste, optimiste et fonceur. Les méthodes employées et leur vitesse de propagation susciteraient la méfiance, voire le rejet, auprès de Français qui n'aiment pas se voir imposer rapidement des solutions sans les faire passer à la moulinette de leur esprit cartésien. Ils préféreront tout étudier dans le détail pour tout comprendre avant d'être convaincus. Les Néerlandais n'étant pas réfractaires au changement, ils en acceptent plus facilement l'incertitude qui lui est inhérente, quitte à payer les pots cassés ensuite, ou à ajuster le tir en cours de route, quand les Français seront contenus par leur désir exécutif de sécurité et de précaution.

Vision à court terme et changement permanent

Au fond, les objectifs, les principes et les méthodes que les Néerlandais privilégient au travail ne sont pas les même qu'en France. Les Néerlandais aiment l'efficacité et la rapidité de réaction pour s'adapter au marché et au monde qui change. Partant de là, ils considèrent les choses à court terme, préférant des déLes réduits qui priment sur la qualité, au détriment de la robustesse et de la pérennité dans le temps. Ils aiment le changement qui apporte son dynamisme, son innovation et son mouvement. Ils aiment l'avenir, à petits coups de court terme successifs, de petits pas qui se répètent et les font avancer tous les jours.

Je me souviens d'un collègue, responsable de la logistique des stocks, poste modeste et assez routinier, qui démarrait chaque journée en se répétant à haute voix : « Aujourd'hui est une nouvelle chance ! ». Il passait ses journées à chercher des améliorations à son système informatique, à faire des mises à jour sans fin, à optimiser les espaces de rangement, à faire et à tout défaire sans qu'on ne lui demande rien. Il trouvait sa satisfaction dans une amélioration quotidienne, stimulée par le changement et le mouvement. Jamais je ne l'ai entendu dire : « Ben, on a toujours fait comme ça, je ne vois pas pourquoi on changerait… ».

La franchise comme preuve de sérieux

Comme dans la vie en société, les Néerlandais sont des adeptes du parler franc et abrupt, que les Français prennent pour un manque de délicatesse. Au travail, cette franchise, qui au premier abord peut être perçue comme de l'agressivité, est au contraire un signe d'honnêteté et de sérieux dans ce pays. Les perceptions sont ici inversées par rapport au travail en France.

Alors que les Français emploient des tournures pour arrondir les angles à longueur de réunions, avec des « Je ne suis pas sûr de ce que vous dites, nous pourrions en reparler » ou « Il faudrait étudier le sujet plus profondément avant de prendre une décision », les Néerlandais lanceront un « Vous avez tort », ou un « Je refuse », ou encore un « Il est hors de question que je fasse ceci ». De plus, ces déclarations abruptes seront prononcées sur un ton calme et courtois, presque gentil, ce qui achèvera de désarçonner l'interlocuteur français.

Imaginez-vous être un Français en train d'organiser une réunion avec vos collègues, dont certains sont néerlandais. Ces derniers pourront répondre facilement à votre invitation par « Non merci, je n'ai pas envie », ou « Je ne suis pas intéressé », alors que vos collègues français tenteront de se justifier et de s'excuser par des « Je n'ai pas envie » ou « J'ai pris d'autres engagements », même si bien sûr, cela n'est pas vrai, de peur de ne pas vous froisser. Vous déplacerez vos propres réunions pour accommoder le collègue néerlandais en pensant l'arranger, vous demanderez à vos collègues français de changer leurs engagements pour trouver une date qui convienne à tous. Imaginez alors avoir la surprise, quelques minutes avant la réunion, de recevoir une note aussi lapidaire qu'efficace de votre collègue batave, qui finalement n'y assistera pas ! Un Français se serait confondu en excuses, alors que ce n'était pour lui qu'un souci de priorité et d'efficacité.

> *Ce comportement franc et direct est ici un gage d'honnêteté et d'efficacité. La paresse et le mensonge, même diplomatique, ne font pas partie de la culture du travail. Un employé est considéré comme loyal et travailleur a priori. Quand il agit et décide, c'est par souci d'efficacité et pour les intérêts de l'entreprise pour laquelle il travaille. Il serait erroné d'interpréter ce comportement comme agressif et irrespectueux, alors que par nature, le Néerlandais déteste le conflit et préfère le compromis et le respect de l'autre. Il s'agit d'être professionnellement et ouvertement honnête.*

Dans une telle culture du travail, oser se confronter et s'opposer, même vertement, est considéré comme une compétence professionnelle qui vaut le respect. On peut s'opposer frontalement à un collègue en pleine réunion, même d'un niveau hiérarchique plus élevé, sans risquer de se faire « griller » par ses collègues ou ses chefs. On comprend que les nerfs des Français, dans un tel environnement, seraient mis à rude épreuve.

Prise de décision rapide

Cette inclinaison au changement et à la modernisation est alimentée par des circuits de prise de décision très courts. Le risque d'une décision intempestive, qui ne donnerait pas les effets escomptés ou qui engendrerait des problèmes, sera occulté par ce même désir d'aller de l'avant pour trouver les réparations qui s'imposent. Puisque l'on regarde de l'avant sans regretter et sans critiquer les personnes, on gardera ce même esprit positif pour se concentrer sur la situation et sur l'amélioration qu'elle exige. Les Néerlandais ne jouent pas les enjeux personnellement, ne cherchant pas des responsabilités individuelles à blâmer. Ils jouent collectivement, dans le mouvement vers l'avant, ce qui les dispense de mois ou d'années d'études préalables.

> « Il sera ensuite parfaitement admis de reconsidérer une décision une fois qu'elle a été prise, sans tabou. Aux Pays-Bas, on a coutume de dire que l'on commence à discuter une fois la décision prise. »[76]

Une telle culture fonctionne avec des prises de décision courtes et favorise ainsi une mise en place rapide à tous les niveaux dans la société. Les sociétés néerlandaises furent nombreuses à transformer leurs bureaux en environnements ouverts (« open space ») dès les années 2000. Elles furent nombreuses à adopter rapidement le téléphone mobile pour remplacer le téléphone fixe. Elles furent promptes à substituer des avatars personnalisés à leur identité corporate pour communiquer à la presse et aux réseaux sociaux. Dès les années 2010, à peine une décennie après l'apparition explosive des réseaux sociaux, l'Agence Spatiale Européenne, dont le siège technique se trouve aux Pays-Bas à

---

[76] *Un champs de Lys et de Tulipes, Les cultures française et néerlandaises, terreau du Groupe Air France KLM*, Jérôme Picard, The BookEdition.com

Noordwijk, créa une petite mascotte sympathique à l'effigie de son satellite Rosetta, alors en pleine expédition spatiale pour intercepter une comète en vol. Ce petit personnage, avec les yeux rieurs et expressifs d'un visage simplifié d'émoticône (smiley), avec des panneaux solaires en guise d'ailes pour voler dans l'espace, se mit à émettre des communiqués de presse en son propre nom, relatant ses états d'âme pendant cette aventure pleine de surprises et de rebondissements. Le petit personnage de bande dessinée « Rosetta » était devenu le porte-parole officiel de la mission qu'il incarnait. Les médias jouèrent le jeu avec entrain. Tout le monde sautait à pieds joints dans le train de la communication personnifiée introduite par les réseaux sociaux.

Liberté versus contrôle

Un individu néerlandais a été éduqué pour être responsable et indépendant tout en respectant la cohésion du groupe. Dans un tel environnement, le manager se contentera de contrôler les résultats à échéances fixes, sans superviser dans le détail le travail de ses collaborateurs, à qui il fait confiance et dont il ne veut surtout pas brider les ailes. Il sera de la responsabilité du subordonné, qui ne doit d'ailleurs pas être considéré comme tel, de signaler les problèmes qu'il n'arriverait pas à surmonter seul. Dans ce cas, il ne craindra pas de mentionner ses difficultés à sa hiérarchie sans que cela soit perçu comme une incompétence ou un échec. Cela est possible lorsque la culture d'entreprise est à l'image d'une société et de son éducation qui ne discipline pas par le jugement personnel ou par la peur de l'échec. Le bon manager ici sera celui qui n'hésitera pas à déléguer, sans être trop présent, afin de donner aux collaborateurs la possibilité de progresser et de s'épanouir, sans que ces derniers ne se sentent délaissés, bien au contraire.

Cette autonomie et cette confiance données a priori, condition pour responsabiliser des individus et les motiver, ne peuvent fonctionner sans la possibilité de sanctionner si les règles n'ont pas été respectées ou si cette confiance a été trahie. Dans ce cas, à l'image de leur police qui peut être aussi affable que intransigeante, les Néerlandais n'hésitent pas à punir rapidement, n'étant pas entravés par des barrières et des lourdeurs administratives avec les organismes du personnel. En France, on préfère contrôler avant, car on ne peut difficilement punir après.

> *On constate depuis longtemps que les contrôles en amont infantilisent et déresponsabilisent les individus, qui ne demandent qu'à donner le meilleur d'eux-mêmes si on leur faisait confiance a priori.*

Le système français, à cause de sa difficulté à sanctionner et à gérer les exceptions, conduit à rajouter des contraintes pour 98% des salariés, faute de pouvoir sanctionner rapidement les 2% de ceux qui veulent gruger. Les Néerlandais préfèrent les contrôles a posteriori, qui sont beaucoup moins coûteux que les contrôles et validations en amont. Surtout en termes de confiance.

Le manager n'est pas un expert

Le manager néerlandais fonde sa crédibilité sur son leadership personnel et ses compétences managériales. Il n'aura pas besoin de démontrer une expertise technique ou scientifique dans le domaine d'activité de ses collaborateurs, ces derniers s'en chargeant eux-mêmes. Il ne devra pas répondre personnellement à toutes les questions, ce qui ne leur occasionnera aucune gêne. L'important pour lui sera de pouvoir s'appuyer sur les experts de ses équipes et de les consulter avant de prendre une décision. Sa compétence managériale réside dans sa capacité à trancher entre plusieurs avis différents qui lui seront alors soumis.

> *Un tel système contraint donc le manager à consulter et à impliquer ses équipes, dont la responsabilisation s'en trouvera renforcée.*

Ouvertement dépourvu de connaissances techniques, il ne risquera pas de décider lui-même tout seul, en se tenant loin des équipes et de la réalité du terrain, dans un système centralisé qui détiendrait tous les contrôles et tout le pouvoir de décision. Il est toujours bon de confronter différents avis et de donner aux équipes la possibilité de prendre des décisions par elles-mêmes.

La concertation systématique

De cette mentalité et de cette culture en entreprise, qui se retrouvent dans toute la société jusqu'à l'organisation politique du pays, découle l'atavisme des Néerlandais à systématiquement rechercher le consensus et la concertation. Un chef ne décide pas seul pour tous, une décision se doit d'être collégiale.

> *De là découle aussi une autonomie renforcée des individus, qui s'octroient la liberté, voire le devoir, de contester ouvertement une décision qui n'aurait pas été soumise à leur approbation.*

En France, on aime procéder par petits comités de délégués mandatés pour représenter leurs collègues. Alors qu'aux Pays-Bas, les individus ne se priveront pas de contester les décisions prises par ces comités s'ils n'en faisaient pas partie et qu'ils n'auraient pas été consultés. Ils le feront sans scrupules, au motif qu'il n'y a pas eu recherche de consensus. Il sera plus difficile dans une entreprise néerlandaise, ou dans la société en général, d'imposer la mise en place d'un outil informatique ou d'une méthode à tous les échelons par une décision prise en haut de la hiérarchie sans consensus.

Cette obsession de la concertation engendre des palabres qui prennent un temps fou. Consulter pour obtenir l'approbation de tout le monde est un passe-temps national chronophage qui fait pâle figure face à l'efficacité d'une organisation structurée et disciplinée à la française. Celle-ci ne perd pas ce temps et peut se mettre en action « au coup de sifflet », comme dans l'armée. On se souvient cependant que les Français, qui veulent tout contrôler en amont et qui privilégient la qualité des solutions pérennes à long terme, ont dû au préalable consacrer beaucoup de temps à des études et des analyses aussi larges et synthétiques que possible. Les uns étudient et pondèrent entre experts, quand les autres palabrent en société.

La mobilité renforcée

Puisque les compétences managériales peuvent s'appliquer à n'importe quel poste dans une société, le manager n'ayant pas besoin de maîtriser de nouvelles compétences techniques dans un domaine lorsqu'il en change, la mobilité au sein de la société, ou ailleurs, s'en trouve renforcée. Les temps de recouvrement pour passer d'un poste à un autre sont plus courts, et les changements de postes sont plus fréquents.

La prise de risque

La prise de risque est encouragée car elle est perçue comme favorisant l'innovation, et non comme une erreur ayant mené à l'échec. De toute façon, la responsabilité d'une tentative n'ayant pas donné les résultats escomptés sera partagée, car la décision aura été consensuelle. Tout le monde savait.

En France, il aura fallu le formalisme d'un accord interprofessionnel au niveau national pour tenter de briser sa connotation négative en instaurant un « droit à l'erreur ». Chassez le naturel, il revient au galop. Il faut aux Français, incorrigibles penseurs qui ne peuvent se lancer sans analyser d'abord, un droit juridique pour se couvrir, ou pour s'encourager.

> *Le Néerlandais, avantagé par une société qui l'aura éduqué à cela, est un faiseur qui agit d'abord, puis qui regarde si cela marche ou pas, et comment améliorer la situation pour que cela finisse par passer.*

Chose mal vue en France, il n'est pas rare de promouvoir une personne après un échec, car elle aura pris le risque et montré que cela ne fonctionnait pas dans cette direction.

Organisation en silo

La réactivité à court terme, l'autonomie des individus, le goût pour l'innovation, l'esprit d'initiative se mélangent et se cristallisent dans des organisations par petits groupes autonomes au sein des grands groupes. Ils y gagnent la rapidité de décision et de mise en œuvre sans dépendre d'autres équipes qui n'ont pas les mêmes objectifs. Ils s'affranchissent de la lenteur de la réflexion, de la lourdeur des études et de l'administration dont raffolent les Français, tout en se privant d'une cohérence d'ensemble et d'une pérennité plus grande. Il leur manquera la structure, la hiérarchie et la discipline pour concevoir et mettre en place de grands programmes de développement étatiques qui font la réputation de la France, dans le nucléaire ou l'aéronautique par exemple. Mais ils excellent en recherche et en innovation dans un esprit pragmatique bénéfique à la vie quotidienne, et bien sûr, dans le commerce, à l'image de leurs sociétés internationales réputées comme Shell ou Philips, cette dernière se prénommant la « Société Royale Philips » (« Koninklijke Philips N.V. »), comme leur compagnie aérienne nationale royale KLM (« Koninklijke Luchtvaart Maatschappij »).

En France, cette indépendance qui se matérialise en cellules locales autonomes et réactives, en « silos », n'est pas vue d'un bon œil. Au pays de la centralisation et du contrôle, de l'égalitarisme et de la précaution, de telles dispositions sont perçues comme menaçantes pour l'édifice étatique ou la compagnie. Il faudrait alors faire rentrer dans le rang et la hiérarchie ces éléments trop indépendants. Il en a toujours été ainsi dans l'histoire d'ailleurs, que ce soit pour la France ou pour les Pays-Bas, chacun ayant adopté une mentalité et des principes divergents.

> *« On pourrait comparer l'attitude néerlandaise à un conjoint dans un couple qui estime qu'en restant indépendant, il gagne en flexibilité, en rapidité*

d'exécution et d'adaptation, et qu'ainsi il contribue au développement et à la longévité du couple. »[77]

Jeu de rôle professionnel

La primauté de la vie privée, qui ne se laisse pas envahir par le travail chronophage, ainsi que la contestation autorisée au travail sans craindre de ressentiment personnel, est révélatrice d'un véritable dédoublement de personnalité que les Français ont du mal à concevoir.

> *Les Néerlandais adoptent au travail une attitude qui tient du jeu de rôle, comme dans une pièce de théâtre où les acteurs endossent le comportement d'un personnage fictif qu'ils ne sont pas dans leur vie privée.*

Tout comme un médecin ou un psychologue, un bon chef sera engagé professionnellement dans son travail, mais dégagé personnellement. Il faut savoir évaluer, décider et communiquer, toujours poliment et tout en préservant la motivation des équipes, mais sans faire parler son affect personnel, sans tenir compte de son état émotionnel. Les Néerlandais possèdent cette faculté de pouvoir se tenir personnellement dégagés de leurs engagements professionnels, en laissant de côté leurs émotions et sans craindre de paraître impersonnels ou hypocrites, plus que les Français dont la vie professionnelle empiète considérablement sur la vie privée. Pour ces derniers, les deux sphères professionnelle et privée ne sont pas clairement séparées comme aux Pays-Bas, elles se rejoignent en une seule sphère dans laquelle la personne et la fonction sont intimement liées. Ils y transposent leur comportement personnel qu'ils ont dans leur vie privée, ce qui fait qu'ils ont tendance à prendre les remarques professionnelles comme des attaques personnelles. Alors qu'un Néerlandais ne fait qu'endosser un rôle bien distinct au travail, dont il joue le scénario écrit pour sa fonction comme dans une pièce de théâtre.

---

[77] Un champs de Lys et de Tulipes, Les cultures française et néerlandaises, terreau du Groupe Air France KLM, Jérôme Picard, The BookEdition.com

> *Les Néerlandais laissent donc leur véritable personnalité au vestiaire lorsqu'ils viennent au travail. Ils jouent la partition assignée à leur poste, qu'ils changeront du jour au lendemain quand ils changeront de poste.*

De même, les rivalités et les confrontations ne les empêcheront pas d'aller boire un verre après le travail avec ceux contre qui ils se sont battus, et qu'ils ne s'interdiront pas de trouver fort sympathiques par ailleurs, et qu'ils pourront fréquenter pendant le temps libre. C'est ce qui permet aux Néerlandais de mener des négociations dures sans ressenti personnel. Ils ne craindront jamais d'endommager leur image personnelle et leur confiance en eux qui restent soigneusement protégées à l'écart dans la sphère privée. Chez eux, il y a une claire différence entre le faire, le travail que l'on doit faire, c'est-à-dire « jouer », et l'être, la personne que l'on est vraiment.

Business + pleasure = « bleisure »

Chose difficilement concevable pour des Français, qui le regrettent bien, il n'y a aucun mal à prendre du plaisir et à s'épanouir au travail. Les Néerlandais pratiquent le « Bleisure » en toute légalité. Lorsqu'ils sont en déplacement dans un pays ensoleillé, c'est-à-dire loin du leur, ils n'hésiteront pas à raccourcir une journée de travail pour aller se promener et profiter de leur soirée au soleil. Ils prolongeront également leur déplacement professionnel pour profiter, à leurs frais bien entendu, d'un week-end de loisir avant de rentrer. Cela constitue une pratique normale et justifiée dont ils ne se cachent pas, alors que les Français y verront une façon malhonnête, voire illégale, de profiter du système.

La simplicité administrative

En France, c'est un oxymore, le mot administration étant forcément synonyme de complexité et de lourdeur. Son code du travail, qui compte 3 600 pages, dont 675 pages d'articles de loi, le reste étant constitué de commentaires et d'arrêts en tous genres, grossit de 100 à 200 pages par an ![78] Et ce qui est vrai au niveau étatique l'est autant au niveau des entreprises, dont les conventions collectives ne font qu'en rajouter.[79]

> *Aux Pays-Bas, l'autonomie individuelle, l'initiative, l'efficacité et la réactivité priment sur le souci de la protection du salarié. L'État fait confiance aux entreprises pour déléguer les règles négociées localement directement avec les représentants du personnel.*

Travailler moins pour gagner plus de temps

Près de la moitié des Néerlandais travaille à temps partiel, contre moins de 20% en France, ce qui place les Pays-Bas loin devant la Suède ou l'Allemagne. Ce choix concerne toute la société à tous les niveaux de la hiérarchie, pas seulement les ouvriers, techniciens ou employés de bureau. Ce choix se justifie d'une part, par le coût élevé des places en crèche pour les jeunes enfants qu'il faut donc récupérer tôt dans la journée, ou garder à la maison quelques jours par semaine, et d'autre part, par la volonté du gouvernement de partager le travail afin de réduire le chômage. C'est bien un équilibre permanent entre vie professionnelle et vie privée que cette société d'inspiration nordique privilégie. Aux Pays-Bas, la durée de travail moyenne est ainsi de 30 à 32 heures par semaine.

De plus, travailler plus mène à des taux d'imposition élevés qui peuvent vite se révéler décourageants.

Les « vacances de la construction »[80]

Dans un souci d'efficacité et d'organisation, la plupart des entreprises de construction ferment en même temps pendant la

---

[78] *Le Figaro économie, 20 avril 2015*
[79] *La « Loi travail » discutée en 2016 en France vise à corriger ces excès.*
[80] *« BouwVak »*

période estivale (« BouwVakantie »). Cela permet aux employés et aux artisans de prendre leurs vacances, mais aussi de ne pas retarder des chantiers quand un corps de métier manque pendant que les autres veulent travailler. Pendant 3 semaines chaque année en été, plus rien ne se construit, ne s'aménage ou ne se rénove aux Pays-Bas.

La retraite à 67 ans

Voyant l'espérance de vie et l'âge de la population augmenter, avec une natalité stagnant à un niveau ne permettant pas le renouvellement des générations depuis les années 1970 (1,57 enfants par femme contre 1,87 en France), les Néerlandais ont en conséquence déjà relevé l'âge de la retraite dès 2014 de 65 à 66 ans. Il s'établit à 66 ans et 7 mois en 2022, à 66 ans et 10 mois en 2023 et passera à 67 ans en 2024 et 2025. A partir de 2026, l'âge légal de la pension pourra être encore révisé à la hausse si l'espérance de vie continue d'augmenter.[81]

Se montrer digne par le travail

Le Christianisme a marqué la vie terrestre et le travail du sceau de l'épreuve et de la peine, réservant la délivrance d'une vie digne à l'au-delà. Effectivement, le mot « travail » proviendrait du latin « tripalium », qui était un instrument de torture composé de trois pieux, sur lesquels la victime était suspendue, comme sur la croix composée de deux pieux. Le travail, sans être une torture de nos jours, serait toujours une source d'inconfort et de tourments.

Le 31 octobre 1517, le moine Martin Luther (1483-1546) placardait contre la porte de l'église de Wittenberg en Allemagne ses fameuses « thèses » pour dénoncer les ventes des indulgences par le pape et par le clergé catholique, qu'il jugeait par ailleurs entièrement corrompu. Ce faisant, le moine allemand a renversé la manière de penser le monde et Dieu. Ce n'était plus en faisant le bien sur Terre que l'homme pouvait espérer gagner son salut, mais

---

[81] *https://ec.europa.eu/social/main.jsp?catId=1122&langId=fr&intPageId=4993*

en travaillant. Ayant déjà reçu la grâce divine par le fait d'une naissance octroyée, ce qui attestait de l'estime divine attribuée à tous, les hommes devaient s'en montrer ensuite dignes par leurs efforts et leur travail leur vie durant.

> *Il ne s'agissait plus de gagner son salut pour racheter une faute originelle dont chaque individu portait la culpabilité par le fait de sa naissance, mais de se montrer digne de la grâce divine dont tout le monde bénéficiait en naissant, de s'acquitter d'une dette et d'un devoir sa vie durant.*

Avec 18 % de protestants, en incluant les confessions calvinistes dont la très respectée famille royale, contre 2 % en France, le protestantisme n'est pas la religion majoritaire aux Pays-Bas, pas plus que ne l'est le catholicisme en France avec 48 %. Cependant, c'est bien l'éthique protestante du travail qui prédomine dans toutes les couches de la société, son esprit entrepreneurial prononcé étant communément considéré comme l'un des piliers de la prospérité nationale.

Un autre rapport au travail

Le mouvement social en France en 2023 contre le relèvement de l'âge de la retraite de 60 à 64 ans, a suscité l'incompréhension aux Pays-Bas. « Alors comme ça, les Français, vous n'aimez pas le travail? » Cette question, qui n'a rien d'un reproche vis-à-vis de gens paresseux, dénote au contraire la différence avec laquelle les Néerlandais considèrent le travail dans leur vie. La question aurait pu être « Alors comme ça, vous les Français, vous n'aimez pas votre style de vie? ». Elle dénote un mode de vie bien différent que les Français n'ont jamais réussi à adopter.

Il existe aux Pays-Bas un tout autre équilibre entre le travail et la vie privée, qui fait que la perception que l'on a de son occupation, et de sa vie, est radicalement différente. Le travail est plus apprécié, on s'en plaint moins. Les horaires sont moins longs dans une journée. On commence plus tôt il est vrai, et, au prix d'une pause déjeuner écourtée, on finit aussi plus tôt qu'en France. Les horaires de pointe du retour dans les transports débutent dès 16h00, puis vers 17h30 les bureaux sont vides. Ici le simulacre du travail en faisant de la présence en fin de journée, n'existe pas. Si les horaires s'allongent pour remplir une tâche, on s'inquiètera plutôt d'une inefficacité dans la méthode, qu'il faudra corriger pour pouvoir rentrer à la maison à l'heure. De plus, la séparation entre la vie professionnelle et la vie privée est plus nette. Les Néerlandais consacrent ainsi une grande partie de leur temps à des activités de formation et de loisirs, généralement le soir, sans éprouver une surcharge d'activité ou le sentiment d'une double journée qui pèse. L'emploi à temps partiel est très développé, par la force des choses lorsqu'on a des enfants, car il faut pouvoir s'en occuper lorsqu'ils sortent eux aussi de l'école plus tôt qu'en France, vers 15h00 ou 16h00. Avec la crise sanitaire du COVID, le travail à domicile, qui était déjà très développé, n'a fait que se renforcer. Au travail, nous l'avons déjà évoqué, les relations sont moins hiérarchisées et sont plus apaisées, moins fatigantes. On change plus facilement et plus souvent d'employeur qu'en France, les revenus y sont plus importants, et la reconnaissance sociale qui en découle également. Bref, les contraintes semblent être mieux acceptées lorsqu'on a la liberté d'aménager son temps, sa journée, sa semaine, et sa vie.

S'enrichir par le travail

> *Contrairement aux catholiques, l'argent n'est pas tabou chez les protestants pour qui s'enrichir par le travail est une valeur essentielle. Le travail personnel confère à l'argent gagné un certificat d'honnêteté, et à l'avarice revendiquée de la respectabilité.*

Depuis la fusion de la société porte-étendard française Air France avec son équivalente néerlandaise KLM en 2004, les employés des deux sociétés furent confrontés à ces différences culturelles et éthiques. Une anecdote parmi d'autres est édifiante. Air France avait signé un contrat d'achat de logiciel pour son propre usage, comprenant un rabais pour elle-même, mais aussi pour KLM, au cas où cette dernière viendrait à acheter le même logiciel par la suite. De son côté, KLM avait signé un autre contrat pour un autre logiciel, mais avec une clause singulièrement différente. Si Air France venait à acheter cet autre logiciel, KLM aurait droit à une remise rétroactive pour elle seule. Chacun avait suivi ses principes, l'égalité pour les catholiques et la prospérité pour les protestants.

La divulgation de cette affaire provoqua des remous qui furent eux aussi l'illustration parfaite des différences culturelles au sein des deux communautés qui se confrontaient. Contrairement aux Néerlandais, les Français prirent mal l'affaire, comme s'ils n'arrivaient pas à assumer leur propre comportement, alors que leurs collègues néerlandais, qui n'avaient aucune volonté de nuire et n'avaient causé aucun tort à leurs partenaires, ne se sentirent pas pris en défaut. Conformément à leurs principes, ils n'y virent ni cupidité, ni injustice.[82]

« Je maintiendrai », devise nationale

La devise des Pays-Bas « Je maintiendrai », à l'origine pour sauvegarder les Provinces-Unies[83], illustre encore aujourd'hui cet esprit de résistance indéfectible, d'abord face à la mer pour défendre les conquêtes territoriales[84], mais aussi pour défendre ses positions par principe. Le Néerlandais est sur la défensive en permanence quand le Français revendique par principe. La différence entre ces deux attitudes de protestation tient dans le caractère actif et enclin à l'initiative du Néerlandais, tourné vers l'action et l'avenir, quand le Français reste immobilisé dans la revendication et la réclamation, souvent par souci d'égalité, qui figure en place centrale dans sa devise nationale « Liberté, Égalité, Fraternité ».

---

[82] *Un champs de Lys et de Tulipes, Les cultures française et néerlandaises, terreau du Groupe Air France KLM, Jérôme Picard*, The BookEdition.com
[83] Voir Chapitre X , Epilogue
[84] Voir Chapitre VII, Le combat séculaire contre la nature

Par nature, le Néerlandais monte au créneau pour se défendre, pour « maintenir » inlassablement. Il le fera sans y penser, sans gêne et sans méchanceté.

Les impôts, retour sur investissement

Les citoyens néerlandais ne rechignent pas à payer des impôts parmi les plus élevés en Europe. On entend souvent dire, même par des étrangers vivant aux Pays-Bas que le retour des impôts est visible dans les services et dans l'organisation de la société. Le sentiment de payer à fond perdu en recevant peu en retour parait moins présent dans ce pays qu'ailleurs.

Imposés dès le premier euro

Les Néerlandais payent des impôts sur le revenu dès le premier euro qu'ils gagnent. Certes, les barèmes sont progressifs, les sommes réclamées restent mesurées en fonction des niveaux des revenus, mais suffisantes pour que chacun ait conscience de sa participation réelle et directe au budget de l'Etat, qui devient en fait celui de tous les particuliers.

Il est remarquable de constater que les Néerlandais réagissent immédiatement aux annonces des mesures et dépenses publiques en les évaluant par rapport à l'augmentation des impôts qu'elles entraîneront.

Coupable dette

De même, chacun connait le niveau d'endettement du pays, qui se mesure communément par la dette qui pèse sur la tête et le porte monnaie de chaque citoyen. On peut rappeler que la dette de la France s'élève en 2024 à € 3000 milliards pour 67 millions d'habitants, ce qui représente une dette de €45000 par habitants. Elle s'élève à €450 milliards aux Pays-Bas, qui compte 17,5 millions d'habitants, ce qui représente une dette de €25000 par habitants, soit la moitié environ par rapport à celle des Français.

Le mot « dette » se traduit en néerlandais (comme en allemand), par le mot « schuld », qui se réfère aussi à la responsabilité ou la culpabilité pour un acte répréhensible. Par exemple, « het is mijn schuld » signifie « c'est ma faute » ou « je suis coupable ». On comprend aisément que des individus de culture protestante n'aiment pas beaucoup cela.

Imposition massive sur l'automobile

Seuls les étrangers ne paient pas pour pouvoir rouler sur les autoroutes aux Pays-Bas. Les habitants doivent payer une taxe routière annuelle élevée, en fonction du poids de leur véhicule. Pour une voiture familiale de plus d'une tonne, il faudra compter 1200 euros par an. La facture grimpe encore pour les véhicules SUV qui sont généralement bien plus lourds.

A l'achat, il faudra s'acquitter d'une taxe supplémentaire inexistante en France (la BPM), en surplus de la Taxe sur la Valeur Ajoutée (TVA). La taxation d'un véhicule neuf pourra ainsi représenter entre 30 et 40% du prix de vente du véhicule.

Les taxes sur le carburant sont plus élevées qu'en France, surtout pour le gasoil.

Assurance avec franchise

L'assurance santé est obligatoire comme en France. Néanmoins, elle est depuis quelques années gérée par des sociétés privées qui proposent des contrats d'assurances semblables à ceux des voitures. En fonction de ses revenus et en fonction des risques liés à l'âge, on pourra choisir des couvertures plus ou moins étendues, à des tarifs variables en fonction des garanties. Le forfait de base, qui coûte €1200 par an, garantit l'accès gratuit au médecin généraliste, avec une franchise de €300 pour accéder au spécialiste. Mais à ce prix là, les soins dentaires ne seront pas remboursés.

La retraite santé

L'assurance santé donnera à quiconque ayant cotisé pendant sa vie, une retraite à partir de 67 ans, indépendante de toute activité professionnelle. Cette retraite « santé », ou retraite d'Etat, s'ajoute donc à celle qui est gagnée par le biais d'un travail. Cela garantit aux personnes n'ayant pu aller travailler, car occupées au foyer et à leur famille par exemple, de pouvoir toucher une retraite de base quoi qu'il arrive.

VII. La santé, la vie, puis la mort

★   Les Néerlandais connaissent le secret de la potion magique.

★   Les dépenses de santé doivent se gérer comme les autres.

★   Les Néerlandais sont responsables durant toute leur vie, dans la dignité jusqu'à leur mort.

★   Aux Pays-Bas, la mort, comme la naissance, n'est pas considérée comme une maladie. Cela doit arriver à tout le monde, et il serait inutile de tenter de s'en prémunir par un acharnement vain et illusoire.

Le paracétamol, le secret de la potion magique

L'accès au médecin spécialiste est strictement régulé et limité par le médecin généraliste. Il est impossible d'y accéder directement et personnellement, sans une lettre de référence du médecin généraliste.

De plus, celui-ci limitera les ordonnances et les médicaments au strict minimum, prescrivant d'abord du paracétamol en quantité raisonnable pour calmer la gêne occasionnée par la maladie en attendant qu'elle disparaisse d'elle même, si celle-ci est bénigne. Les examens complémentaires sont eux aussi restreints. La culture néerlandaise, d'inspiration calviniste et protestante, considère en effet la maladie et la douleur, tant qu'elles restent supportables, comme quelque chose de naturel qu'il faut savoir endurer.

Anti-antibiotiques

Les antibiotiques sont quasiment bannis, ils ne seront prescrits qu'en cas de nécessité vitale. Il est considéré, à juste titre, que les individus doivent éprouver leur système immunitaire en le confrontant régulièrement aux infections. Ils en sortiront renforcés et mieux protégés par la suite, ce que j'ai pu vérifier personnellement à mon arrivée aux Pays-Bas et tout au long de mon séjour. Je n'ai été que très rarement malade.

Sans antibiotiques, l'organisme doit lui même se battre contre l'infection pendant quelques jours, au prix d'une fatigue et d'une gêne certaine. Il sera possible à tout employé de rester jusqu'à 2 semaines alité à la maison sans certificat médical. Toutefois, il pourra s'attendre à des contrôles pour vérifier l'état malade du patient.

Prescription protocolaire

Les prescriptions médicamenteuses suivent un protocole strict et obligatoire. Le médecin prescrira d'abord le médicament générique le moins cher. Si des effets secondaires, qui doivent s'avérer être gênants, se manifestent, le médecin, qui sera consulté à nouveau, pourra éventuellement en prescrire un autre plus cher mais plus confortable pour le patient. Seulement si le médicament ne donne toujours pas satisfaction d'un point de vue médical, alors on pourra avoir accès à la marque la plus chère et la plus efficace.

Pas de croix vertes fluorescentes

En France, au coeur des villages, des villes et des centres commerciaux, les pharmacies font briller et clignoter leurs enseignes en forme de croix vertes fluorescentes comme des phares au milieu de la tempête. Ces balises de secours semblent rassurer les Français, peuple naturellement inquiet pour sa santé. Rien de tel aux Pays-Bas où les gens, de constitution moins anxieuse, ne s'angoissent pas outre mesure. Les pharmacies ne se distinguent pas des autres commerces, elles peuvent être discrètes, voire difficiles à localiser. Il n'est pas nécessaire de les signaler puisque chacune possède sa propre clientèle captive qui doit nécessairement savoir où se rendre pour obtenir ses médicaments. Il sera impossible d'aller ailleurs pour obtenir des médicaments sans ordonnance.

Les pilules au compte-goutte

Le pharmacien a accès aux prescriptions médicales en ligne de tout patient venant lui acheter des médicaments. Seulement la moitié des quantités requises sera délivrée dans un premier temps, l'autre moitié sera délivrée à mi-parcours de la convalescence, si besoin est. Les quantités de pilules sont comptées à l'unité près, dans une boite blanche sans marque, étiquetée au nom et à la posologie du patient. Les médicaments génériques sont utilisés, sans que l'on connaisse le nom du fabricant.

Les médicaments génériques de confort, dont le fameux paracétamol, ou autres anti-inflammatoires, sont en vente libre dans des drogueries.

On demande avant d'aller aux urgences

Sauf cas grave ou accident, on ne peut pas se présenter aux urgences pour un problème qui pourrait être soigné par le médecin traitant. Il faut d'abord appeler au téléphone pour évaluer la situation. Au besoin, l'hôpital enverra une ambulance ou des motards spécialement équipés avec le matériel d'urgence.

Aux urgences, le tri sera fait entre les patients pouvant prétendre aux soins immédiats, et les autres qui seront, cordialement mais fermement, renvoyés chez eux.

Le généraliste n'est pas psychologue

Le médecin, généraliste ou spécialiste, n'est pas un psychologue à l'écoute des histoires et des angoisses du patient. Il ne soulagera pas ses soucis et lui donnera son diagnostic sans le plaindre ou le réconforter outre mesure.

Cette attitude à parler des faits sans détour, sans s'étendre dans une longue discussion, pourra être considérée par un Français comme un manque d'écoute ou de compassion. C'est une différence culturelle importante qui peut laisser une mauvaise impression et faire croire à un diagnostic bâclé ou peu fiable. Les patients français, ainsi surpris et sceptiques, qui renouvellent la consultation en France, constatent alors les mêmes diagnostics chez des confrères français. Le niveau et la qualité de la médecine sont bien similaires dans les deux pays, alors que l'écoute et l'attention accordées au patient diffèrent totalement.

Néanmoins, dans le cas de pathologies graves, comme les cancers, les médecins suivent un protocole et une manière d'annoncer la maladie au patient bien différentes, en lui consacrant beaucoup plus de temps, d'attention et de délicatesse. Dans ces cas graves, le patient recevra alors le réconfort et l'attention qu'il lui faut.

Votre nouveau-né risque de mourir

Quelques jours après sa naissance en janvier 1996, notre fils nouveau-né subit dans la nuit un accès de fièvre brutal. Son corps entier avait gonflé, pris par un oedème qui le boursoufflait de toutes parts. Nous nous précipitons aux urgences, où le bébé nous est enlevé des bras sans formalité pour être immédiatement pris en charge. Nous attendions, désemparés, dans une salle à l'éclairage terne, il était peut-être 2 ou 3 heures du matin, entre chien et loup quand la fatigue se conjugue à l'anxiété, quand le médecin nous convoqua. Ce que nous allions entendre allait nous pétrifier. Calmement, il nous expliqua la situation à laquelle nous étions confrontés. Si l'infection dont souffrait notre bébé était d'origine virale, il était probable qu'il ne pourrait y survivre vu son jeune âge. Si au contraire l'infection était d'origine bactérienne, probablement nosocomiale contractée à l'hôpital où il était né quelques jours auparavant, il pourrait survivre si les antibiotiques faisaient effet. La franchise du médecin, qui se voulait respectueuse du droit des parents à connaître la vérité, et de l'obligation dans laquelle il se trouvait de nous la dire, nous plongea sans ménagement dans la culture du pays comme une douche froide. Notre enfant, qui heureusement survécut, fit l'objet de toutes les attentions et bénéficia des services médicaux les plus professionnels. Nous n'aurons aucun reproche à faire quant à la compétence et à l'efficacité de la médecine néerlandaise. Mais nous sortîmes de cette mésaventure complètement sonnés par le choc culturel.

J'avais des projets, tant pis, je dois mourir...

Pour la seconde fois consécutive en deux jours, nous nous rendions aux urgences. Mais cette fois, constatant que les plaques rouges cutanées progressaient dangereusement vers le genou, ce qui indiquait l'inefficacité de l'antibiotique prescrit, les médecins décidèrent d'hospitaliser ma femme en attendant de pouvoir identifier la bactérie responsable de l'infection. Isabelle se retrouva alitée dans une chambre avec deux autres patientes de son âge, c'est-à-dire dans leur cinquantaine. En lui rendant visite, j'écoutais avec elle, totalement médusé, la conversation que tenait une de ces femmes avec une amie. Son cancer étant arrivé à un stade incurable, elle en prenait acte avec un réalisme apparemment impossible.

> « Bien sûr que j'avais des projets, on avait prévu de voyager en Asie. Mais voilà, je dois annuler, je vais mourir. On doit tous mourir un jour. »

L'interne, qui venait d'arriver, ne fit que confirmer la situation sans espoir. Ce n'est que lorsqu'il déclara que l'alimentation par perfusion allait être arrêtée, car devenue inutile, que la patiente, jusque là apparemment impassible face à son sort, s'offusqua et s'écria à haute voix qu'elle ne voulait pas précipiter sa mort! Nous restâmes pétrifiés face au drame qui se jouait sans faux semblant devant nos yeux.

La mort au musée

En 2019, après des années de travaux, le musée de sciences naturelles « Naturalis » à Leiden ouvrait ses portes au public dans un bâtiment flambant neuf, aux formes futuristes qui promettaient un voyage d'exception dans l'histoire fantastique de la vie sur notre planète. Dans un tel vaisseau spatial, le musée embarque les visiteurs dans une expérience immersive plus qu'un exposé statique et académique poussiéreux. Accompagné par mon ami amateur de fossiles, de dents de mégalodons et autres trilobites, nous montons à bord avec curiosité. En route pour l'expérience.

Effectivement, nous pénétrons dans un monde aux lumières d'ambiance changeantes, tapissé de projections murales animées et sonores. Les animaux et les visiteurs sont immergés dans un environnement cinématographique qui réussit à produire ses effets en agrandissant l'environnement au-delà des murs. Nous nous laissons transporter, admiratifs de la vie mystérieuse et vibrante qui nous enveloppe comme des explorateurs découvrant un monde oublié. Nous abordons le dernier étage qui propose une ode à la vie, à son extraordinaire fécondité, en exposant à foison les appendices génitaux que la nature utilise, dans le monde animal aussi bien que végétal, pour se reproduire. L'extraordinaire variété des formes et des couleurs fait sourire les visiteurs qui sont conquis par l'expérience cocasse. Nous pensions terminer ainsi l'expérience en légèreté, lorsque nous avisâmes la dernière étape du parcours qu'il nous fallait traverser : la mort.

L'entrée du couloir était dominée par de grosses lettres prémonitoires :

> « *La mort est inhérente à la vie ; elle lui permet de se régénérer.* ».

Dans un couloir sombre sans échappatoire, sous des cloches en verre étaient disposés les restes d'animaux que la mort avait tétanisés dans son immobilité. Au bout de la rangée, une dernière cloche était vide. Les enfants pouvaient alors se glisser dessous pour y faire apparaître leur tête hilare, dernier trophée du tableau de chasse du cycle éternel de la vie et de la mort. Les parents, sans aucune hésitation, prenaient alors la photo de leur rejeton ainsi immortalisé. « Arrête de bouger et de rire, tu es mort ! ». Les deux sexagénaires français que nous étions, comprenons un peu hagards, que la fin de notre expérience personnelle est pour bientôt. Nous sortons, fin de l'expérience.

Parlons de la mort

Une amie de ma femme, qui habite les Pays-Bas depuis 30 ans où elle a élevé ses trois enfants, fut récemment atteinte d'un cancer de l'estomac, qu'il fallut opérer et traiter rapidement, et dont elle est guérie aujourd'hui. Elle me confiait qu'avoir pu parler de la maladie et de la mort sans tabou à diverses occasions pendant toutes ces années vécues dans ce pays, avant de tomber malade, l'avait assidûment préparée à les affronter.

> « *Quand on y est confronté, on affronte mieux l'ennemi, parce qu'on est moins terrorisé. Ce qui est*

inconnu et caché fait peur. Et la peur n'aide en rien. »

Des cérémonies d'enterrement personnalisées

Une de mes partenaires au club d'escrime de La Haye fut frappée par un cancer foudroyant à l'aube de sa soixantaine. Durant les assauts, elle démontrait une fougue hors du commun pour son âge. Son entrain et sa bonne humeur indéfectibles ne lui permirent pas de survivre. Le jour de son enterrement, tous ses partenaires, en tenue blanche d'escrime et en gants, le masque tenu à la hanche, s'alignèrent dignement de chaque côté du cercueil pour l'honorer du salut des escrimeurs, sabre au clair. Son partenaire avait mis son morceau de musique classique favori.

Des années plus tard, ma voisine devait elle aussi succomber au cancer. Pour la cérémonie, sa famille fut rassemblée autour de son cercueil, pour y accrocher en guirlande de belles tulipes turgescentes, éclatantes de couleurs.

Pas d'acharnement thérapeutique

A l'hôpital ou à la maison, lorsqu'une personne âgée est visiblement en fin de vie, la tendance sera de ne pas engager de soins particuliers pour tenter de prolonger sa vie de quelques mois. Cela épargnera les efforts vains, les dépenses et les souffrances inutiles. Cette approche reflète l'état d'esprit fataliste de la population néerlandaise, mais pas celle des allochtones, des populations immigrées, ou des expatriés internationaux travaillant dans les organisations internationales.

Aux Pays-Bas, la mort, comme la naissance, n'est pas considérée comme une maladie. Cela doit arriver à tout le monde.

Ne me réanimez pas

Notre voisin, ancien médecin légiste dans la gendarmerie, avait trop vu de patients réanimés après un arrêt cardiaque se retrouver dans un état de déficience mentale et physique sévère, pour risquer de subir le même sort. Il portait sur lui avec ses papiers, une carte qui stipulait en grosses lettres « NE PAS RÉANIMER ». Certaines personnes portent l'instruction en pendentif autour de leur cou.

Au revoir, maintenant je veux mourir

Nouveaux arrivants à peine installés dans notre nouveau quartier aux Pays-Bas, nous recevions la visite d'un voisin qui venait prendre congé de nous. Atteint d'un cancer incurable en phase terminale, il venait dire adieu, en toute simplicité, dans un calme et un détachement remarquable, et dans un grand courage nous semblait-il. Le surlendemain, il était euthanasié.

> *Les Néerlandais tiennent à déterminer, autant que possible, le moment et les conditions de leur fin de vie. Ils veulent pouvoir décider par eux-même quand et comment mourir, le plus souvent chez eux, lorsque la situation sera pour eux sans issue. Les médecins doivent toute la vérité à des individus autonomes qui exigent le respect et la dignité.*

Il faut garder à l'esprit que l'euthanasie reste strictement encadrée par la loi, et que les médecins engagent leur responsabilité. La volonté du patient sera confrontée à des rapports médicaux et des témoignages de personnes de confiance. Un médecin ne pourra jamais recommander l'euthanasie de sa propre initiative, pas plus qu'un patient ne pourra l'obtenir seul de son plein gré.

En mars 2019 éclatait la pandémie du COVID 19, qui frappait alors principalement les personnes âgées et celles souffrant de pathologies amenuisant leurs résistances immunitaires. Aux patients qui devaient aller aux soins intensifs pour y être endormis, le médecin se devait de préciser quelles étaient les chances de survie. Dans le cas des personnes âgées, celles-ci étant faibles, voire nulles, beaucoup de Néerlandais décidèrent alors de finir leurs jours à la maison sans assistance respiratoire illusoire.

La légalisation historique de l'euthanasie

En 2002, les Pays-Bas devenaient historiquement le premier Etat européen à dépénaliser l'euthanasie et le suicide assisté. Ce qui paraissait à l'époque une avancée aussi subite que révolutionnaire aux yeux des autres pays européens, était en fait l'aboutissement de 30 longues années de pratiques illégales, de changements de mentalité dans une société en constante évolution, et de jugements de justice qui tentaient de s'y adapter. C'est par leur approche particulière des questions de société que les Néerlandais purent parvenir à un accord consensuel aussi large sur un sujet aussi sensible [85].

> *Contrairement à la France où le débat porte principalement sur des questions éthiques, morales, religieuses et dogmatiques, les Néerlandais prennent en compte l'évolution des mentalités et des pratiques effectivement voulues par la société, et feront porter toute la discussion sur les procédures, le protocole et l'encadrement de la mise en oeuvre pour coller au mieux à cette réalité et aux moeurs.*

30 ans de pratique illégale

La loi du 1er avril 2002 fut significative de l'évolution des mentalités, de l'attitude des patients et des pratiques des médecins eux-mêmes, ainsi que de l'approche constructive et pragmatique des jugements rendus. Si cette loi mettait fin à 3 décennies de pratique illégale de l'euthanasie, aussi bien par les particuliers que par les médecins dans tout le pays, elle était bien l'aboutissement d'un long processus d'adaptation des règles et des lois à l'évolution des moeurs et des mentalités dans la société. Cette loi ne saurait donc seulement marquer un aboutissement, ni clore un débat qui aurait été tranché une fois pour toutes. Elle ne fut qu'une étape supplémentaire, certes marquante, dans un processus d'évolution et d'adaptation d'une société progressiste par nature.

---

[85] Laurence Petit, consultante Akteos, regards interculturels
https://regards-interculturels.fr/2019/05/debat-fin-de-vie-aux-pays-bas/

Cette évolution est toujours en cours aujourd'hui, 20 ans après l'adoption de la loi.

Pendant 30 années, la société néerlandaise fut secouée par des affaires de pratiques illégales, et donc criminelles, qui firent à chaque fois jurisprudence. A chaque nouveau procès, les juges faisaient évoluer leurs interprétations et leurs arrêts en fonction de l'évolution des mentalités.

> *Dans une société où l'individu est mieux considéré au sein de sa communauté et par les partis politiques, les patients et les médecins mettaient les juges devant le fait accompli, charge au système législatif d'en tirer les enseignements qui s'imposaient suite à l'évolution des mentalités.*

C'est bien dans le droit fil de cette démarche, pragmatique et non doctrinale, que la nouvelle législation de 2002, inédite et précurseur à l'époque en Europe, voulait protéger le corps médical qui pratiquait déjà la mort assistée de manière officieuse et illégale depuis de longues années. Désormais, les médecins qui accompagnaient leurs patients vers la mort ne pouvaient plus être poursuivis, à condition que tous les critères pratiques édictés par la loi pour la mise en oeuvre de l'arrêt de la vie, soient strictement respectés.

Les affaires et les procès [86]

1973, L'affaire Postma, ou abréger la vie en phase terminale

Un médecin administra une injection mortelle de morphine à sa mère en phase terminale, suite à ses demandes maintes fois et clairement formulées, de mettre fin à ses jours. A cette occasion, le tribunal définît les conditions, toutes nécessaires, selon lesquelles abréger une vie était légalement recevable:

---

[86] *Nederlandse Vereniging voor een Vrijwillige Levenseinde (NVVE)*
https://www.nvve.nl/informatie/euthanasie/de-euthanasiewet/totstandkoming-van-de-euthanasiewet

- un patient en phase terminale en raison d'une maladie incurable ou d'un accident
- une souffrance physique ou psychique insupportable
- les demandes claires de mettre fin à ses jours
- la réalisation de l'opération par un médecin

1981, L'affaire Wertheim, ou le suicide assisté

Une personne aida une autre personne à se suicider, en se procurant un médicament létal et en le lui administrant. La « patiente » était une femme alcoolique, ayant vécu depuis son enfance une succession de drames, qui vivait isolée et qui pensait être atteinte d'un cancer. A cette occasion, le tribunal examina les conditions, selon lesquelles un suicide assisté devenait légalement acceptable, c'est à dire non punissable, et ce en opposition avec le code pénal de l'époque.

- Ne pas se produire dans des conditions affreuses pour l'environnement et pour la personne
- Ne pas être possible sans l'aide des autres
- La décision ne peut être prise par une seule personne et doit toujours impliquer au moins un médecin qui prescrira le médicament à utiliser.

1983, L'affaire Schoonheim, ou abréger la vie

Un médecin généraliste mit fin à la vie d'une femme âgée suite à sa demande expresse et sincère, en lui administrant une injection létale. Pour la première fois dans l'histoire du droit néerlandais, l'euthanasie, telle que décrite par l'art. 293, fut prouvée, mais fut considérée comme non punissable car satisfaisant aux critères précis pour mettre fin à sa propre vie de manière acceptable et qui sont:

- nécessité de l'aide d'un tiers
- demande mûrement réfléchie sur la base d'une souffrance permanente du demandeur

- un plus grand soin apporté tant à l'appréciation de la question qu'à l'assistance elle-même

> *Le tribunal prenait en compte l'évolution des mentalités, le droit à l'autodétermination pour décider de finir sa vie étant de plus en plus accepté dans la société néerlandaise.*

1993, L'affaire Chabot, ou la douleur psychique seule

Une femme en bonne santé physique mit fin à ses jours à l'aide de médicaments qui lui avaient été fournis par son psychiatre. Celui-ci avait conclu qu'elle souffrait de symptômes dépressifs, sans présenter de troubles psychiatriques, c'est à dire sans souffrir de maladie mentale. Pendant des années, cette femme avait enduré des souffrances psychologiques suite à des problèmes conjugaux, à son divorce, et à la mort de ses deux fils. Après avoir tenté de se suicider elle-même, elle était finalement entrée en contact avec un psychiatre.

Jusqu'alors, la justice n'avait jamais eu à faire de distinction entre souffrance physique et souffrance psychique. La souffrance mentale avait toujours été facilement associée à une maladie somatique ou psychiatrique avérée, ce qui n'était pas le cas de cette femme qui souffrait psychologiquement sans avoir de maladie physique ou psychiatrique.

> *Dans son verdict, le tribunal éluda la question de savoir si la femme était malade au sens psychiatrique du terme. Il lui importa seulement que sa souffrance fut réelle, insupportable et sans espoir de rémission, et que sa demande d'aide fut formulée librement et délibérément, ce qui remplissait les exigences classiques de la jurisprudence en matière d'euthanasie. Les juges ne considèrent donc pas la cause de la souffrance, et l'absence de maladie psychiatrique, comme importantes ou significatives.*

Pour la première fois, la souffrance endurée fut considérée, sans être liée à une maladie avérée.

2000, L'affaire Brongersma, ou la vie devenue insupportable

En avril 1998, un ancien sénateur mettait fin à ses jours au moyen de médicaments que lui avait fournis son médecin généraliste. Le sénateur n'avait aucune affection physique ou psychiatrique grave, mais sa vie lui était simplement devenue insupportable.

Comme pour l'affaire Chabot dix ans auparavant, la question centrale pour le tribunal, fut de savoir si cette affaire impliquait des souffrances insupportables et sans espoir de rémission. Alors qu'il n'existait pas de consensus sur une définition étroite ou large de l'intolérance à la souffrance, le tribunal opta pour une définition large. En outre, en l'absence de perspective d'amélioration ou de changement, le tribunal jugea que la situation pouvait donc être considérée comme désespérée. Toutes les exigences de diligence ayant été respectées, le tribunal reconnut que le médecin avait invoqué à juste titre la clause de force majeure. L'infraction avérée ne fut pas punie, et le suspect fut dégagé de toute poursuite judiciaire.

Cependant, le ministère public de la santé, qui doutait que « être fatigué de la vie» ou «vouloir en finir avec la vie» relevait de souffrances insupportables et sans espoir, fit appel de la décision.

> *La Cour déclara le médecin traitant coupable, sans toutefois le punir, car elle estima que la discussion sur la justification du suicide assisté, dans le cas de souffrances non liées à la maladie, en était encore à sa phase initiale dans la société.*

Un virus mortel ? pas de panique ..

Au tout début de la pandémie, les médias français versèrent immédiatement dans la panique et l'anxiété. Les journalistes en France consacrèrent alors la durée entière des informations télévisées du soir à la pandémie, à la situation catastrophique aux services des urgences et à la mortalité qui grimpait en flèche. Les médias étaient devenus des machines anxiogènes qui terrorisaient les pauvres français que cet acharnement médiatique avait transformés en victimes apeurées sans discernement et sans jugement. Dans une annonce toute théâtrale et dramatique, le président français annonçait « l'état de guerre » dans tout le pays, à une population réticente il est vrai aux mesures de confinement qui la privait d'une certaine liberté.

Aux Pays-Bas au contraire, les journalistes ne consacrèrent que 15 minutes du journal télévisé du soir à la pandémie, avec des informations factuelles sans émotion, avec des faits et des chiffres, et ceci sans terroriser les spectateurs. Puis ils abordaient les autres sujets nationaux et internationaux habituels pendant les 40 minutes restantes.

> *Le premier ministre néerlandais annonçait dans un style dépourvu de grandiloquence qui inspirait le calme et le sérieux, les nouvelles mesures restrictives à une population qui s'y soumettait de manière disciplinée, au moins dans les premiers temps.*

Il s'adressa ensuite spécialement aux adolescents et aux étudiants lors d'une conférence de presse ultérieure qui leur fut spécialement dédiée, afin de leur témoigner compassion et compréhension, eux qui allaient être particulièrement touchés dans leur vie estudiantine. Il fit appel à leur sens des responsabilités en tant que jeunes adultes raisonnables.

En France, il fallut discipliner les gens au confinement en leur donnant des mots de sortie comme pour la récréation à l'école. Aux Pays-Bas, rien ne fut obligatoire par loi ou décret, chacun pouvait sortir quand il le voulait, aussi loin qu'il le voulait, pourvu qu'il ne croise personne en chemin et qu'il respecte les distances imposées.

Si mon heure est venue ..

Comparés aux membres de ma famille et aux personnes âgées que je connaissais en France, mes voisins septuagénaires et octogénaires ne paniquèrent en aucune manière.

> *Avec un sang froid à faire pâlir le Français que je suis, ils déclaraient vouloir suivre les mesures barrières, mais ne pas craindre le virus. S'ils devaient tomber malades, c'était que leur heure était venue ..*

Il ne s'agissait pas pour ces personnes âgées d'aller précipitamment au devant de la mort, toutes suivaient scrupuleusement les mesures de distanciation, et beaucoup ne sortaient plus de chez elles. La solidarité à ce moment là fut très importante. Pour les personnes qui pouvaient faire leurs courses elles-mêmes, les supermarchés aménagèrent des plages horaires réservées seulement aux plus de 70 ans. Les livraisons à domicile furent également très utilisées.

C'est cher payé par les jeunes générations

Dans les tous premiers jours de la pandémie, des universitaires néerlandais remirent en question le confinement et les conséquences néfastes qui étaient à prévoir sur l'économie. Il posèrent sans tabou la question, absolument hérétique en France, de comparer la survie de personnes déjà âgées avec le prix à payer et la destruction des emplois de jeunes actifs, ayant souvent des familles à charge. Nous étions loin du « Quoiqu'il en coûte »…

VIII. Le combat séculaire contre la nature

★ *Les Néerlandais sont les conquérants de la mer. C'est un peuple de bâtisseurs dont le territoire menacé les oblige en permanence à être sur le qui-vive. Par nécessité autant que par nature, ce peuple agit et prend des mesures pour faire face dans la vie en permanence.*

★ *Les Néerlandais se protègent de la nature depuis des siècles. Ils la domptent plus qu'ils ne la protègent.*

★ *La montée du niveau des océans n'est pas le problème. Ce sont les tempêtes.*

Un peuple hors-sol

Perdue dans les brumes de la mer du Nord, dans les zones marécageuses froides et boueuses du delta du Rhin, sans aucune autre ressource naturelle que de la vulgaire tourbe dont l'extraction ne faisait que provoquer l'affaissement des terres encore plus bas sous le niveau de la mer, l'émergence, au sens propre comme figuré, d'une communauté qui a conquis une grande partie de son territoire en repoussant par la force l'océan, pour devenir la nation la plus puissante en Europe à l'apogée d'un siècle d'or au XVIIe siècle, ne peut tenir que d'une force de caractère hors norme.

> *Du manque de ressources et d'espace pour vivre, ces peuplades du delta du Rhin ont bâti leur communauté et leur prospérité littéralement hors-sol. Elles en ont forgé un tempérament fait de courage et d'opiniâtreté, véritable richesse vitale pour ce peuple issu des marécages.*

Très tôt, les peuplades bataves et frisonnes n'eurent pour survivre que d'autre choix que de renforcer leurs terrains pour se maintenir au dessus des marécages et de s'aventurer en mer pour y pêcher et y commercer, afin d'améliorer leur quotidien peu favorable. Puis le delta du Rhin devint le carrefour de la circulation et du commerce maritime en Europe, ce qui fit des Néerlandais les importateurs et exportateurs obligés de l'Europe du Nord, tout en confortant leur tempérament inné du commerce et de la négociation, ainsi que leur aptitude à l'exploration de solutions et d'alternatives pour se sortir d'une difficulté qui se dresse sur leur chemin.

Un peuple de bâtisseurs

> *La lutte du peuple néerlandais contre les eaux est ancestrale. Elle n'a cessé de définir la géographie du pays tout autant que la mentalité volontariste de ce peuple qui ne peut jamais baisser la garde et doit sans cesse bâtir pour se protéger.*

Le danger d'être submergé par les flots est permanent, la nécessité d'entreprendre des travaux souvent titanesques aussi. Des siècles ininterrompus de résistance à l'envahisseur naturel ont fait des Néerlandais des bâtisseurs, non pas d'empires, mais d'un pays entier. Cela a façonné leur vision du monde autour d'eux.

La catastrophe annoncée

En 1951, un ingénieur en hydraulique Johan van Veen, expert en gestion des eaux aux Pays-Bas, mit en garde le gouvernement contre les faiblesses du système de protection contre les inondations en soulignant la vulnérabilité des digues et des barrages. Ses avertissements ne furent pas pris en compte par les autorités.

En 1953, une tempête en mer du Nord d'une rare violence, conjuguée à de hautes marée, réussit à détruire les digues de la côte sud-ouest méridionale du pays. L'inondation catastrophique qui s'ensuivit, provoqua la mort de 1800 personnes, endommageant gravement les terres agricoles et les villes de la région. Mon voisin naquit précisément à ce moment, dans un polder mitoyen au nord des zones inondées. Son père ne put assister à l'accouchement car il devait alors enlever les cadavres des animaux noyés dans les champs. La catastrophe fut perçue comme une invasion et une agression de la nation.

Le pays réagit par un plan de contre-attaque d'ampleur nationale, du nom de code « Plan Delta », véritable ligne Maginot face à la mer. Le lanceur d'alerte Johan van Veen, que personne n'avait voulu entendre, fut chargé de coordonner la conception, la planification et les travaux du Plan Delta.

La ligne Maginot « Delta »

Le Plan Delta fut une entreprise de génie civil pharaonique, qui comprenait un système complexe de barrages, de digues, de canaux et de pompes énormes. Le plan fut développé en plusieurs étapes longues, mais bien préparées par une planification minutieuse et une recherche approfondie. La réalisation, commencée dès les années 1950, s'étala sur plusieurs décennies. Les premières installations du Plan Delta furent inaugurées par la reine Juliana le 4 octobre 1960. Cette date marquait la fin de la première phase du plan, qui comprenait la construction des ouvrages et des digues des îles du sud-ouest et la région de la Zélande. La cérémonie d'inauguration eut lieu sur l'un des principaux barrages du Plan Delta, le barrage de l'Escaut oriental, en présence de milliers de personnes, dont des ingénieurs, des travailleurs, des hommes politiques et des dignitaires étrangers. Cette inauguration fut un moment historique pour les Pays-Bas, elle fut largement médiatisée dans le monde entier.

Aujourd'hui, le plan Delta est encore considéré comme l'un des projets d'ingénierie les plus ambitieux et les plus réussis au monde. Il est continuellement amélioré et renforcé à ce jour pour faire face aux défis du changement climatique et des tempêtes de plus en plus fréquentes et intenses. Le plan bénéficie d'un système de surveillance de pointe, comprenant des satellites, des radars, des capteurs de pression et des drones pour surveiller les niveaux d'eau, les vents et les vagues.

> *L'entreprise titanesque du plan Delta, ainsi que sa mise en oeuvre sur plusieurs décennies dans une vaste organisation d'ordre militaire, dénotent assurément l'esprit volontariste et la pugnacité des Néerlandais, qui ne peuvent jamais baisser la garde dans leur résistance contre la mer et les eaux.*

Se protéger de la nature

On comprend aisément que la menace permanente et les travaux incessants pour lesquels le peuple néerlandais excelle par nécessité vitale, ont également forgé leur mentalité et leur rapport aux éléments naturels.

> *Les Néerlandais, de manière ancestrale et instinctive, se protègent de la nature plus qu'ils ne la*

préservent. Ils leur faut la dompter plutôt que la protéger.

A l'époque contemporaine du réchauffement climatique, de l'élévation du niveau des océans et des changements climatiques brutaux dans le monde et en Europe, les Néerlandais ne peuvent pas sombrer dans le pessimisme, la désolation ou l'anxiété. Pour eux, et cela depuis des siècles, ils savent qu'ils auront le pays et l'espace vital qu'ils auront su conquérir et préserver, littéralement, contre vents et marées. Le dicton dit que « Personne ne peut lutter contre la nature , sauf les Néerlandais ».

Le réchauffement climatique et la montée des eaux

Aujourd'hui, les discours alarmistes de submersion par la montée des eaux ne provoquent guère de crainte, encore moins de panique. S'il y a un pays au monde qui s'y est bien préparé parce qu'il lutte depuis des siècles contre l'engloutissement, c'est bien les Pays-Bas.

Le GIEC[87] propose régulièrement différents scénarios concernant l'augmentation des températures et ses conséquences. Le scénario privilégié aujourd'hui représente une augmentation de 4,5 degrés Celsius d'ici à 2100, ce qui se traduit en une élévation de 1 mètre du niveau de la mer comme limite supérieure la plus défavorable. Dans le rapport d'évaluation précédent en 2010, les scientifiques anticipaient une élévation de 93 cm, qui vient donc d'être réévaluée de 10 cm supplémentaires.

> *Le problème n'est pas seulement la montée des eaux, à laquelle le pays se prépare depuis des décennies. Le problème qui fait irruption aujourd'hui est celui de la violence des tempêtes et des précipitations dont la fréquence et l'intensité augmentent considérablement avec le réchauffement de l'atmosphère de la planète.*

---

[87] GIEC Groupe d'experts intergouvernemental sur l'évolution du climat

Sur les côtes du pays et à l'embouchure des grands fleuves, le niveau de la mer n'est qu'un élément qui peut provoquer une forte montée des eaux face aux digues. Il faut en effet y ajouter les grandes marées à fort coefficient, les puissantes vagues du large, les tempêtes, ainsi que les effets locaux comme des précipitations accrues en Europe centrale qui viennent grossir les grands fleuves du Rhin et de la Meuse. Aux embouchures des grands fleuves, ces effets se conjuguent, avec d'un coté, la mer qui remonte les fleuves, et de l'autre, l'écoulement accru venant de l'intérieur des terres, ce qui provoque le phénomène des « hautes eaux ». Le génie civil néerlandais calcule ainsi un niveau probable « des hautes eaux » résultant de la combinaison simultanée de tous ces facteurs, à 4,60 m au dessus du niveau de la mer.

Elévation des digues

Avec le risque de la montée des eaux, les Néerlandais ont entrepris dès les années 2010 des travaux pour relever le niveau de leurs protections tout le long de leurs côtes. Sans tergiverser, ils ont ainsi sacrifié la vue le long du boulevard qui bordait les plages du village de Katwijk, en y édifiant de hautes dunes artificielles. Personne n'aura pu contester ou s'opposer aux travaux. Du jour au lendemain, les villas et les restaurants furent déplacés et reconstruits plus loin, le boulevard obstrué et le front de mer repoussé. Entre 2015, début des travaux, et 2019, le village et son front de mer qui faisait sa réputation, changèrent de physionomie, chose somme toute habituelle au plat pays, qui est en chantier permanent. Sous les nouvelles dunes construites en front de mer fut aménagé un parking au design futuriste qui gagna le « Prix de l'architecture rhénane » en 2015, prix biennal récompensant le meilleur bâtiment de Rhénanie.

Toutes les digues du front de la mer du Nord ont déjà été rehaussées jusqu'à 7 mètres au dessus du niveau de la mer, donc bien au dessus des 4,60 m dans le cas des « hautes eaux ». Elles pourraient l'être encore plus au besoin.

Les barrières du plan delta activées en décembre 2023

En décembre 2023, la tempête Pia a semé le chaos en Europe. Pour la première fois depuis sa construction, la barrière anti-tempête du « Maeslantkering » sur la Meuse, un des ouvrages du plan delta, fut activée. Ce barrage est constitué de 2 portes monumentales en arc de cercle d'une hauteur de 22 mètres et longues de 210 mètres. Lorsqu'il est ouvert, les portes sont rangées sur la terre ferme sur les côtés de la berge. Un ordinateur déclenche automatiquement sa fermeture lors d'une marée haute imminente qui dépasse le niveau normal d'Amsterdam (NAP[88]) de plus de 3 mètres. En 2007 et 2018, la barrière avait également été fermée lors de tempêtes antérieures, mais à un niveau de fermeture réduit pour tester les systèmes. Cette fois en 2023, ce fut la première alerte en situation réelle, provoquant la fermeture complète de l'ouvrage.

Des brise-lames sur la digue de fermeture

Le nord du pays est entièrement fermé par la fameuse digue de fermeture « Afsluitdijk », qui est en fait un barrage géant de 32 km de long fermant la mer intérieure du sud « Zuiderzee » et protégeant les polders des provinces avoisinantes. C'est la pièce maîtresse des travaux effectués sous la direction de l'ingénieur Cornelis Lely entre 1927 et 1933. La digue de fermeture peut contenir une élévation des eaux jusqu'à 10 mètres. Cela compense donc largement l'élévation estimée de 4,60 m dans le cas des « eaux extrêmes ». Le reste, jusqu'à la hauteur de crête de 10m, vise à limiter le dépassement des vagues déferlantes à une quantité soutenable. Ce barrage fait face aux eaux de la mer du Nord, véritable couloir de plusieurs centaines de kilomètres de large, canalisé à l'est par les côtes de la Norvège et du Danemark, et à l'ouest par celles de l'Angleterre. Les tempêtes venant du nord, qui sont de plus en plus fréquentes, viennent buter de plein fouet sur les côtes du pays. Les vagues brisantes au moment des

---

[88] *NAP « Normaal Amsterdams Peil », Niveau normal d'Amsterdam, niveau de référence 0 de la mer (niveau moyen) mesuré à Amsterdam*

hautes eaux pourraient atteindre environ 4,5 m, ce qui constitue une hauteur de vague extrême, mais elles seraient contenues par la digue deux fois plus haute.

Contre la puissance des déferlantes, la digue de fermeture est actuellement renforcée par des brise-lames en forme d'étoile de mer de béton, mesurant plusieurs mètres de largeur et pesant 6 tonnes chacun. Ils s'encastrent les uns dans les autres pour former une armature de protection sur tout le flanc nord de la digue.

Reconstituer le paysage d'origine

Entre le village de Wassenaar et celui de Katwijk dans la province de la Hollande du Sud, s'était développée au fil du temps une petite forêt de buissons et de petits arbustes au beau milieu des dunes face à la mer. On aurait pu penser que ces arbres contribuaient à la fixation de la dune, rempart contre les eaux.

Dans les année 2010, il en fut décidé autrement. Afin de reconstituer le paysage d'origine, tous les arbres furent arrachés, les sols raclés et remis à nu, jusqu'à reconstituer le paysage d'aspect lunaire d'origine. Il est vrai qu'il fallait aussi veiller à préserver la capacité de filtration des dunes qui récupèrent l'eau potable à cet endroit.

« Zandmotor », le moteur à sable

Les plages de sable fin, qui s'étirent sur des dizaines de kilomètres le long de la Mer du Nord, sont soumises à de forts courants et à une érosion constante depuis des siècles, ce qui les fait reculer inexorablement. Les Néerlandais n'hésitent pas à reconstituer des plages entières en pompant du sable au large pour le déverser sur la côte.

Dans ce combat sans trêve, le génie civil néerlandais tente depuis 2011 une manoeuvre inédite. Elle consiste à utiliser les propres forces des courants pour reconstituer le sable des plages le long de la côte. A la hauteur de la ville de Rotterdam, sur une longue bande côtière érodée, les bateaux-pompes et les engins ont construit de toutes pièces un dépôt gigantesque de sable pompé du large. Une île artificielle en forme de croissant de 130 hectares composée de sable et de gravier est ainsi sortie de l'eau, à environ 1,5 km de la côte. Soumis aux courants côtiers, le sable du dépôt est érodé et emporté le long de la côte vers le nord, pour se déposer plus loin sur les plages qui ainsi se reconstituent. L'objectif de cette île est donc de permettre à la nature d'utiliser sa force et de redistribuer le sable sur la côte, de manière à renforcer les défenses naturelles contre les tempêtes et les inondations.

La construction de l'île a commencé en 2011 et a été achevée en une année. Depuis lors, le « moteur à sable » (« Zandmotor ») est régulièrement surveillé et étudié pour évaluer son efficacité. Une fois de plus, ce projet du génie côtier néerlandais est considéré comme un modèle d'innovation combinant des techniques de construction modernes avec une approche respectueuse de l'environnement. Le génie civil néerlandais n'a jamais autant mérité son qualificatif de « génial ».

Le génie civil fait aussi de l'archéologie

L'île artificielle du « moteur à sable » qui jouxte la côte, est également devenue une attraction touristique pour les amateurs de plage et de sports nautiques. Mais aussi pour les chasseurs de fossiles !

En se promenant à marée basse sur ces étendues de sable, et en grattant les effleurements de coquillages, j'ai pu ramasser moi même les phalanges noircies et durcies d'un gros animal préhistorique, provenant probablement du pied d'un mammouth ou d'un auroch. Un ami, paléontologue amateur qui me faisait découvrir les lieux, m'expliqua qu'il y a environ 10.000 ans, la Grande-Bretagne et l'Europe continentale étaient reliées par une immense plaine connue sous le nom de « Doggerland », aujourd'hui enfouie sous la mer du Nord. En pompant le sable du fond de la mer pour le déverser sur l'île artificielle de

« Zandmotor », les ingénieurs néerlandais ont fait ressurgir les restes fossilisés de la vie animale terrestre disparue il y a 8.000 ans.

En travaux, jours et nuits

Partout dans le pays, jusque dans les bourgades les plus reculées, on déroute les voies, on creuse des canaux et des tunnels, on renforce les digues, on change et transforme sans cesse le paysage urbain, dont les voies auront toujours tendance à s'affaisser sur un terrain meuble et sablonneux. Tous les bâtiments sont nécessairement construits sur des pilotis de béton qui s'enfoncent en profondeur dans le sol comme à Venise. Les pistes cyclables sont pavées de briques qui peuvent facilement être retirées pour être constamment remises à niveau. Le génie civil néerlandais fait preuve d'un dynamisme impressionnant.

> *Les chantiers ne s'arrêtent jamais, ils travaillent jour et nuit, avec une organisation digne d'une opération militaire de grande ampleur permanente à l'échelle du pays tout entier.*

> *Les Pays-Bas, c'est à la fois Hercule à la force prodigieuse qui entreprend des travaux colossaux, et Sisyphe condamné à rouler son rocher perpétuellement.*

Des ratons laveurs

Cet atavisme à canaliser et contrôler la nature se matérialise au niveau individuel par l'entretien méticuleux des jardins et de la maisonnée, gage subliminal de sécurité et de confort. La nature doit être grattée, raclée, binée et taillée de partout.

> *Les Néerlandais ne peuvent pas concevoir une nature autrement que bien entretenue. Ils ne conçoivent pas la nature si elle n'est pas transformée et aménagée des mains de l'homme.*

Une Suisse proprette mais polluée

Tout le pays est en général très bien tenu, bien agencé et propret. Les Néerlandais, peuple de bâtisseurs, possèdent le génie de l'urbanisation bien pensée, qui ménage dans un espace pourtant réduit, des routes, des trottoirs, des pistes cyclables, des rangées d'arbres, sans oublier bien-sûr les indispensables et pittoresques canaux. Tout est bien pensé et méticuleusement arrangé, comme une construction à échelle réduite d'un petit village peuplé de playmobils, ou comme un tableau du peintre Brueghel rempli de maisonnettes et de petits personnages s'agitant dans tous les sens dans un décor de poupées.

Pourtant, cette propreté n'est qu'apparente. Bien qu'étant bien arrangé, le pays est aujourd'hui pollué par les exploitations agricoles et florales qui constituent une industrie exportatrice de premier rang au niveau mondial. Ce tout petit pays sur le globe a développé une production agricole intensive jusqu'à devenir un des premiers exportateurs au monde.

L'heure est maintenant à la dépollution et à l'assainissement. Afin de réduire la pollution des sols et les émissions de dioxyde d'azote, on estime qu'il va falloir fermer la moitié des élevages dans les années qui viennent, ce qui pose un problème majeur pour l'économie, et surtout pour la société néerlandaise. Les agriculteurs se défendent et se sont regroupés en un parti politique teinté de populisme, le « Mouvement Agriculteurs & Citoyens » (« Boeren Burgers Beweging BBB»), qui vient de prendre la tête des élections provinciales de mars 2023 dans un raz-de-marée électoral. Nous assistons aux Pays-Bas, comme dans beaucoup de pays européens, à la confrontation d'une population urbaine, sensible aux thèmes de l'écologie et de la préservation de la nature, contre une population rurale qui joue sa survie, quitte à continuer à polluer un espace si réduit. La propreté et la dépollution du pays sont à ce prix.

Le port du futur

Les Pays-Bas se sont construits sur le delta du Rhin et de la Meuse, et y sont devenus le principal port de l'Europe. Le commerce maritime constitue l'industrie phare de ce petit pays stratégiquement placé. Le port en eaux profondes de Rotterdam s'est agrandi depuis les années 1960 par tranches successives, pour lui garantir des capacités d'accueil à l'égal des plus grands ports de la planète, comme Shanghai, Singapour ou Anvers. La dernière extension en date, le projet « Maasvlakte 2 », a émergé de la mer en affichant des mensurations, on s'en doute, hors normes: 11 kilomètres de digues, 3.5 kilomètres de quais, 560 hectares de bassins, 700 hectares de nouveaux espaces industriels, 24 kilomètres de routes et 14 kilomètres de voies ferrées... Après cinq ans de travaux, le site a été ouvert en 2013 sous le nom de « Port du futur » pour être prêt à accueillir les super tankers des années 2035.

Un musée « du futur » (FutureLand) à l'entrée de la zone a été crée pour permettre au public de découvrir « à quoi ça ressemble quand tout est grand, quand tout est gigantesque! Dans FutureLand, vous découvrez de vos propres yeux le développement de la nouvelle zone portuaire de Rotterdam. Maasvlakte 2, les terminaux à conteneurs les plus modernes pour les plus grands navires du monde, mais également les derniers développements offshore. Laissez vous surprendre par la numérisation ou le développement de formes prometteuses de nouvelles énergies. »

L'éolien offshore, le chantier du siècle

Les Néerlandais se sont saisis du problème du réchauffement climatique et du développement des énergies renouvelable dans lequel l'Europe s'est engagée, pour ouvrir le prochain chantier du siècle, celui de l'énergie éolienne en mer. L'incitation à initier une réorganisation fondamentale se fait à nouveau pressante dans la culture collective d'un peuple enclin à entreprendre des programmes de génie civil de grande ampleur.

La prochaine période dans la lutte contre la mer et la nature est le développement d'un énorme potentiel d'énergie éolienne en mer. Les moulins du Moyen Âge qui asséchèrent les terres agricoles et les polders, redeviennent aujourd'hui cruciaux dans la protection contre la nature sous la forme de parcs éoliens offshore.

Au bout du port de Rotterdam[89], sur de vastes terrains nouvellement gagnés sur la mer pour accueillir les tankers géants de la future décennie, s'est ouvert le chantier gigantesque à ciel ouvert de l'assemblage des éoliennes offshore géantes, dont la hauteur (260m), de la surface de l'eau au bout d'une aile, avoisine celle de la tour Eiffel (320m). Par dizaines, les mâts et les ailes géantes sont alignés au sol le long des quais à perte de vue dans une accumulation de matériel digne de la logistique de la préparation du débarquement en Normandie. Les éoliennes géantes sont assemblées à la verticale comme des fusées que l'on prépare au décollage, puis emportées vers le large, sur des barges spécialement conçues, où elle seront fixées à des colonnes arrimées au fond sous la mer. Depuis quelques années, l'horizon à Rotterdam et à Amsterdam, ainsi que le long de la côte, se couvre de champs de moulins offshore. C'est une entreprise d'envergure nationale qui est aussi connue aux Pays-Bas que les fusées Ariane décollant du port spatial de Kourou le sont en France.

---

[89] *Maasvlakte II*

IX. La fin de l'innocence ?

★ L'harmonie de la vie en société aux Pays-Bas pourrait s'apparenter à une innocence désuète, aujourd'hui menacée par les défis de notre époque moderne.

★ La délinquance et la violence, l'immigration, les attentats politiques, la montée du populisme, remettent-ils en cause l'insouciance apparente de cette société permissive, mais pour autant très organisée, et qui aime avant tout vivre en harmonie ?

★ Cela fait des décennies que, loin d'être en retard d'une crise, les Néerlandais sont aux avant-postes des mutations et des transformations sociétales, bien en avance sur la France.

Les temps changent, comme toujours

Vue de la France, conflictuelle et anxieuse, la société néerlandaise donne l'impression d'avoir atteint un point d'équilibre stable, pondéré de modération, de tolérance et de compromis. On admire la faculté des Bataves à avoir réussi là où les Français se débattent dans des grèves à répétition qui éclatent avant toute négociation, dans les problèmes d'intégration des populations d'origine étrangère et le communautarisme qui en résulte, dans la polarisation du débat politique, dans la violence urbaine des contestations sociales, dans l'opposition, la critique et le dénigrement systématique que pratiquent les partis politiques. Force est de concéder aux Néerlandais une certaine sérénité et une douceur de vivre qui ne dit pas son nom, mais qui fait pâlir d'envie ceux qui se réclament du soi-disant « Art de vivre » à la française. Vu de France, on en vient vite à jalouser cet état d'harmonie en prédisant que les Pays-Bas, qui se protègent des eaux et du monde extérieur derrière leurs digues, ne pourront pas tenir longtemps face à la montée des périls que chaque époque moderne charrie avec elle. On se dit que cette fois, les défis auxquels ils sont confrontés, auront raison de leurs défenses illusoires et emporteront leur innocence d'une autre époque.

> *En vérité, cela fait des siècles que le peuple néerlandais affronte les évolutions et les fluctuations, et ceci de façon tout à fait naturelle. Ils considèrent le monde autour d'eux comme un vaste océan mouvant et changeant par nature au milieu duquel il faut savoir flotter et naviguer. Cela fait des décennies que les Néerlandais, loin d'être en retard d'une crise, sont aux avant-postes des mutations et des transformations sociétales, bien en avance sur la France.*

Ils ont développé une capacité remarquable à s'adapter en permanence aux époques et aux nouveaux défis qui se présentent immanquablement, sans pour autant perdre leur âme et leur identité. Ils considèrent les crises et les changements comme le cours normal de l'histoire et de la vie. Puis ils se mettent au travail.

Les crises des années 1980

Dans les années 80, l'austérité budgétaire et la montée de l'individualisme, amenèrent leur lot de défis qui semblaient saper la douceur de vivre à la néerlandaise.

Délinquance et criminalité

Cette société permissive fut confrontée à une augmentation spectaculaire de la délinquance et de la criminalité dues au traffic de drogues, au point que l'insécurité et la répression étaient devenues le premier sujet de préoccupation des citoyens. Les discours, d'habitude mesurés et pondérés, se durcirent pour réclamer plus de loi et d'ordre. La coalition gouvernementale du moment, adopta la "tolérance zéro" contre la criminalité.

Ce peuple en apparence permissif, qui désirait plus que tout vivre en harmonie et en sécurité, réduisit à zéro sa tolérance pour devenir très strict en matière de maintien de l'ordre et de lutte contre la criminalité.

Par ailleurs, la coalition gouvernementale ne négligea point la prévention en créant des emplois pour les inactifs, et en offrant des programmes de réinsertion sociale aux délinquants. Cette approche, précurseur à l'époque, mais qui suscita un certain débat, permit néanmoins de réduire le taux de criminalité dans le pays.

Aide sociale et responsabilisation

Le rôle de l'Etat providence fut remis en cause quand la protection sociale incitait un nombre croissant de personnes à se déclarer partiellement ou totalement inaptes au travail, et devenir ainsi prématurément inactives. Cette période fut marquée par une forte mobilisation de la société civile, des organisations syndicales et des partis politiques pour trouver des solutions à ces problèmes bien identifiés. Les débats traitaient de solidarité et d'équité, fondements de l'État providence, tout en cherchant à concilier les exigences de compétitivité et de flexibilité de l'économie mondialisée. On proposait de renforcer la solidarité entre générations et de promouvoir l'entraide entre les citoyens pour faire reculer la pauvreté, l'exclusion et la précarité, tout en plaidant en faveur d'une réduction des prestations sociales et d'une responsabilisation accrue des individus pour encourager l'initiative et l'autonomie.

On mit alors en place des politiques d'activation et de réinsertion des chômeurs, ainsi que la formation professionnelle et continue pour permettre aux travailleurs de s'adapter aux mutations économiques, tout en engageant des réformes pour réduire les dépenses publiques et rationaliser l'administration, notamment dans le domaine de la santé et des retraites.

Immigration et intégration

Force était de constater que la société multi-culturelle n'était qu'un idéal bien loin de la réalité, et qu'elle était fragilisée par un communautarisme et une ghettoïsation des étrangers qui se regroupaient en quartiers où sévissaient le chômage et la violence.

Les Pays-Bas furent l'un des premiers pays européens à mettre en place une politique de diversité culturelle et d'intégration, plutôt que d'assimilation ou d'homogénéisation culturelle. Le gouvernement mit en place une politique de tolérance et de multiculturalisme, reconnaissant la diversité culturelle du pays et encourageant l'intégration des immigrés.

Il fallait favoriser l'égalité des chances pour tous les citoyens néerlandais, quelle que soit leur origine ethnique, et promouvoir la participation des minorités culturelles à la vie sociale, économique et politique du pays: Programmes d'apprentissage de la langue néerlandaise pour les immigrés, reconnaissance de la double nationalité, mise en place de quotas pour les minorités ethniques dans les secteurs publics et privés, et promotion de la diversité culturelle dans l'éducation et les médias. Cette politique fut poursuivie et renforcée tout au long des années 80, avec cependant des résultats mitigés.

L'écologie

Les Néerlandais furent très tôt confrontés aux problèmes de pollution, de par la densité de leur population et le nombre de véhicules en circulation dans un si petit pays, mais aussi par le développement d'une agriculture intensive. En outre, le delta du Rhin amenait sur leurs rives les pollutions d'origine allemande, française et belge, et l'exploitation du gaz naturel des gisements du nord faisait bondir la consommation d'énergie et la pollution qui en résultait.

Les Néerlandais prirent conscience depuis longtemps de la dégradation de leur environnement naturel, et cherchèrent à y apporter des réponses, ce qui les positionna à l'avant-garde en matière d'écologie.

Dès 1988, la Reine Beatrix exhortait ses concitoyens à prendre conscience de l'urgence du problème de la pollution dans son allocution de Noël qu'elle consacra à l'écologie. Elle provoqua une prise de conscience suivie par une forte mobilisation publique. On mit en place une politique de développement durable, avec une série de mesures pour promouvoir des modes de production et de consommation plus respectueux de l'environnement.

En 1989, le gouvernement néerlandais adopta son « Plan national pour l'environnement", qui fixait des objectifs ambitieux de limitation de la pollution de l'air, de l'eau et des sols, de protection de la biodiversité et de promotion des énergies renouvelables. Déjà les Pays-Bas furent à l'avant-garde de la lutte contre le changement climatique, avec la mise en place dès les années 90 d'un système d'échange de quotas d'émissions de gaz à effet de serre. Ce système, précurseur en Europe, permettait aux entreprises de négocier et de vendre des droits d'émission entre elles, dans le but d'en réduire globalement les émissions. Le système néerlandais[90] était considéré comme l'un des plus avancés et des plus ambitieux à l'époque. Il fut renforcé au fil des années, avec l'instauration en 1995 d'une taxe sur les émissions de CO_2 aux Pays-Bas[91]. Dès 1995, ce système servit de modèle à la création d'un marché européen du carbone et à la mise en place du système d'échange de quotas d'émissions de l'Union européenne[92].

> *Ainsi, les Pays-Bas furent donc le premier pays à introduire un système de régulation des émissions des gaz à effets de serre. Leur expérience contribua à façonner les politiques environnementales de l'UE dans ce domaine.*

Au niveau politique, l'écologie était donc devenue une question centrale dans les débats publics et donna naissance à des mouvements politiques écologiques, comme le Parti vert (GroenLinks) qui fut fondé en 1989 et qui obtint de bons scores électoraux dans les années qui suivirent. Les partis traditionnels intégrèrent les questions environnementales à leurs programmes, avec notamment la création en 1989 d'un ministère de l'Environnement et de la Santé publique.

> *La prise de conscience de la dégradation de leur environnement dans les années 80 suscita une forte mobilisation aux Pays-Bas, qui adoptèrent une politique de développement durable ambitieuse et précurseur en Europe.*

---

[90] *"Environmental Quality Decree"*

[91] *Instauration de la taxe carbone en Suède et en Norvège en 1991, au Danemark en 1992, en Finlande en 1997, au Royaume-Uni en 2001, en France en 2014 (Contribution Climat Energie CCE) mais qui fut annulée en 2019 suite aux manifestations des gilets jaunes.*

[92] *EU ETS*

Les crises des années 2000

Cyber-criminalité et écologie

Le pays faisait toujours face aux problèmes de la pollution de l'air, de la gestion des déchets et de la réduction des émissions de gaz à effet de serre. Alors que les statistiques montraient une baisse globale de la délinquance et de la criminalité aux Pays-Bas, la cyber-criminalité fit son apparition dans les années 2000 avec de nouvelles pratiques contre lesquelles il fallait trouver des parades.

Assassinats politiques

La brutale apparition des assassinats politiques dans une société pacifique constitua un choc et un défi de taille. En 1986, la militante anti-apartheid sud-africaine Dulcie September, qui vivait à Amsterdam et travaillait pour le Congrès national africain (ANC), fut assassinée à Paris. En 2002, le populiste de droite Pim Fortuyn fut assassiné par un militant d'extrême gauche à Hilversum, alors qu'il faisait campagne pour les élections législatives en critiquant ouvertement l'immigration et l'islam. Cet assassinat provoqua un tremblement de terre dans la société néerlandaise, pourtant habituée à absorber et à mitiger les coups.

> « *Notre démocratie a perdu son innocence. Les Pays-Bas ont changé. Le fil s'est cassé.* »[93]

En janvier 2004, le sous-directeur d'une école à La Haye, Hans van Wieren, fut assassiné d'une balle dans la tête par un jeune d'origine turque.

Puis en novembre 2004, le réalisateur et essayiste Theo van Gogh, critique féroce de l'islam et réalisateur d'un film controversé sur la condition des femmes dans cette religion, fut assassiné à Amsterdam par un islamiste. Bien que le pays n'ait pas connu d'attentat de grande envergure comme ceux survenus en France ou

---

[93] *Melkert, chef du parti travailliste, 7 mai 2002*

en Belgique, ces assassinats furent des événements exceptionnels et marquants qui provoquèrent une forte émotion dans tout le pays.

Après la mort de Pim Fortuyn, son parti politique, le LPF, remporta un certain nombre de sièges au Parlement, mais sombra rapidement dans des querelles intestines et des scandales, perdant la plupart de ses sièges aux élections suivantes. L'assassinat de Theo van Gogh suscita des débats sur l'immigration, sur la liberté d'expression et sur les tensions que les communautés musulmanes suscitaient. Les réactions à l'assassinat furent mitigées, avec des manifestations pacifiques d'un côté mais aussi des actes de violence de l'autre.

Ainsi, à la fin de l'année 2004, les tensions intercommunautaires étaient particulièrement vives et la xénophobie atteignit un niveau sans précédent. Rares étaient ceux qui osaient encore exprimer publiquement une critique de l'islam. L'assassinat de Theo van Gogh eut un effet dissuasif sur la liberté d'expression, même aux Pays-Bas, où la parole avait toujours été libre.

Cette même année, le député du VVD Geert Wilders quitta son parti pour fonder le groupe Wilders, qui allait bientôt donner naissance au parti d'extrême droite PVV. Son objectif était clair : occuper l'espace politique laissé vacant après la disparition de Pim Fortuyn.

Une politique de l'autruche ?

Les Pays-Bas, jusque-là si paisibles, se retrouvèrent au bord d'une confrontation ethnique sans précédent. Le sacro-saint « vivre ensemble » était menacé. La communautarisation de la société fut alors publiquement remise en cause. L'organisation traditionnelle de la société en « piliers » étanches avait conduit à la formation d'un bloc musulman, où les individus étaient pris en charge « de la naissance à la tombe », sans passer par le creuset identitaire néerlandais ni être incités à se mêler à la population autochtone. La fameuse tolérance néerlandaise semblait, elle aussi, atteinte. Les Néerlandais réalisèrent les effets secondaires néfastes d'une coexistence basée sur l'ignorance mutuelle. La liberté laissée à chaque communauté de vivre selon ses propres règles relevait davantage d'une politique de l'autruche que d'un véritable modèle d'intégration. Il devenait urgent de créer des ponts entre ces communautés qui évoluaient en parallèle sans véritablement se côtoyer.

> *Au lieu de barrer la route à la communauté musulmane grandissante, la société néerlandaise s'attacha à les responsabiliser. Au lieu de continuer à les isoler, il fallait les intégrer, moyennant des engagements de leur part à adhérer aux valeurs du pays.*

Le gouvernement Balkenende II adopta une ligne dure contre la criminalité et mit en place une politique d'immigration stricte, accompagnée de mesures d'intégration bien plus contraignantes, avec notamment une « obligation d'intégration civique » (inburgeringsplicht).

Un maire marocain à Rotterdam

Secrétaire d'État aux Affaires sociales entre 2007 et 2008 dans le gouvernement Balkenende, le marocain Ahmed Aboutaleb, membre du Parti travailliste, fut nommé en octobre 2008 par la Reine bourgmestre de Rotterdam, sur proposition du conseil municipal. Il devint ainsi le premier maire musulman et d'origine maghrébine à la tête d'une grande métropole européenne, dans l'un des bastions du populisme aux Pays-Bas. Sa capacité à apaiser les tensions intercommunautaires, notamment après l'assassinat de Theo van Gogh, avait été saluée par de nombreuses figures politiques. Il suscita aussi de vives critiques, en particulier de la part de Geert Wilders et de la droite radicale, qui lui reprochaient sa double nationalité néerlandaise et marocaine.

> *Ses prises de position claires et fermes sur l'engagement civique le rendirent célèbre. « Partez si*

> *vous n'aimez pas la liberté ». En janvier 2015, à la suite de l'attentat contre Charlie Hebdo, Aboutaleb fustigea les djihadistes en les invitant à « foutre le camp » en Afghanistan, ou au Soudan, s'il ne voulaient pas respecter les valeurs démocratiques des sociétés occidentales. « L'attentat contre Charlie Hebdo force l'islam à se remettre en question! », affirma-t-il dans une interview accordée à un journal français[94], dans laquelle il demandait aux musulmans d'embrasser sincèrement la constitution de l'État de droit pour mieux s'assurer une place dans la société.*

Très populaire, Ahmed Aboutaleb a quitté ses fonctions en octobre 2024 sous les applaudissements et les remerciements de sa communauté, après 15 années de services remarquables. Son mandat est largement considéré comme un succès. Sous sa direction, Rotterdam est devenue plus sûre, avec une nette diminution du taux de criminalité. Il a su mener une politique ferme contre l'extrémisme et la radicalisation, tout en promouvant le dialogue et l'intégration, démontrant ainsi un talent politique rare. Son leadership fort, son pragmatisme et sa capacité à unir une ville cosmopolite comme Rotterdam en ont fait l'un des maires les plus respectés des Pays-Bas.

> *Aucune de ces crises n'éroda l'attachement des Néerlandais à la tolérance et à leur rejet viscéral de la violence. Au contraire, cela renforça l'intolérance qu'ils manifestent à l'égard de toute forme d'extrémisme. Leur conception de la société, toute entière cristallisée autour du maintien d'un « vivre ensemble »[95] harmonieux, ne s'est jamais érodée sous les coups des crises et de l'émergence d'une société pluri-ethnique.*

---

[94] l'Express, 17 février 2015
[95] « Samenleving », voir chapitre « La vie en société »

Les crises des années 2020

Les années 2020 actuelles ne furent pas avares en nouvelles crises qui s'ajoutèrent aux anciennes. Il y eut, dans la continuité du problème endémique du trafic de drogue qui n'a fait que se développer, les menaces de mort de la part du réseau de trafiquants marocains, la « Mocro Mafia », à l'encontre du chef de cabinet Mark Rutte en 2021, puis à l'encontre de la princesse héritière Catharina Amalia en 2022, ce qui la priva depuis d'une vie estudiantine normale avec ses amis. Cette situation n'a fait que renforcer la popularité et l'affection que la population porte à sa royauté, incarnée ici par une jeune fille empêchée d'étudier et de vivre simplement comme les autres.

En 2019, les paysans néerlandais déclenchèrent un large mouvement de contestations contre les mesures drastiques visant à fermer la moitié des élevages du pays, pour réduire les émissions polluantes de dioxyde d'azote (Stikstof). En mars 2023, le parti politique des paysans « Mouvement Paysans Citoyens » (Boeren Burgers Beweging, BBB) remporta haut la main les élections provinciales, devant tous les autres partis. Cette victoire aussi imprévue qu'éclatante, n'aurait pu être possible sans l'agrégation des votes de protestation d'une autre partie de la population, excédée par deux affaires qui heurtaient les principes mêmes de leur vie en société. Une fois de plus, les crises révélèrent comment les Néerlandais appréhendent le monde, sans remettre en cause leur esprit de tolérance et leur libéralisme.

Le gaz de Groningue et les maisons détruites

La première affaire, dite du « Gaz de Groningue »[96] remonte à l'exploitation du gaz naturel dans le nord du pays dans les années 1990, et qui prit de l'ampleur dans les années 2000 et 2010. L'exploitation d'un champ de gaz naturel situé dans la province de Groningen, commencée en 1959 et exploité depuis

---

[96] *Groningen gas vield »*

par la société NAM[97] (Nederlandse Aardolie Maatschappij), provoqua des séismes qui endommagèrent de nombreuses maisons dans la région. Environ 100 000 foyers furent touchés, et environ 1000 familles durent quitter leur logement en raison des dommages subis. Depuis le premier procès intenté en 2015 par une famille de la ville de Appingedam contre la société exploitante NAM, de nombreux autres plaignants se sont joints à la procédure judiciaire pour tenter d'obtenir réparation des dommages subis. A la date des élections provinciales en mars 2023, aucun dédommagement n'avait été encore concédé aux victimes. Pourtant en janvier 2020, le gouvernement néerlandais avait annoncé un accord entre la NAM et les victimes pour un dédommagement global allant jusqu'à 1 milliard d'euros. Mais depuis, l'affaire s'était embourbée dans les nombreuses expertises et contre-expertises, les rapports parlementaires et les batailles d'avocats en cours de justice.

Cette affaire touche à une corde sensible de la mentalité néerlandaise. Malgré une bonhomie affichée en société, le peuple néerlandais n'en éprouve pas moins une certaine fierté nationale pour leur pays, petit par la taille, mais d'envergure internationale par sa réussite économique. Cette réussite, fut rendue possible en partie par la manne financière des gisements de gaz du nord, mais aussi par leur talent commercial, et surtout par leur aptitude à créer le dialogue et l'entente entre les employeurs et les employés, ce dont ils sont aussi fiers aux yeux du monde que de leurs exportations de tulipes.

> *Ce fameux dialogue et consensus à la néerlandaise repose sur un axiome fondamental: la confiance. Tous les anciens dirigeants des coalitions gouvernementales étaient appréciés pour la confiance qu'on pouvait leur accorder, et certainement pas pour leur charisme dont la plupart était dépourvu, contrairement aux hommes politiques français qui se taillent une carrure médiatique grâce à leur éloquence et à leur verve.*

---

[97] Entreprise conjointe entre Shell et ExxonMobil

On disait volontiers pour comparer les deux hommes politiques néerlandais : « Plutôt l'expérience de Balkenende[98] que le charisme de Gerd Leers. ». Effectivement, Balkenende en était dépourvu, mais la confiance qu'il suscitait était telle que « on aurait pu lui confier son propre porte-monnaie, il l'aurait rendu avec des intérêts ». On lui faisait entière confiance pour gérer les affaires de l'Etat, c'est-à-dire représenter et défendre les particuliers.

L'affaire des maisons endommagées de Groningue avait pris une tournure allant à l'encontre de la confiance accordée en l'homme politique. Tout d'un coup, on vit l'Etat se retourner contre ses propres citoyens en leur envoyant des avocats qui doutaient de la bonne foi des victimes et plaidaient contre elles. L'Etat était devenu un adversaire, la confiance était rompue. On accusa Mark Rutte, premier ministre en place à la tête de sa quatrième coalition gouvernementale, d'avoir été incapable de résoudre une crise qui durait depuis trop longtemps. Trop de promesses et des actes qui ne suivaient pas, ce qui est devenu inacceptable dans l'esprit de beaucoup.

Cette affaire réveilla aussi l'intolérance des Néerlandais envers les abus de pouvoir qui menacent les libertés individuelles. La puissance financière de la société exploitante NAM, accumulée grâce aux gisements de gaz dont les Néerlandais savent l'importance pour leur économie, se retournait contre eux et trahissait à la fois leur confiance et leur fierté. Beaucoup de citoyens ne supportent pas de voir une entreprise devenue un fleuron national, se retourner contre eux. Imaginerait-on la compagnie aérienne nationale KLM flouer sans vergogne ses passagers ? Les Néerlandais éprouvent une certaine honte à voir ainsi leur Etat et leur société batailler contre les habitants démunis de Groningue, tout en les laissant dans le besoin sans vouloir les dédommager.

---

[98] *Premier ministre de 4 coalitions gouvernementales de 2002 à 2010*

L'affaire des allocations familiales

Une autre affaire est venue récemment heurter la sensibilité des Néerlandais et leur méfiance contre les abus de pouvoir à l'encontre des citoyens. Le scandale dit des « allocations familiales » (Toeslagenaffaire), éclata en 2019, lorsqu'un lanceur d'alerte, Pieter Omtzigt, fonctionnaire aux services fiscaux, révéla que des accusations avaient été portées à tort contre des parents accusés de fraude aux allocations familiales. Brutalement, ces individus furent contraints de rembourser, sans contestation possible, de grosses sommes d'argent, ce qui pour beaucoup, leur aurait été impossible. Effectivement, une enquête parlementaire confirma le non fondé des accusations pour la plupart des familles inculpées.

La population ne supporta pas de voir les services fiscaux harceler injustement des familles, dont certaines furent confrontées à de graves problèmes financiers. Constatant le manque de capacité à subvenir aux besoins de leurs enfants, les services sociaux allèrent même jusqu'à ôter la garde des enfants de certaines familles pauvres. Ici encore, la confiance fut rompue lorsque l'administration s'était retournée contre ses propres citoyens. Cette affaire provoqua un grand émoi au sein de la population, qui constatait son impuissance face aux dérives d'une bureaucratie dont elle ne supportait pas les dysfonctionnements. L'Etat n'a officiellement toujours pas reconnu sa faute, ni présenté ses excuses aux accusés. A cause de la complexité du système informatique, on n'envisage pas de règlement possible avant les années 2030.

Ces deux affaires resteront, aussi longtemps qu'elles ne seront pas résolues, une épine dans la confiance que les Néerlandais accordent à leur gouvernement, et qui reste fondamentale à leurs yeux. Pieter Omzigt démissionna du ministère et lança son parti politique, le « Nouveau Contrat Sociale » (Niewe Sociale Contract NSC) qui obtint 20% des suffrages dès sa première campagne lors des élections législatives de novembre 2023 pour renouveler la coalition démissionnaire.

La montée du populisme

La victoire du parti « Mouvement Paysans Citoyens » (Boeren Burgers Beweging, BBB) aux élections provinciales de mars 2023, puis la retentissante victoire du parti d'extrême droite (PVV) de Gerd Wilders, arrivé en tête des élections législatives de novembre 2023, attestent de l'ascension indiscutable des partis populistes, à l'instar d'autres pays en Europe, comme l'Italie, l'Autriche ou la Suède. Les médias français, habitués au régime majoritaire présidentiel à la française, et avides de sensationnalisme, oublient de présenter ces évènements dans le contexte d'élections proportionnelles propres à un régime parlementaire, tel que le connaissent les Pays-Bas depuis des générations. Ils négligent de mentionner la nécessité de former une coalition gouvernementale, ce qui implique nécessairement des compromis, et surtout, ils ne rapportent pas l'inflexion notoire du programme du parti d'extrême droite (PVV) pour ces élections, qui a abandonné ouvertement tous ses dogmes extrémistes pour ne s'occuper que des crises qui affectent le quotidien de la population, comme la crise du logement, du système de santé pour les personnes âgées, et surtout, de la crise des migrants dont l'afflux excède totalement les capacités d'accueil du pays.

Le parti d'extrême droite PVV n'est pas arrivé en tête des élections en jouant sur son programme extrême et provocateur traditionnel, qui lui assurait son fond de commerce quand il était dans l'opposition et pouvait critiquer à tout va sans n'endosser aucune responsabilité. Au contraire, le PVV a provoqué l'adhésion en abandonnant explicitement ses thèmes caricaturaux d'exclusion et d'islamophobie, comme l'interdiction du Coran, du voile islamique ou la fermeture des mosquées. Il a choisi des problèmes très concrets auxquels la société néerlandaise est confrontée depuis quelques années, à savoir une crise du logement aigüe et des problèmes dans le système de santé, en particulier les soins concernant les personnes âgées atteintes de démence. Les attaques caricaturales contre l'Union européenne furent également reléguées hors du programme, pour permettre au parti de ne plus se limiter au rôle stérile de l'opposant, mais bien d'endosser l'attitude responsable d'un parti politique qui veut prendre en main les problèmes quotidiens des Néerlandais.

Surtout, en cette fin d'année 2023, le parti d'extrême droite PVV n'avait rien gagné. Il arrivait certes en tête au classement des sièges obtenus (37), mais loin derrière la majorité de sièges (76) qu'il fallait à la future coalition pour être majoritaire au sein du parlement qui en compte 150. Geert Wilders, le patron du PVV, dut donc trouver encore 39 sièges supplémentaires pour former la coalition et pouvoir gouverner. C'est à dire qu'il serait minoritaire, ou à égalité, au sein de sa propre coalition.

> *Aux pays des élections à la proportionnelle et des coalitions gouvernementales, le parti qui arrive en tête des élections est encore loin de pouvoir gouverner. S'il le fait, cela sera au prix d'une coalition, au sein de laquelle il ne sera pas majoritaire, ou à égalité, et des compromis qui en résulteront. Bien sûr en France, la nouvelle de la « victoire » relative du PVV aux Pays-Bas fut mise en scène pour faire sensation. Elle fut analysée au prisme du régime électoral majoritaire à la française, et de son absence notoire de la pratique de la coalition gouvernementale.*

Le système de coalition gouvernementale, qui fait que jamais un parti unique n'a pu gouverner seul aux Pays-Bas depuis la fin de la seconde guerre mondiale, opère nécessairement une responsabilisation des personnalités politiques qui ne peuvent plus rester dans l'opposition politicienne, et une dilution des ambitions par les compromis nécessaires à la formation d'une coalition. Aux Pays-Bas, il n'existe pas de Président ou de gouvernement monocéphale constitué par un seul parti majoritaire, mais un « Cabinet » de coalition dont le chef, le « Premier », n'est que le représentant.

Ceci étant dit, malgré les effets modérateurs bien connus qu'une coalition exerce nécessairement sur tous ses participants, les

Néerlandais furent quand même choqués par les résultats des législatives de novembre 2023, et de la première position ainsi obtenue par le parti d'extrême droite PVV.

Une force d'adaptation naturelle

Loin d'être une innocence désuète menacée par les défis de notre époque moderne, la mentalité néerlandaise représente une force d'adaptation naturelle. En somme, les Néerlandais ont cherché à répondre à ces multiples défis en mobilisant leur capacité d'innovation, de dialogue et de compromis, dans un contexte de mutation rapide de leur société et de leur économie.

> *D'un tempérament progressiste et pragmatique indéfectible, les Néerlandais se préservent d'élucubrations idéologiques ou conceptuelles qui entraveraient leur réactivité face aux crises. Ils prennent le monde changeant comme il vient à eux, et agissent en conséquence.*

Chaque crise sera pour eux l'occasion de révéler ce caractère national si particulier: un pays sérieux, travailleur et entreprenant, où l'originalité est souvent de mise. En fin de compte, ils auront toujours su se transformer et évoluer tout en préservant leur identité.

Donner le bon exemple

C'est bien la considération dans les rapports sociaux, les discussions et les négociations, le ton respectueux des discours politiques, le souci constant de l'harmonie et de l'équilibre dans la vie en communauté, ainsi que la responsabilisation des individus, qui vont aider à l'intégration et au calme des populations d'origine étrangère. A l'inverse en France, les comportements agressifs des manifestants, l'animosité et l'acrimonie des discours politiques, la véhémence des médias et des réseaux sociaux, la polarisation des prises de positions, la contestation systématique de l'autorité, la propagation maladive de l'anxiété par la télévision, tout ceci ne peut que donner le mauvais exemple et amplifier les problèmes plus que cela ne pourra les apaiser.

Comparée à la société néerlandaise, la société française semble inapte à l'acceptation d'un monde qui change et à la nécessité de s'y adapter. Ce ne sont pas les Néerlandais qui risquent de perdre leur innocence, mais bien les Français qui ne l'ont jamais connue, et qui se débattent depuis longtemps dans un état de crise nerveuse et conflictuelle permanente.

X. Aux racines de la culture politique nordique

★ Dans les pays de culture protestante, le scandale n'est pas tant la richesse des autres que la pauvreté de tous.

★ La déclaration des Droits de l'Homme et du Citoyen de 1789 fut réécrite en 1948, adaptée aux préoccupations de l'époque contemporaine.

★ Plutôt que l'égalitarisme, plus de droits et de dignité pour les individus.

Droits de l'Homme : 1948 plutôt que 1789

La France ne jure que par sa Déclaration des « Droits de l'Homme et du Citoyen », qu'elle rédigea en 1789. Depuis, une déclaration ultérieure, la Charte européenne des droits fondamentaux de 1948, prévaut aujourd'hui partout ailleurs en Europe. Cette nouvelle charte répondait aux préoccupations de l'après-guerre mondiale.

Inspirée de la Déclaration d'indépendance américaine de 1776 ainsi que de l'esprit des Lumières, la déclaration française des Droits de l'Homme et du Citoyen de 1789 marquait le début d'une ère politique nouvelle. Son article premier et fondateur est :

« Les hommes naissent et demeurent libres et égaux en droits. Les distinctions sociales ne peuvent être fondées que sur l'utilité commune. »

Après les horreurs de la Seconde Guerre mondiale, la communauté internationale réunit un comité d'experts juridiques, dont le Français René Cassin, afin d'élaborer une nouvelle Déclaration universelle plus adaptée aux préoccupations de l'époque moderne. Elle sera adoptée par l'Assemblée générale des Nations unies en 1948.[99]. L'article premier de la déclaration de 1789 sera ainsi réécrit :

« Tous les êtres humains naissent libres et égaux en dignité et en droits. Ils sont doués de raison et de conscience et doivent agir les uns envers les autres dans un esprit de fraternité. »

Cet article omet la notion « d'utilité commune » et fonde l'individu comme un être « doué de raison et de conscience », ce qui lui confère son autonomie. Il lui attribue également une « dignité » propre. Alors que l'article premier de la Déclaration de 1789 ne s'en préoccupait pas, il est ici fait mention des relations sociales et des interactions humaines, qui, aujourd'hui, incarnent

---

[99] https://www.humanium.org/fr/normes/declaration-universelle-droits-homme-1948/

le fameux « vivre ensemble » des Néerlandais. L'individualisme s'exerce « les uns envers les autres » dans un esprit de « fraternité ». Tout ceci traduit des conceptions et des différences profondes dans l'organisation de la société par rapport à la France.

Droit individuel au dessus du droit national [100]

La Déclaration de 1789 garantissait des droits aux individus en tant que citoyens. La définition et la garantie de ces droits sont donc conditionnées par l'appartenance à un État particulier et soumises au pouvoir de celui-ci. Cette Déclaration fonde ainsi l'État français et son autorité.

Par contraste, la Déclaration de 1948 conçoit l'homme de façon plus réaliste que ne le faisaient les philosophes des Lumières, en lui reconnaissant un métier, une famille, une patrie et une religion, qu'elle n'entend pas régir. Toutes ces appartenances sont considérées comme autant de dimensions antérieures et indépendantes de l'État. Cette Déclaration vise à assurer la protection de l'homme contre l'abus de pouvoir étatique et la dictature.

> *Elle cherche à protéger directement les personnes en imposant la primauté des droits de l'homme sur le droit national et en leur offrant, si nécessaire, une protection supranationale. Le droit international établit un ordre moral supranational à vocation universelle.*

La dignité plutôt que la richesse des autres

En 1789, le problème en France était celui de la richesse et du pouvoir indus des classes aristocratiques, que les famines avaient rendues abusifs et insupportable, et à l'émergence de la bourgeoisie dans un contexte révolutionnaire de lutte des classes. La Révolution française fut d'abord une réaction contre l'inégalité des droits politiques. Il s'agissait de partager le pouvoir avec les

---

[100] https://www.lesalonbeige.fr/les-differences-entre-les-droits-de-lhomme-de-1789-et-ceux-de-1948/

classes bourgeoises et populaires, d'affirmer l'existence d'un peuple et de sa liberté au sein d'une nation incarnée et défendue par l'État.

En 1948, le problème était celui des ravages de la pauvreté et des nationalismes exacerbés qui avaient mené aux dictatures, à la guerre, aux destructions épouvantables et aux génocides monstrueux. Ce fut l'affirmation urgente du droit individuel et de la dignité inaliénable de chacun, scellés dans des principes démocratiques.

L'excellence plutôt que l'arrogance

J. Attali décrit les séquelles de cet esprit français hérité de la Déclaration de 1789.

> « *La culture française, pour qui le scandale est la richesse et non la pauvreté, diffère donc des pays de tradition protestante pour qui c'est exactement l'inverse: le scandale, c'est la pauvreté. De fait, beaucoup de gens, en France, confondent alors compétence et arrogance, excellence et privilèges, élitisme et favoritisme. Car on en vient à dénoncer toute réussite, même venue du travail, comme étant la traduction d'un privilège immérité: comme si tout succès était nécessairement la traduction d'un privilège indu.* » [101]

Les Néerlandais ne dénigrent certainement pas l'excellence, sans pour autant en faire un but en soi.

Le libéralisme anglo-saxon [102]

Les pays nordiques d'inspiration protestante se réfèrent plus volontiers à l'esprit de la déclaration de 1948, qui s'inscrit moins dans une logique de lutte des classes que dans celle de la liberté, de la garantie des droits et de la dignité individuelle. Les pays anglo-saxons, considèrent comme valeurs cardinales les

---

[101] J. Attali https://www.attali.com/societe/arrogance-et-excellence/

[102] C. Carreau https://www.europe-unie.org/single-post/le-traité-de-rome-est-une-inspiration-du-benelux

quatre libertés édictées par le président américain Franklin Roosevelt dans son discours sur l'état de l'Union en 1941 :

1. la liberté d'expression
2. la liberté de religion
3. la liberté de vivre à l'abri du besoin
4. la liberté de vivre à l'abri de la peur

Dans les pays anglo-saxons, la concurrence libre et non faussée est perçue comme une protection fondamentale pour les individus, leur permettant d'entreprendre, de produire, d'acheter et de vendre, avec une égalité des chances.

XI. Aux racines de la culture protestante

★ *Luther ou la réforme théologique*

★ *Calvin ou la réforme économique*

★ *Henri VIII ou la réforme d'Etat*

Luther : la Réforme théologique

Le 31 octobre 1517, le moine Martin Luther (1483-1546) placarda sur la porte de l'église de Wittenberg, en Allemagne, ses fameuses « thèses » pour dénoncer la vente des indulgences par le pape et le clergé catholique, qu'il jugeait par ailleurs entièrement corrompu. Ce faisant, le moine allemand allait bouleverser la manière de penser le monde et Dieu. Ce n'était plus en accomplissant de bonnes œuvres sur Terre que l'homme pouvait espérer gagner son salut, mais en travaillant. Ayant déjà reçu la grâce divine par le simple fait de sa naissance, attestant de l'estime de Dieu pour lui, l'homme devait ensuite s'en montrer digne par ses efforts et son labeur tout au long de sa vie.

> *Il ne s'agissait plus de gagner son salut pour racheter une faute originelle dont chaque individu portait la culpabilité par le fait de sa naissance, mais de se montrer digne de la grâce divine dont tout le monde bénéficiait en naissant, de s'acquitter d'une dette et d'un devoir sa vie durant.*

Le luthéranisme se répandit dans les régions nordiques de l'Allemagne et jusqu'en Scandinavie. D'un point de vue économique, ce nouveau dogme ne prônait pas un progressisme de la société : l'économie devait toujours reposer sur l'agriculture. Le luthéranisme est aujourd'hui très présent dans certaines régions d'Allemagne et de Scandinavie.

Jean Calvin : la Réforme économique

Contrairement à Luther, qui dénonçait la doctrine religieuse catholique dominante de l'époque, le pasteur Jean Calvin, d'origine française (1509-1564), proposa une nouvelle conception de la société et de l'activité économique. Sa réforme, lancée en 1541, eut un impact majeur sur l'avènement d'un petit capitalisme des classes moyennes et urbaines, en rupture avec l'économie agraire. Les artisans et commerçants pouvaient, par leur activité, espérer tirer un profit, bien que modéré, tout comme les bailleurs de fonds et les banquiers, par le prêt du capital procurant un profit reconduit de période en période. Même les paysans pouvaient tenter d'alléger le fardeau du travail de la terre en mettant à contribution leurs maigres économies.

Le travail, au lieu d'être une peine, devenait une occupation louable pour améliorer son sort, voire une vocation. L'honnêteté, la rigueur et l'application à bien faire l'ouvrage furent ainsi élevées au rang de vertus.

> *La réussite économique dans ce bas monde est considérée comme une bénédiction divine, et l'esprit économe, allié à un emploi profitable des ressources, devient un devoir prescrit par la morale chrétienne.*

Le calvinisme s'est principalement répandu en Suisse, où résidait Calvin, aux Pays-Bas, et également en France.

Henri VIII : la Réforme d'Etat

En Angleterre, la Réforme se traduira par une rupture radicale avec le Vatican, lorsque Henri VIII se déclara en 1534 chef d'une Église anglicane indépendante. Cette rupture était motivée par des conceptions fondamentalement nouvelles pour la société. Tout d'abord, il y eut « l'égalisation des conditions de l'homme ». En plaçant les fidèles sur un pied d'égalité avec leur clergé, la Réforme abolissait les catégories sacrées, comme celle des prêtres. De plus, la rupture avec Rome signifiait qu'il n'existait plus de structure au-dessus des États, ni d'organisation supranationale. Les Églises devenaient indépendantes les unes des autres, obtenant ainsi leur autonomie d'agir et de penser. Il n'en fallait pas plus pour que les individus en bénéficient aussi.

> *Les fidèles eux-mêmes n'étaient plus considérés comme des sujets soumis et obéissants à la doctrine religieuse dominante, mais comme des participants actifs à la vie religieuse de leur église et, surtout, de leur communauté.*

Cette nouvelle conception de la société terrestre et de ses activités économiques, ainsi que de l'individu au sein de sa communauté et de son rapport à l'au-delà et à la mort, sont restées des fondements culturels et politiques. Malgré la quasi-disparition de la pratique religieuse, la Réforme et ses implications demeurent profondément ancrées dans la mentalité des pays nordiques de tradition protestante, en particulier aux Pays-Bas.

La tolérance, supporter sans approuver

L'étymologie du mot « tolérer » reflète bien l'origine de la notion de tolérance telle qu'elle commença à apparaître dans les écrits des théologiens protestants du XVe siècle, et surtout chez Martin Luther, qui fut le premier à employer le mot « tolérance ».

> *Le mot "tolérer" tire son origine du latin « tolerare », qui signifie « supporter » ou « endurer ». Il reflète l'idée de supporter et d'endurer quelque chose, même si l'on n'est pas d'accord avec, ou si l'on ne l'approuve pas totalement.*

À l'époque, la notion de tolérance portait la connotation négative de « supporter », sans signifier une quelconque sympathie ou approbation, comme cela devait devenir le cas par la suite. Au contraire, Luther, en utilisant le terme « tolérance », exprimait sa frustration et son mécontentement envers ceux qui s'opposaient à ses idées ou à la Réforme protestante naissante. Par « tolérance », il se préparait à supporter et endurer les critiques de ses opposants, sans pour autant vouloir les accepter ou les respecter.

> *À cette époque, l'usage du terme "tolérance" signifiait l'endurance qu'il fallait s'armer pour faire face aux oppositions. Cela ne reflétait certainement pas une attitude clémente envers la diversité des croyances religieuses.*

Dieu rend justice, on ne tue pas soi-même

La grande différence, cependant, avec les esprits religieux manichéens ou fanatisés, réside dans le fait que Luther, et par la suite les protestants des Provinces-Unies, laissaient à Dieu le soin de punir les comportements déviants contraires aux principes divins.

> *Puisque le salut était accordé par la foi en Dieu, et non par les œuvres ou les efforts humains, et donc certainement pas par la vente et l'achat des indulgences, la doctrine de la « foi seule » (sola fide) rendait chacun responsable de ses actes devant Dieu, à qui il incombait de juger et de punir. Et puisque personne ne pouvait échapper à la mort, personne n'échappait finalement à la justice divine.*

Le principe de tolérer, qui était celui d'endurer sans accepter, associé à l'idée que les hommes n'ont pas à rendre justice divine dans leur société à la place de Dieu, fut la base d'une organisation structurée en « piliers », séparant les communautés religieuses et leurs pratiques, sans qu'elles ne s'autorisent à s'entretuer. Cette organisation, qui permettait d'évacuer la violence, assura la pacification d'un pays morcelé en de multiples communautés culturelles et religieuses. [103]. Elle allait plus tard être connue sous le nom de « pilarisation » et devenir caractéristique de la société néerlandaise dans son ensemble.

La tolérance devient plus tolérante

La tolérance religieuse, telle que nous la concevons aujourd'hui, se développa plus tard, notamment pendant le siècle des Lumières, par des philosophes et des penseurs comme John Locke, Voltaire et Baruch Spinoza. Ces philosophes plaidaient en faveur de la séparation de l'Église et de l'État, de la liberté de conscience et d'une tolérance qui devenait charitable et bienveillante envers les différentes confessions religieuses, et vis-à-vis d'autrui en général. Cette nouvelle tolérance altruiste allait faire partie de l'identité politique et culturelle du peuple néerlandais.

La « pilarisation » de la société

À la fin du 19e et au début du XXe siècle, la société néerlandaise a suivi ces principes de tolérance jusqu'à permettre

---

[103] *Néerlandais, Lignes de vie d'un peuple*, entretien avec Fouad Laroui, Ateliers Henry Dougier

aux communautés catholiques et protestantes de vivre de la façon qu'elles souhaitaient, sans les contraindre à se fondre dans un moule national commun. Il fut alors toléré de vivre séparément, chacun de son côté dans sa communauté respective sans que cela ne soit vu comme une atteinte à l'unité du pays. Bien au contraire, la séparation et le cloisonnement, respectant la liberté religieuse et la libre expression de chacun, honoraient ainsi les principes fondamentaux de la Constitution[104] qui permettent de maintenir la coexistence pacifique et l'harmonie sociale. Le respect total des us et coutumes de chaque groupe religieux mena à un cloisonnement poussé à l'extrême en communautés, que l'on appelait les « piliers ». Chaque pilier avait ses institutions propres, ses écoles, ses partis politiques, ses syndicats et ses organisations sociales. Les individus étaient identifiés et affiliés à un pilier spécifique, les interactions entre les différents piliers étant limitées.

La « pilarisation » n'était donc pas exempte d'une certaine ségrégation sociale. Elle découpait toute la société néerlandaise suivant les lignes confessionnelles, en cellules religieuses, politiques et idéologiques bien distinctes.

La disparition des piliers

Dans les années 1960 et 1970, les Pays-Bas connurent les transformations sociales, culturelles et politiques qui balayaient le continent européen et qui mirent rapidement fin au modèle de la pilarisation.

Ce furent d'abord les mouvements de contestation sociale qui remettaient en question les structures traditionnelles de la société et réclamaient plus de liberté individuelle et d'égalité dans les domaines de la politique, de la culture, de la sexualité et des droits civils. Les normes traditionnelles liées à la religion et à la moralité furent remises en question au profit de l'individualisme, de la

---

[104] Articles 6 (liberté de religion) & 7 (liberté d'expression) de la Constitution "Grondwet voor het Koninkrijk der Nederlanden »

tolérance, de l'ouverture d'esprit et de l'émancipation des femmes. Par ailleurs, la société entamait sa diversification culturelle et ethnique, avec l'arrivée de travailleurs immigrés en provenance principalement du Maroc, de la Turquie, de l'Indonésie et des anciennes colonies néerlandaises. Les communautés religieuses plutôt homogènes, sur lesquelles reposait la « pilarisation », disparurent assez rapidement.

Les réformes politiques refondèrent les systèmes électoraux et les structures politiques pour favoriser une représentation plus diversifiée et encourager la participation politique de tous les citoyens, indépendamment de leur affiliation religieuse. En deux décennies, ces transformations profondes eurent raison du système de pilarisation si caractéristique de la société néerlandaise, qui était devenue plus ouverte, pluraliste et individualiste.

Un îlot conservateur au pays progressiste

Il existe aujourd'hui toute une région, qui traverse le pays en diagonale du sud-ouest jusqu'au nord-est, surnommée la « ceinture de la Bible » (Bijbelgordel) et caractérisée par une influence encore forte de l'orthodoxie protestante, où les préceptes religieux jouent un rôle central dans la vie quotidienne. La région est souvent perçue comme une enclave de conservatisme religieux au sein d'une société néerlandaise par ailleurs largement sécularisée. On y retrouve des protestants conservateurs des églises réformées, qui pratiquent des croyances fondamentalistes et interprètent la Bible de manière littérale. Au conservatisme religieux correspond un conservatisme social prononcé, les habitants de la ceinture étant généralement opposés aux évolutions sociales telles que l'avortement, le mariage homosexuel, la diffusion de contenus médiatiques jugés contraires à leurs croyances et, plus récemment, la vaccination contre le virus du Covid-19.

Cette région se distingue particulièrement dans un pays par ailleurs plutôt progressiste.

Un héritage d'avance

Par nature, le catholicisme est hiérarchique et universaliste, le protestantisme est pluraliste. Tout catholique est censé se soumettre à l'autorité de la seule véritable Église, tandis qu'un protestant peut, le cas échéant, fonder sa propre Église. Les religions et leurs visions du monde sont bien à l'image des hommes qui les ont créées et des sociétés qu'ils ont voulu bâtir en fonction de leur culture et de l'organisation de leur vie en société.

Nos sociétés modernes ne s'organisent plus autour du livre et de l'imprimerie, qui permirent la diffusion des thèses de Luther en Europe, mais autour des réseaux de communication numérisés planétaires, et bientôt de l'intelligence artificielle. Une culture hiérarchisée et centralisée ne convient plus à un monde qui demande expérimentation et initiative individuelle, qui ne peut plus et qui ne veut plus « se laisser ordonner par le haut » [105]. Aujourd'hui, alors qu'il faut être réactif et développer une capacité d'adaptation, un état d'esprit inspiré du protestantisme s'avère mieux adapté. Les temps modernes feront irrésistiblement de la société française un pays "néo-protestant". Bien sûr, il ne suffira pas de tourner mécaniquement les boutons et les curseurs d'un modèle économique dans un pays dont l'ancienne royauté était une représentation divine, et dont le fonctionnement de l'Etat a conservé quelques attributs, dans le fond comme dans la forme. Il s'opérera une transformation qui touchera à l'identité nationale, à la culture profonde et aux mentalités, sans doute sous l'impulsion des jeunes générations qui prennent la place des anciennes.

La société néerlandaise, de souche protestante et naturellement progressiste, a hérité d'une longueur d'avance.

---

[105] Peter Giesen, « Retour de France, Adieu beau pays angoissé » Volkskrant 2018

XII. Aux racines de l'histoire

★ *Des guildes fondatrices*

★ *Une république à deux têtes*

★ *L'invention de la tolérance, de la liberté de culte et de penser*

★ *Une urbanisation et une éducation avancée, la fin du monde rural*

★ *Le « Brain drain » des Huguenots*

Ce sont les hommes qui font leur histoire

Il est facile d'invoquer des faits ponctuels, isolés du flux mouvant de l'histoire dont ils ont été extraits. Il serait vain de vouloir échapper à la mouvance perpétuelle qui jamais ne s'arrête et qui sans cesse transforme les sociétés et les hommes. Pourquoi un épisode historique particulier aurait-il plus de signification que les événements ultérieurs qui suivirent avec autant de force et d'influence sur notre époque moderne ? Les historiens, et surtout les hommes politiques, ne peuvent résister à la tentation de piocher des arguments et des personnages épars pour étayer à leur guise l'écriture d'un roman national.

> *Il est encore plus difficile d'évoquer l'histoire des conflits et des alliances incessantes entre les pays européens, qui, loin de les distinguer les uns des autres, les a rendus semblables dans cette vaste chronique européenne partagée. Tous les pays européens partagent la même histoire avec leurs voisins, en s'alliant ou en se confrontant avec eux depuis l'époque de l'empire romain, ainsi que l'ont fait tous les peuples et toutes les nations en Europe depuis deux mille ans.*

Si les raisons historiques restent ambiguës et hasardeuses, les mentalités et les cultures sont symptomatiques, comme si l'histoire n'était que le prétexte à l'expression du génie propre d'un peuple et des réponses qu'il apporte aux événements, comme si obstinément, tout peuple façonnait sa propre histoire et sa propre société quoi qu'il arrive. Si bien que, au lieu de vouloir expliquer le présent à travers des épisodes historiques qui s'y sont déroulés il y a des siècles, on serait plus inspiré de dégager les constantes culturelles et comportementales dont l'histoire a servi de révélateur, sans pour autant en être la cause.

Bien que voisins proches en Europe, tour à tour ennemis ou partenaires, les Pays-Bas et la France ont chacun suivi et mis en place des sociétés radicalement différentes au cours de l'histoire. Les Pays-Bas sont le pays de l'agrégation de petits polders conquis sur la mer, où chacun a son mot à dire et se sent responsable du compromis trouvé pour permettre à la communauté de survivre. Un pays dans lequel villages, villes et régions devaient nécessairement s'entendre, car aucun d'entre eux n'était assez fort pour arriver à ses fins en restant isolé.

A l'opposé, la France fut le pays des grandes régions pouvant se suffire à elles-mêmes, chacune de la taille des Pays-Bas. Elles furent conquises par une autorité centrale qui toujours aura le souci de contrôler les velléités d'indépendance. Jamais, depuis les conquêtes de la royauté parisienne et l'instauration de la monarchie absolue, la France n'a pu changer de modèle centralisateur et oppressif. Que ce soit la royauté de Charles VII pour bouter les Anglais, la monarchie absolue de Louis XIV, la Révolution française au nom du Salut public, de Napoléon Ier pour l'Empire, des Bourbons pour la Restauration, puis de toutes les Républiques jusqu'à la cinquième, chaque régime successif aura subi les conquêtes antérieures comme une menace à son existence même. Le pouvoir central aura systématiquement renforcé les structures de contrôle étatique laissées en place par le régime précédent, dans le but d'en accroître l'efficacité afin d'assurer sa survie politique.

Dans le cas des deux pays, ce serait la géographie, les territoires et la culture intrinsèque d'un peuple qui auraient, in fine, fait l'histoire d'un pays plus que les évènements historiques qui n'en ont été que des épisodes.

> *Aux Pays-Bas, un besoin de solidarité et d'unification pacifique au sein d'un groupe plus large a donné naissance à une société ayant préservé des régions autonomes, mais qui partagent un sens des responsabilités envers la communauté ainsi constituée. À l'inverse, en France, l'existence de régions autonomes de la taille des Pays-Bas et n'ayant aucun intérêt vital à s'allier entre elles, si ce n'est sous l'effet de la volonté de conquête et de domination de l'une sur les autres, a donné naissance à un système centralisateur et coercitif visant à maintenir autoritairement un regroupement.*

Ce n'est pas l'histoire qui a fait la France, mais bien les Français, ou plutôt ceux qui détenaient le pouvoir central à Paris, qui ont maintenu à tout prix la société française dans une structure centralisatrice et fortement hiérarchisée. Ce n'est pas parce que la France a connu la monarchie absolue qu'elle est centralisatrice, mais parce qu'elle n'a jamais cessé de l'être sous la menace de la dislocation. Dans l'histoire européenne, la France apparaît bien comme un cas unique par rapport à ses voisins allemand, espagnol, italien et, bien sûr, néerlandais.

La géographie façonne l'histoire

Les régions « plates » du nord de l'Europe, comme les Pays-Bas, le nord de l'Allemagne et le nord de l'Italie, ont souvent connu un développement économique distinct de celui des régions montagneuses, telles que le sud de l'Allemagne ou certaines parties de la France, indépendamment de la religion dominante.

La petite taille du territoire néerlandais a favorisé la croissance des villes et l'urbanisation, un phénomène d'autant plus facilité par des distances courtes et des infrastructures de transport adaptées. À une époque où les moyens de déplacement restaient rudimentaires, les Pays-Bas disposaient d'un réseau dense de canaux et de fleuves, facilitant les échanges et le commerce.

En revanche, la France, bien plus vaste, était entravée par de vastes forêts et un relief accidenté, notamment par un important massif montagneux en son centre. Ces obstacles naturels rendaient les communications plus difficiles et compliquaient la mise en place d'objectifs communs entre des régions aux économies souvent très différentes.

Des précurseurs historiques

La géographie façonne le tempérament d'un peuple plus sûrement que les événements historiques auxquels il fait face [106]. Nous nous attacherons néanmoins à extraire du flot des guerres, des événements et des époques que l'histoire a charriés sur tout le continent, ce qui a pu façonner le tempérament néerlandais, ce qui a permis son émergence, parfois apparemment rapide, mais résultant le plus souvent d'une lente maturation au fil des siècles, et qui l'a distingué immanquablement des autres pays européens.

> *L'invention de la tolérance en politique, la formation d'une oligarchie commerçante et d'une première forme de république avec un partage des pouvoirs, la liberté de pensée et d'expression, la constitution d'un empire maritime mondial, la création de la première société par actions et de la première bourse des valeurs mobilières, un communautarisme poussé à l'extrême dans la société... Rien de moins que tout cela a fait des Pays-Bas, pour le meilleur et pour le pire, de véritables précurseurs tout au long de l'histoire.*

Les guildes autonomes et prospères

Les guildes marchandes étaient des associations de marchands et de commerçants formées au Moyen Âge (XIIe - XVe siècles) dans le but de réglementer et de protéger leurs intérêts économiques. Elles étaient souvent organisées par ville et regroupaient des commerçants d'un même secteur ou d'une même industrie. Elles avaient le pouvoir de fixer des règles professionnelles, de réglementer les prix, de contrôler la qualité des produits et de limiter la concurrence. Elles étaient également responsables de la formation et de l'apprentissage des nouveaux membres de la profession.

Lorsque, en 1555, le fils de Charles Quint, Philippe II d'Espagne, hérita des Pays-Bas après l'abdication de son père, il en prit le

---

[106] Voir Chapitre « Le Combat séculaire contre la nature »

contrôle en tant que nouveau souverain, comme de ses royaumes d'Espagne et de Naples. Il y appliqua la même politique de centralisation et d'intolérance religieuse envers les protestants, sans considérer qu'il était dans le pays des guildes et des villes marchandes qui connurent leur apogée précisément du XIVe au XVIe siècle.

Dans ces régions, composées de villes commerçantes prospères ayant une tradition d'autonomie et d'auto-gouvernance, les guildes exerçaient une influence politique considérable. Cette tradition urbaine et marchande incita à la mise en place d'un système politique républicain (1581-1795), dirigé comme à Venise par une oligarchie marchande.

L'invention de la « tolérance » en politique

En 1579, les Provinces-Unies promulguèrent le fameux « Acte de Tolérance » [107], véritable bombe à retardement sociétale qui allait devenir l'acte fondateur permettant la construction d'une société adepte de la diversité religieuse et de la liberté d'expression, petit îlot préservé entouré de monarchies toujours plus absolues et d'empereurs toujours plus conquérants en Europe.

Loin d'être inspiré par l'altruisme ou la véritable tolérance humaine, cet Acte était à l'origine un traité purement politique visant à promouvoir la paix et l'unité entre des provinces profondément divisées par les questions religieuses brûlantes, afin de mettre fin aux conflits entre elles. Il fallait instaurer la coexistence pacifique entre les différentes confessions présentes dans la région, en particulier les calvinistes et les catholiques. En pleine guerre contre la puissante Espagne catholique, il s'agissait de renforcer l'alliance entre toutes les provinces néerlandaises séparatistes en leur permettant de se concentrer sur leur lutte commune contre l'envahisseur espagnol. En autorisant la liberté de culte et en garantissant la protection des droits des minorités

---

[107] *Egalement connu sous le nom de « Placard de Tolérance », signé dans la province d'Utrecht*

religieuses, l'acte visait à obtenir le soutien et la loyauté des provinces catholiques du sud envers celles protestantes du nord, et à leur permettre d'embrasser la cause de l'indépendance des Provinces-Unies.

L'Acte de Tolérance fut à l'origine un traité de paix pour mieux faire la guerre.

Loin d'être une mesure de tolérance religieuse, l'Acte de Tolérance accordait certes la liberté de culte aux protestants calvinistes et catholiques, mais pas aux autres groupes religieux, tels que les anabaptistes et les juifs, qui n'étaient pas inclus dans cette protection.

> *Grâce à la création d'une république 200 ans avant la Révolution française, l'Acte allait bientôt trouver un terrain favorable pour se muer en une véritable tolérance dans la société et favoriser l'émergence de la liberté de pensée et d'expression.*

À la faveur de la République, l'Acte de Tolérance allait échapper à ses limitations premières pour devenir la fondation constitutionnelle garantissant à tout sujet habitant le Royaume des Provinces-Unies la liberté de culte, ce qui longtemps devait rester impensable ailleurs en Europe.

L'acte d'abjuration, refus de la monarchie absolue

En pleine guerre contre la domination espagnole, les Provinces rejetèrent l'autorité du roi d'Espagne et proclamèrent leur indépendance par « L'Acte d'Abjuration »[108] de 1581. Cet acte, qui fonda la République des Provinces-Unies de 1581 jusqu'à l'envahissement par les troupes révolutionnaires françaises en 1795, intervint dans le contexte de la lutte pour l'indépendance, des tensions religieuses entre les Provinces qui entravaient l'union contre l'occupant, de l'oppression et des persécutions.

---

[108] *Plakkaat van Verlatinghe*

> *En se soulevant contre la domination autoritaire de la monarchie absolue espagnole en 1568, les Provinces rebelles veillèrent à ne pas s'infliger à elles-mêmes une autre monarchie potentiellement absolue et tyrannique.*

Elles prirent soin de ne pas choisir un roi héréditaire, mais seulement un leader politique et un chef militaire en la personne de Guillaume Ier d'Orange-Nassau. Elles cherchèrent à établir un système politique établissant une plus grande participation et une plus grande représentativité pour les citoyens, ce qui garantissait ainsi un contre-pouvoir. Ce furent les bases de la République des Provinces-Unies, qui allait devenir un modèle précurseur de gouvernement républicain en Europe à cette époque.

Une république 200 ans avant la France

Sans pouvoir parler de la démocratie égalitaire et sociale dont les pays nordiques se font l'incarnation de nos jours, les Provinces-Unies mirent en place à partir de 1588 [109], soit deux siècles avant la Révolution française, une ébauche de république gouvernée par des représentants élus plutôt que par un monarque héréditaire, au sein d'une confédération de provinces autonomes, chacune ayant sa propre gouvernance et ses propres lois. Cela représentait une forme précoce de fédéralisme, avec un gouvernement central limité et des pouvoirs étendus accordés aux provinces individuelles. Bien avant la démocratie, ce système, qui ignore encore la plèbe, répartit les affaires entre les familles patriciennes de la haute bourgeoisie et des marchands, et celles de l'aristocratie et de la noblesse. Chacune des sept provinces possède son propre gouvernement qui fonctionne ainsi avec deux dirigeants : un « pensionnaire », qui s'occupe des affaires civiles et économiques, ainsi que de la politique « étrangère », et un « stadhouder » en charge des affaires militaires. Les provinces sont placées sous la prééminence de la plus riche d'entre elles, la

---

[109] *Période de la République néerlandaise, de 1588 à 1795*

Hollande, dont le gouvernement se trouve à La Haye, la capitale fédérale de la république.

> *La division du pouvoir équilibrât les rivalités entre les partisans de la noblesse royale, en particulier la famille d'Orange qui fournissait les chefs de guerre, et les marchands républicains.*

L'équilibre n'empêchait pas encore les débordements de violence, comme en 1672 à La Haye, lorsqu'une foule d'orangistes (royalistes) déchaînés massacra son « pensionnaire » Johan de Witt, dont la statue trône aujourd'hui sur la place du « Buitenhof » en face du parlement et de la statue de son rival Guillaume III d'Orange-Nassau, place du « Binnenhof ».

La liberté de pensée et d'expression

La mise en place de la république néerlandaise au XVIe siècle a naturellement contribué à garantir l'application de l'Acte de Tolérance et favorisa la liberté de penser et de s'exprimer. Cette liberté devint le privilège exorbitant et extraordinaire accordé à tout immigrant venant s'installer et travailler dans la république. La République étant une confédération de provinces autonomes possédant chacune sa propre gouvernance et ses propres lois, ce qui favorisait un climat plus ouvert et tolérant envers les idées nouvelles et les personnalités intellectuelles. Contrairement aux autres cours royales en France et en Europe, les Provinces-Unies n'étaient pas soumises à un seul souverain ou à une seule institution exerçant un contrôle rigide sur les arts, les sciences et la pensée.

> *Les provinces néerlandaises et leur gouvernance à deux têtes étaient des entités politiques relativement autonomes, chaque ville ayant son indépendance, ce qui garantissait la liberté de pensée, par simple concurrence, partout dans le royaume.*

Les Provinces-Unies furent vite reconnues pour être un lieu où les penseurs et les artistes pouvaient s'exprimer librement, remettre en question les idées établies et poursuivre leurs travaux sans crainte de persécution. L'environnement était donc particulièrement propice à l'émergence de nouvelles idées controversées, au progrès scientifique et aux développements culturels importants.

Un jeune explorateur lance son pays à l'aventure

Né en 1563, Jan Huyghen van Linschoten, aujourd'hui méconnu, est celui qui, par son initiative personnelle, a posé les prémices de l'Âge d'Or des Pays-Bas, ce XVIIe siècle durant lequel la Hollande connut un essor et une expansion mondiale exceptionnels pour un petit pays.

> *Il l'a fait de manière typiquement néerlandaise : individuellement, dans un esprit aventureux, entreprenant, curieux, méthodique et pragmatique.*

Originaire du village de pêcheurs d'Enkhuizen, il voulait dès son plus jeune âge « voir et voyager dans des pays exotiques, à la recherche de l'aventure »[110]. Jeune adolescent, il suivit son frère en Espagne, à Séville, où il séjourna quatre années, avant de rejoindre Lisbonne, au Portugal. À l'âge de 20 ans, parlant couramment le portugais, il réussit en 1583 à se faire engager comme assistant de l'archevêque catholique de Goa, dans les colonies portugaises en Inde. Pour cet esprit curieux et hardi, c'était le poste d'observation idéal au sein d'un comptoir majeur du réseau commercial portugais déjà développé. Goa était au carrefour des routes maritimes par où transitaient des milliers de vaisseaux chaque année. Ayant ainsi accès à une mine d'informations sur les activités des Portugais, en particulier les rapports des négociants et des navigateurs aux longs cours qui réalisaient des profits substantiels avec des pays encore plus lointains, comme le Japon, le jeune et avisé Jan se mit à les recopier méticuleusement.

---

[110] Ecrits personnels de Jan Huygens van Linschoten

En 1587, l'archevêque décéda pendant une traversée qui le ramenait au Portugal, ce qui obligea Jan à prendre lui aussi le chemin du retour vers l'Europe. Il n'en mourut pas, mais fit cependant naufrage aux Açores, un autre poste maritime portugais, dans l'océan Atlantique. Il y resta bloqué deux ans, temps qu'il mit à profit pour étudier à nouveau, tout aussi scrupuleusement, les mouvements des vaisseaux portugais qui croisaient en partance et en retour des Amériques.

Il finit par rejoindre les Pays-Bas, mais n'y resta que le temps de s'embarquer dans une expédition menée par le célèbre Willem Barentsz à la recherche d'un légendaire, mais encore chimérique, passage maritime vers l'Asie par l'hémisphère nord. L'expédition se heurta aux icebergs qui obstruaient le chemin au nord des côtes scandinaves, et dut rebrousser chemin.

Enfin cloué à la maison, Jan van Linschoten se décida alors à publier en 1595 un livre consignant ses observations sous le titre pertinent de « Récits de voyage de la navigation portugaise en Orient », dans lequel il compilait les informations obtenues auprès des navigateurs, missionnaires et commerçants qu'il avait rencontrés, ainsi que les copies qu'il avait faites lorsqu'il travaillait à l'archevêché de Goa. Il produisit un ouvrage de cinq tomes sur Madagascar, le Mozambique, Aden et l'Arabie, le Bengale, la Birmanie et Bornéo.

> *Hormis les pittoresques descriptions de la faune et de la flore, ainsi que des us et coutumes des indigènes, le livre se distingue par la précision des informations relatives à l'exploitation des ressources dans les colonies et au commerce lucratif de l'empire portugais. L'abondance des richesses et l'organisation pratique de son exploitation y sont détaillées de manière précise et explicite, comme une incitation à venir s'y servir.*

Le livre fit immédiatement sensation dans la classe des marchands et des commerçants d'Amsterdam, qui lancèrent leurs premières expéditions au long cours, en suivant scrupuleusement les conseils éclairés et les informations précises de Jan van Linschoten. Ce fut le coup d'envoi à la constitution de l'immense empire maritime batave.

Précurseurs de l'actionnariat et du capitalisme

En une décennie à peine, une multitude de sociétés de commerce maritime avaient vu le jour. La piraterie, le scorbut et les naufrages rendaient les affaires très risquées, et beaucoup de ces sociétés ne survivaient qu'à une seule expédition. Les marchands d'Amsterdam et de Rotterdam se livraient une concurrence féroce, ce qui amenuisait leurs gains. Alors que la Grande-Bretagne venait de créer en 1600 sa « Compagnie britannique des Indes orientales » ou BEIC[111], ce qui allait immanquablement intensifier la concurrence contre les marchands bataves, le gouvernement néerlandais décida d'en faire de même et créa en 1602 sa propre compagnie : « Compagnie néerlandaise des Indes orientales »[112] ou VOC. La nouvelle société, qui agglomérait tous les navires et les moyens des petites sociétés marchandes préexistantes, s'octroyait pour une durée de 21 ans le monopole de tout le commerce batave à l'est du cap de Bonne-Espérance[113]. Tout commerce indépendant dans les mers orientales fut interdit. Mais les bénéfices de l'adhésion étaient potentiellement énormes, les marchands participants prenant leur part sur les énormes revenus tout en ne payant que des taxes négligeables. Pour faciliter la participation des investisseurs, grands ou petits, les Provinces-Unies inventèrent le capitalisme par actionnariat.

> *Il est admis de nos jours que la VOC, de par sa structure financière et sa taille, fut la création de la première société anonyme par participation, c'est-à-dire par actions, d'une telle ampleur au monde. On considère les Néerlandais comme les inventeurs du capitalisme moderne avec la mise*

---

[111] « *East India Company* » EIC puis « *British East India Company* » BEIC
[112] *Vereenigde Oost-Indische Compagnie* VOC
[113] *Afrique du Sud*

en place d'un actionnariat à l'échelle d'une société multinationale.

Les investisseurs pouvaient acheter des actions de la compagnie pour toucher aux bénéfices. Chacun pouvait ainsi investir à sa mesure et en espérer un bénéfice proportionnel à sa mise. L'actionnariat permit ainsi à toute une classe de la population, moins bien dotée que les riches marchands, d'obtenir des revenus. Les dividendes atteignaient en général 10 à 15 %, parfois même 25 % [114]. Ce fut cette concentration capitaliste de petits et grands investisseurs qui permit de financer les expéditions maritimes et les activités commerciales de grande envergure de la VOC.

Mieux que les Anglais

Les Anglais avaient fondé leur British East India Company (BEIC) en 1600, deux ans avant la création de la Compagnie néerlandaise des Indes orientales (VOC) en 1602. Ces deux compagnies furent des pionnières dans l'utilisation de la structure d'actionnariat pour financer leurs activités commerciales.

Cependant, la VOC batave était d'une envergure et d'une influence bien plus importantes que la BEIC anglaise. Elle était la plus grande compagnie commerciale de l'époque. Son organisation et sa gouvernance par actionnariat étaient plus développées et sophistiquées que le modèle anglais. La VOC introduisit plusieurs innovations dans son fonctionnement, notamment l'émission d'actions négociables sur une bourse, c'est-à-dire le développement d'un marché liquide pour les actions, et la distribution régulière de dividendes aux actionnaires.

Ces pratiques furent déterminantes pour le développement du capitalisme et du système financier à partir du XVIIe siècle, notamment l'établissement des premières bourses de valeurs.

---

[114] Mourre, *dictionnaire encyclopédique d'histoire*

La VOC introduisit également des innovations pour gérer la répartition des risques entre les investisseurs et la diffusion de l'information financière.

Bien avant les Français

L'émergence du capitalisme aux Pays-Bas favorisa l'épanouissement économique de leur « siècle d'or » [115] dont l'apogée se situe entre 1650 et 1670, au moment même où les Français tentaient de rattraper leur retard en créant à leur tour, dans les années 1660, leurs compagnies par actionnariat : la « Compagnie des Indes orientales » et la « Compagnie des Indes occidentales ». Créées tardivement, elles furent loin de connaître le même succès.

En France, le commerce mondial et l'expansion coloniale au XVIIe siècle furent lancés tardivement dans un tout autre contexte national moins propice aux affaires, par des politiques étatiques mises en place par Louis XIV et certaines sociétés commerciales.

> *Aux Pays-Bas, ce furent les initiatives individuelles d'explorateurs et de commerçants qui avaient lancé le mouvement 60 ans plus tôt, sans autre politique que l'esprit d'entreprise et de libre concurrence. Cette multitude de marchands fut ensuite regroupée au sein d'une structure étatique qui respectait la participation de ses membres tout en encourageant d'autres investisseurs à s'y joindre.*

Ce fut l'actionnariat et la première société d'envergure mondiale.

Urbanisation, éducation et scènes d'intérieur

> *Au XVIIe siècle, les Provinces-Unies connaissent un essor économique et urbain fulgurant, contrastant avec une France encore largement agricole. Alors que la société française reste structurée autour de vastes domaines ruraux et d'une noblesse terrienne,*

---

[115] « Gouden Eeuw »

> *les Néerlandais développent un mode de vie centré sur le commerce, l'urbanisation et l'éducation.*

Cet écart se reflète non seulement dans l'organisation sociale et économique des deux nations, mais aussi dans leurs expressions artistiques, notamment à travers la peinture.

Dans la France de Louis XIII et Louis XIV, l'économie repose en grande partie sur l'agriculture. Le ministre de Henri IV, Maximilien de Béthune, duc de Sully, illustre cette réalité lorsqu'il affirme que « labourage et pâturage sont les deux mamelles de la France ». La majorité des Français vit encore à la campagne, dans un monde où l'accès à l'instruction est limité, en particulier en dehors des cercles aristocratiques et ecclésiastiques.

À l'inverse, les Provinces-Unies connaissent une urbanisation exceptionnelle. Dès la fin du XVIe siècle, Amsterdam, Leyde ou encore Rotterdam deviennent des centres névralgiques du commerce international, attirant marchands, artisans et intellectuels. En 1675, environ 60 % de la population néerlandaise vit en ville, un chiffre bien supérieur à celui de la France. Cette urbanisation s'accompagne d'un niveau d'instruction élevé : le taux d'alphabétisation y est parmi les plus importants d'Europe, notamment grâce au développement des écoles et de l'imprimerie.

> *Les Provinces-Unies sont un foyer du savoir, attirant des penseurs et des scientifiques de toute l'Europe, à l'image de Descartes qui y séjourne longuement.*

Cette urbanisation et cette éducation influencent profondément la production artistique, notamment la peinture. Contrairement à la France, où l'art demeure principalement au service de l'aristocratie et du pouvoir royal, la peinture néerlandaise s'adresse aussi à une bourgeoisie urbaine cultivée. Johannes Vermeer incarne parfaitement cette évolution. Ses tableaux, tels que « La Liseuse à la fenêtre » ou « La Jeune Fille à la perle », illustrent des scènes de la vie quotidienne, mettant en avant l'intérieur des maisons bourgeoises et l'importance de l'éducation, de la lecture et du commerce. Les intérieurs représentés par Vermeer et d'autres peintres du Siècle d'or néerlandais (Pieter de Hooch, Gerard ter Borch) traduisent un monde où l'espace domestique devient un lieu de culture et de raffinement, reflet d'une société urbaine et marchande. Ces œuvres témoignent d'une société où les valeurs du travail, de l'instruction et du commerce façonnent le quotidien, en contraste avec la ruralité persistante de la France.

Le « brain drain » des Huguenots

Les Provinces-Unies exercèrent à l'époque un véritable magnétisme en attirant des entrepreneurs, des commerçants, des penseurs, des artistes, bref, tout ce que l'Europe comptait en talents à l'époque. La fuite des Huguenots de France vers l'Europe du Nord, et en particulier les Provinces-Unies, contribua fortement à leur essor économique et culturel. Chassés par la révocation de l'édit de Nantes en 1685, ces protestants français trouvèrent refuge dans un pays garantissant la liberté de culte, de pensée et d'expression.

> *Ce vaste exode s'apparenta à un véritable "brain drain", où des artisans, commerçants et intellectuels qualifiés fuyaient la France pour des terres plus tolérantes et prospères.*

Tandis que les Provinces-Unies profitaient de cet afflux de compétences et de capitaux, la France s'enlisait dans son déclin, affaiblie par les guerres de religion et les conflits incessants sous Louis XIV. Ce phénomène, comparable à un puissant "soft power" en faveur de la Hollande, contribua à renforcer son influence et son dynamisme, au moment même où la France perdait une part précieuse de son élite économique et intellectuelle.

Spinoza, Descartes.. et tant d'autres

Dans les années 1590, les parents de Spinoza (1632-1677), juifs séfarades d'origine portugaise, fuirent l'Inquisition. Ils trouvèrent naturellement refuge aux Pays-Bas. Bien que la communauté de confession juive ne fût pas explicitement mentionnée et protégée par l'Acte de Tolérance, elle put néanmoins vivre sereinement dans cet environnement propice à la pratique de la religion et à la liberté de pensée. C'est dans cette communauté que Spinoza est né, a grandi et a été influencé par les idées et les valeurs qui ont façonné sa pensée philosophique.

Après avoir quitté la France, René Descartes (1596-1650) arriva aux Pays-Bas en 1628, d'abord à Amsterdam, puis à Deventer et à Utrecht.

> *Descartes résida dans les Provinces-Unies la plus grande partie de sa vie où il poursuivit ses travaux philosophiques et scientifiques et y écrivit ses œuvres les plus importantes, comme ses fameuses "Méditations métaphysiques"* [116]

Parmi les philosophes et savants, on pourra citer Pierre Bayle (1647-1706), philosophe et écrivain, qui fuit la France pour Rotterdam en 1681. Son Dictionnaire historique et critique influence les Lumières par sa défense de la tolérance religieuse et de la liberté de pensée, et Jean Le Clerc (1657-1736), théologien et philosophe, exilé à Amsterdam. Parmi les commerçants et banquiers, Jacques de la Court (1620-1680) et Pieter de la Court (1618-1685), deux frères issus d'une famille huguenote prospère, influents dans le commerce et la politique économique. Pieter fut l'auteur de « Interest van Holland », un texte clé du libéralisme économique. Il y eut aussi Jean de Labat (XVIIe siècle), riche négociant huguenot ayant quitté la France pour développer son activité commerciale à Amsterdam. Chez les imprimeurs et éditeurs qui révolutionnaient la diffusion du savoir, il faut mentionner Élie Luzac (1721-1796) : imprimeur et éditeur huguenot à Leyde, connu pour avoir diffusé des textes philosophiques et politiques des Lumières, notamment ceux de Voltaire et Rousseau, Henri Desbordes (1649-1722), libraire et

---

[116] *Voir Annexe F, René Descartes le Hollandais*

éditeur actif à Amsterdam, qui joua un rôle majeur dans la diffusion des idées réformées et rationalistes. Enfin, les artistes et artisans furent nombreux eux aussi. Il faut citer Daniel Marot (1661-1752) : architecte et décorateur, qui introduisit le style classique français aux Provinces-Unies et travailla pour la cour de Guillaume III d'Orange, Jean Armand de Lestocq (1658-1721), médecin huguenot installé en Hollande, puis en Russie, où il devint conseiller de Pierre le Grand, et Abraham de Bellebat (XVIIe siècle), orfèvre et graveur huguenot qui s'installa à Amsterdam et y développa son art.

Toute une société entreprenante, créative et pensante avait ainsi pris ses quartiers dans le nord de l'Europe, aux Provinces-Unies, loin de l'absolutisme royal et de ses persécutions. Ce fut la chance de la Hollande et une perte pour la France, que certains historiens estiment être à l'origine de son déclin inéluctable.

XIII. Epilogue

★ « Je maintiendrai », la devise nationale en français !

★ René Descartes le Hollandais

★ Bleu + Blanc + Rouge = Orange !
La couleur royale et nationale, d'origine française.

★ La jeune reine Wilhelmina à l'origine de l'expression « La petite Reine »

★ Un « citron » néerlandais devenu un célèbre constructeur automobile français

★ Pourquoi le fromage « Babybel" est-il enveloppé de cire rouge ?

★ Doit-on dire la « Hollande » ou les « Pays-Bas » ?

Au delà des différences culturelles profondes, les Pays-Bas et la France partagent quelques anecdotes historiques dont peu de personnes soupçonnent l'origine.

« Je maintiendrai »

Depuis 1815, « Je maintiendrai » est la devise nationale du royaume des Pays-Bas. Elle est exprimée en français dans le texte. C'était la devise personnelle de Guillaume Ier d'Orange-Nassau, gouverneur (« stadhouder ») des provinces de Hollande, de Zélande et d'Utrecht en 1559. Il est considéré comme « Le père de la Patrie » par les Néerlandais, alors qu'il conduisit la révolte de son peuple face aux occupants espagnols et mena les Pays-Bas à l'indépendance. Il fut assassiné à Delft le 10 juillet 1584 par le Français Balthazar Gérard.

> *Alors que la devise française « Liberté, Égalité, Fraternité » traduit son inspiration catholique et sa disposition pour l'égalitarisme, au prix d'une liberté individuelle bridée, la devise néerlandaise reflète la promesse des princes de ne jamais renoncer à la souveraineté du Royaume des Pays-Bas. Aujourd'hui, elle cristallise cet esprit de survie et de défense du territoire national contre les eaux, ainsi que la nécessité de prospérité indispensable à cette survie, résolument tournée vers le futur.* [117]

Orange, couleur royale nationale

En plus des couleurs de leur drapeau tricolore national, « bleu, blanc, rouge » comme le drapeau français, mais disposées en bandes horizontales, les Néerlandais affectionnent particulièrement la couleur orange, qui est la couleur de la famille royale. Au fil du temps, des fêtes et des célébrations nationales ou sportives, la couleur « Oranje » est devenue la couleur nationale populaire. Ils l'arborent pour toutes les compétitions sportives et les célébrations nationales à coté du drapeau du pays. Ils

---

[117] *Un champs de Lys et de Tulipes, Les cultures française et néerlandaises, terreau du Groupe Air France KLM*, Jérôme Picard, The BookEdition.com

ns'hésitent pas à s'habiller de pied en cap en orange, à suspendre des guirlandes de fanions orange dans toute la ville, à repeindre les façades et les devantures en orange.

Cette couleur vient en fait du nom de la ville française Orange située dans le département du Vaucluse en région Provence-Alpes-Côte d'Azur, lorsqu'en 1544, Guillaume, Comte de Nassau, hérita de la principauté d'Orange de son cousin, René de Chalon. La famille royale devint alors la maison d'Orange-Nassau. Depuis, la ville d'Orange partage la même devise que celle de Guillaume Ier d'Orange-Nassau et des Pays-Bas.

René Descartes le Hollandais

René Descartes (1596-1650) est une figure incontournable de la culture française, de sa philosophie et de ses sciences, à qui il a légué son fameux « esprit critique » devenu la pierre angulaire de l'esprit national français. Ce qu'on oublie de mentionner, c'est que le développement de ses idées et de ses œuvres s'est fait aux Pays-Bas, les Provinces-Unies à l'époque, où il a résidé la plus grande partie de sa vie (21 ans, mort à 54 ans). Il a pu y jouir de l'atmosphère intellectuelle tolérante et de la stabilité politique et religieuse, et échapper aux conflits religieux et politiques qui ravageaient alors la France et qui faisaient fuir les Huguenots et les penseurs. Son séjour prolongé en Hollande, pays de la liberté d'expression et de pensée, lui a permis d'échapper à l'Inquisition et a ainsi favorisé le développement de ses travaux philosophiques et scientifiques.

La « petite Reine » Wilhelmina

La fin du XIXe siècle vit un engouement populaire immense pour la bicyclette partout en Europe, en France, en Angleterre, mais aussi aux Etats-Unis. Aux Pays-Bas, l'engouement se répandit dans toutes les couches sociales de la population, jusqu'à la famille royale elle même. Wilhelmina, qui fut Reine dès l'âge de 10 ans en 1890 jusqu'en 1948, l'utilisait en personne pour circuler à vélo dans son royaume. A l'occasion d'une visite officielle en France en 1896, alors qu'elle n'avait que 16 ans, la presse française la surnomma affectueusement « la petite Reine ». Depuis lors, les Français continuent de nommer leurs propres bicyclettes de « petite reine ».

Citroën, un citron néerlandais

André Citroën, le fondateur de la firme automobile française, naquit en 1878 d'un père néerlandais Levie Citroen, et d'une mère polonaise Masza Amelia Kleinman. Il était le cinquième et dernier enfant de parents juifs diamantaires, qui quittèrent les Pays-Bas pour immigrer en France en 1873. En s'installant à Paris, la famille ajouta le tréma français au nom de famille néerlandais, changeant Citroen en Citroën. L'origine de ce nom de famille remonte à un grand-père marchand de fruits et légumes qui portait le nom de Limoenman (« homme de chaux ») et qui le transforma en « citroen » (« citron »), sans doute plus adapté à sa profession.

Aujourd'hui, les Néerlandais affectionnent les anciennes voitures Citroën comme la DS et la mythique 2CV, qu'ils assemblent en kits, et avec lesquelles ils organisent des rallyes dans le pays et en France.

L'affection des Néerlandais pour les voitures mythiques historiques ne se limite d'ailleurs pas à ce modèle de voiture française. Elle se partage également avec les jeeps et motos de l'armée américaine qui débarquèrent en Europe à la libération.

Le fromage « Babybel » à la cire rouge

Dès le Moyen-Âge, les fromages hollandais, notamment l'Edam et le Gouda, s'exportent dans toute l'Europe. Leur croûte cirée ou paraffinée les protège des bactéries et leur assure la conservation nécessaire en mer pour résister aux longues navigations. La couleur rouge de la cire proviendrait du vin dans lequel les fromages étaient plongés pendant les traversées.

La Hollande, les Pays-Bas ou Nerderland ?

La Hollande n'est qu'une des 12 provinces que comptent les Pays-Bas:

1. Limbourg
2. Hollande méridionale
3. Hollande septentrionale
4. Zélande
5. Brabant septentrional
6. Utrecht
7. Gueldre
8. Overijssel
9. Flevoland
10. Drenthe
11. Frise
12. Groningue

Il est donc incorrect de désigner le pays par le mot « Hollande » seulement, qui a pourtant été utilisé jusqu'à récemment par l'office du tourisme néerlandais lui-même pour promouvoir la culture et le folklore du pays auprès des touristes étrangers. Afin d'étendre les visites aux autres provinces du pays, qui ont aussi beaucoup à offrir, il a été décidé récemment d'abandonner la dénomination typique « Hollande » et de préférer « Les Pays-Bas ».

Le terme « Les Pays-Bas » ou « The Netherlands » (« De Lage Landen » ou « De Nederlanden »), et toutes les dénominations qui sont au pluriel, sont incorrectes. Il fait référence à la réunion des Basses Provinces (ou du Royaume-Uni des Pays-Bas) après les guerres napoléoniennes lors du congrès de Vienne en 1815, et qui rassemblait les territoires actuels de la Belgique, du Luxembourg et des Pays-Bas, jusqu'en 1830, date du soulèvement de la Belgique.

Les Néerlandais sont donc les seuls à utiliser la forme correcte, la dénomination au singulier « Nederland », pour désigner leur pays, les autres dénominations ayant faussement conservé le pluriel « Les Pays-Bas » ou « The Netherlands ».

XIV. Annexes

★ *Chronologie historique*

★ *« 15 millions de personnes » Une chanson populaire, devenue hymne national pour se distinguer avec humour, qui en dit long.*

★ *Une campagne d'information contre la polarisation et l'agressivité*

★ *René Descartes, le Néerlandais*

★ *Un questionnaire presque loufoque pour mesurer le moral de la population*

★ *Des coalitions gouvernementales depuis 1950*

A. Chronologie historique

	Dates Pays-Bas	Événement et signification	Dates France	Événement en France
	1568	Début de la guerre de Quatre-Vingts Ans contre l'Espagne, menée par Guillaume d'Orange.	1572	Massacre de la Saint-Barthélemy, persécutions des protestants en France.
	1579	Acte de Tolérance : prémices de la future indépendance religieuse des Pays-Bas.	1598	Édit de Nantes : tolérance religieuse pour les protestants en France.
	1581	Acte d'Abjuration : déclaration d'indépendance des Provinces-Unies face à l'Espagne.	1590	Henri IV devient roi de France, consolidation du pouvoir.
	1584	Assassinat de Guillaume d'Orange par le Français Balthasar Gérard.	1584	Henri III affronte les guerres de religion en France.
	1585	Prise d'Anvers par les Espagnols, fermeture de l'Escaut, croissance spectaculaire d'Amsterdam.	1590	Paris assiégé par Henri IV, montée du pouvoir protestant en France.
	1590	Les États généraux endossent la souveraineté des Provinces-Unies.	1598	Henri IV promulgue l'Édit de Nantes.
	1595	Publication de Jan van Linschoten sur les colonies portugaises, clé du futur empire colonial néerlandais.	1608	Fondation de Québec par Samuel de Champlain, début de l'expansion française en Amérique.
République	1602	Création de la Compagnie des Indes orientales (VOC), début du commerce colonial néerlandais.	1624	Début du commerce colonial français aux Antilles.
	1621	Création de la Compagnie des Indes occidentales (WIC), expansion coloniale.	1635	Fondation de la Compagnie des Îles d'Amérique française.
	1625	Fondation de Nouvelle-Amsterdam (future New York).	1608	Fondation de Québec, implantation française en Amérique.
Siècle d'or	1629-1649	Séjour de René Descartes aux Provinces-Unies.	1637	Publication du "Discours de la méthode"
	1639	Les Provinces-Unies deviennent la première puissance maritime d'Europe.	1661	Début du règne de Louis XIV, centralisation du pouvoir français.
	1648	Fin de la guerre de Quatre-Vingts Ans, reconnaissance de l'indépendance des Provinces-Unies.	1648	Traité de Westphalie : fin de la guerre de Trente Ans, reconnaissance de l'indépendance néerlandaise.
	1667	Fin de la 2e guerre anglo-néerlandaise, échange de la Nouvelle-Amsterdam (rebaptisée New-York) contre le Suriname.	1667	Début de la guerre de Dévolution, expansion de la France sous Louis XIV.
	1672	Fin de la République, guerre contre la France, l'Angleterre et l'éviction du pensionnaire Johan de Witt.	1672	Louis XIV envahit les Provinces-Unies (Guerre de Hollande).
	1685	Révocation de l'Édit de Nantes : arrivée massive de huguenots français aux Pays-Bas.	1685	Révocation de l'Édit de Nantes par Louis XIV, fuite des protestants vers les Pays-Bas.

Dates Pays-Bas	Événement et signification	Dates France	Événement en France
1795	Les Français imposent une Constitution, modernisation de l'État civil.	1789	Révolution française, abolition de la monarchie absolue.
1815	Congrès de Vienne : création du Royaume des Pays-Bas unifié avec la Belgique et le Luxembourg.	1815	Défaite de Napoléon à Waterloo, fin de l'Empire.
1830	Révolution belge, séparation entre la Belgique et les Pays-Bas.	1830	Révolution de Juillet en France, montée du libéralisme.
1839	Traité de Londres, reconnaissance de l'indépendance de la Belgique.	1830	Indépendance de la Belgique après la révolution soutenue par la France.
1848	**Nouvelle constitution plus libérale, réduction du pouvoir monarchique.**	1848	Révolution de 1848 en France, fin de la monarchie de Juillet et instauration de la IIe République.
1917	**Introduction de la proportionnelle et financement des écoles privées.**	1914-1918	Première Guerre mondiale, occupation allemande du nord de la France.
1919	**Droit de vote aux femmes.**	1944	Droit de vote accordé aux femmes en France après la Libération.
1953	**Inondations de la Zélande, catastrophe majeure, plan delta.**	1954	Début de la guerre d'Algérie, fin de l'Empire colonial français.
1982	**Abolition de la peine de mort.**	1981	Abolition de la peine de mort en France.
1991	Sommet de Maastricht, fondation de l'Union européenne.	1992	La France ratifie le traité de Maastricht par référendum.
1995	**Chute de l'enclave de Srebrenica, massacre sous protection néerlandaise.**	1995	Jacques Chirac devient président, retour de la France dans le commandement de l'OTAN.
1997	Traité d'Amsterdam, renforcement des institutions européennes.	1997	Co-signature du traité d'Amsterdam par la France.
2001	**Légalisation de l'euthanasie, des maisons closes et du mariage homosexuel.**	2013	Adoption du mariage homosexuel en France.
2002	**Assassinat de Pim Fortuyn, figure de la droite populiste.**	2002	Élection de Jacques Chirac face à Jean-Marie Le Pen.
2004	**Assassinat de Théo Van Gogh, tensions autour de la liberté d'expression.**	2015	Attentats contre Charlie Hebdo en France.
2014	**Vol MH17 abattu au-dessus de l'Ukraine.**	2015	Attentats de Paris, montée des tensions internationales.
2023	**Victoire du parti de droite radicale PVV aux élections générales.**	2022	Victoire d'Emmanuel Macron face à Marine Le Pen.

B. Chanson « 15 millions de personnes »

En 1996, la chanson « 15 Millions de personnes », écrite à l'origine pour une publicité de la banque postale néerlandaise Postbank, creva l'audimat, et, en devenant numéro 1 du top 40, acquit une renommée nationale.

Pays des mille avis
Land van duizend meningen

Le pays de la sobriété
Het land van nuchterheid

Tous ensemble sur la plage
Met z'n allen op het strand

Biscotte au petit déjeuner
Beschuit bij het ontbijt

Le pays où personne ne se laisse aller
Het land waar niemand zich laat gaan

Sauf si nous gagnons
Behalve als we winnen

Puis la passion se déchaîne soudainement
Dan breekt acuut de passie los

Alors personne ne restera à l'intérieur
Dan blijft geen mens meer binnen

Le pays réfractaire à la condescendance
Het land wars van betutteling

Aucun uniforme n'est sacré
Geen uniform is heilig

Un fils qui appelle son père Piet
Een zoon die noemt z'n vader Piet

Un vélo n'est en sécurité nulle part
Een fiets staat nergens veilig

15 millions de personnes
15 Miljoen mensen

Sur ce tout petit bout de terre
Op dat hele kleine stukje aarde

Qui ne vous dictent pas les lois
Die schrijf je niet de wetten voor

Qui vous laissent dans leur valeur
Die laat je in hun waarde

15 millions de personnes
15 Miljoen mensen

Sur ce tout petit bout de terre
Op dat hele kleine stukje aarde

Ils n'ont pas à passer par la camisole de force
Die moeten niet 't keurslijf in

Ils vous laissent dans leur valeur
Die laat je in hun waarde

Le pays plein de groupes de contestation
Het land vol groepen van protest

Pas de chef qui est vraiment le patron
Geen chef die echt de baas is

Les rideaux sont toujours ouverts
Gordijnen altijd open zijn

Le déjeuner est un sandwich au fromage
Lunch een broodje kaas is

Le pays de la tolérance
Het land vol van verdraagzaamheid

Pas pour le voisin
Alleen niet voor de buurman

La grande question qui reste toujours
De grote vraag die blijft altijd

Comment paie-t-il son loyer maintenant ?
Waar betaalt 'ie nou z'n huur van

Le pays qui prend soin de tout le monde
'T Land dat zorgt voor iedereen

Aucun chien n'est dans le caniveau
Geen hond die van een goot weet

Avec des boules de nassi dans le mur
Met nassiballen in de muur

Et personne ne mange de pain sec
En niemand die droog brood eet

C. Comparatif pistes cyclables

	France	Pays-Bas	% Pays-Bas / France
Superficie	640 000 km^2	42 000 km^2	6 %
Population	68 millions	17,5 millions	25 %
km pistes cyclables	18 500 km	37 000 km	200 %
mètre piste cyclable / habitant	27 cm	2,10 m	770 %
Nombre bicyclettes	16 millions	20 millions	
Nombre bicyclette / habitant	0,2	1,17	

D. Digues monumentales et canaux

Digue de fermeture du nord	30km, 80m de large
Oosterscheldekering, Barrage de l'Escaut oriental (Plan delta)	Composé de barrières mobiles et de digues fixes. Longueur totale : 9 kilomètres. Nombre de sections : 65. Poids des portes : 480 tonnes chacune.
Haringvlietdam (Plan delta)	Permet le contrôle du débit d'eau entre la mer du Nord et les eaux intérieures. Longueur totale : 4,5 kilomètres. Nombre de vannes : 17 grandes vannes
Brouwersdam (Plan delta)	Sépare le lac de Grevelingen de la mer du Nord, tout en étant utilisé comme voie de transport et de loisirs. Longueur totale : 6,5 kilomètres.
Maeslantkering, Barrage de la Nouvelle Meuse (Plan delta)	Barrière mobile qui se ferme automatiquement en cas de tempête pour protéger Rotterdam et les environs. Longueur des portes : 210 mètres chacune, 22m de haut. Poids des portes : 6800 tonnes chacune.
Veerse Gatdam (Plan Delta)	Sépare le lac Veere de la mer du Nord. Longueur totale : 2,8 kilomètres.
Dunes	260 km
Digues	3500 km, dont 1450 km le long des fleuves et des rivières qui sont dangereuses.
Territoire en dessous du niveau de la mer	26 %
Population vivant en dessous du niveau de la mer	65 %

E. Territoire sous le niveau de la mer

Un tiers du territoire néerlandais se trouve sous le niveau de la mer. Si l'on y ajoute les territoires qui se situent à moins d'un mètre au dessus du niveau de la mer, on obtient la moitié de la superficie du pays.

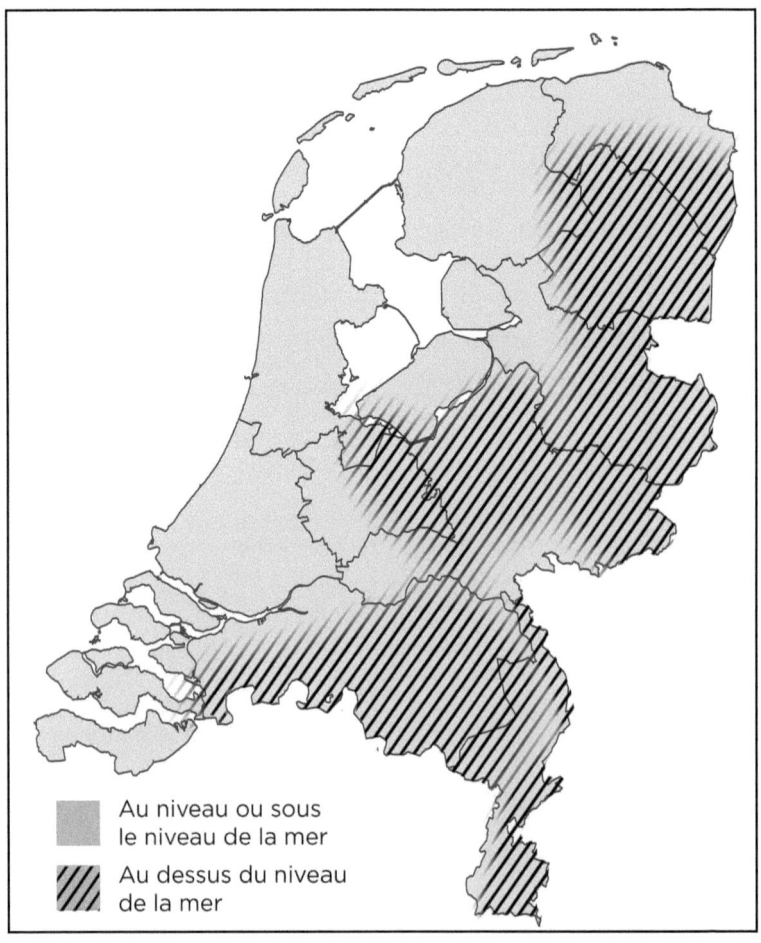

F. Les filières du système éducatif [118]

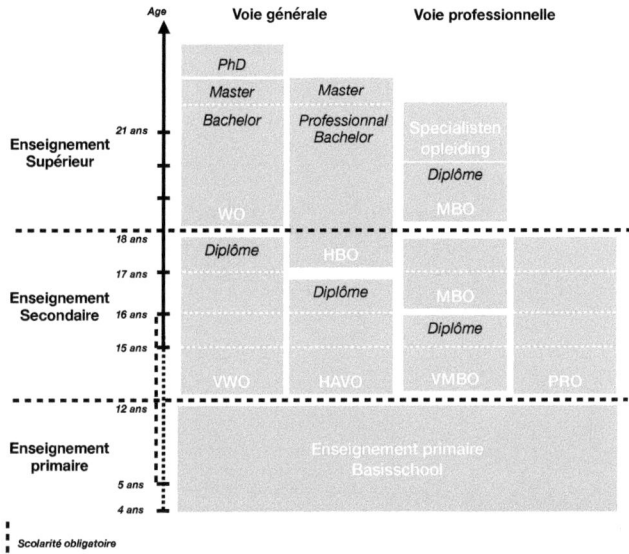

Basisschool: école élémentaire
VWO: voorbereidend wetenschappelijk onderwijs: enseignement secondaire pré-universitaire
HAVO: hoger algemeen voortgezet onderwijs: enseignement général secondaire supérieur
HBO: Hoger beroepsonderwijs: enseignement professionnel supérieur
VMBO: voorbereidend middelbaar beroepsonderwijs: préparation à l'enseignement professionnel moyen
MBO: Middelbaar beroepsonderwijs: enseignement professionnel moyen
PRO: praktijkonderwijs: apprentissage professionnel

---

[118] CNAM CNESCO Centre d'Etudes des Systèmes Scolaires

G. Les groupes & classes

Aux Pays-Bas, le test d'orientation survient dès l'âge de 11 ans en groupe 8, quand il a lieu en fin de 3e en France à l'âge de 15 ans. Les résultats du test sont contraignants pour l'élève qui devra ensuite suivre l'orientation attribuée d'office, les parents ne pouvant influer sur la décision.

Groupes aux Pays-Bas	Age	Classe en France	Test d'orientation & diplômes
1	4		
2	5		
3	6		
4	7	CP	
5	8	CE1	
6	9	CE2	
7	10	CM1	
8	11	CM2	CITO Toets
9	12	6 ème	
10	13	5 ème	
11	14	4 ème	
12	15	3 ème	Brevet des collèges
13	16	seconde	
14	17	première	
15	18	terminale	Baccalauréat

H. René Descartes le Hollandais

René Descartes (1596-1650) est une figure incontournable de la culture française, de sa philosophie et de ses sciences, à qui il a légué « l'esprit critique » comme pierre angulaire de l'esprit national français. Ce qu'on oublie de mentionner, c'est que le développement de ses idées et de ses œuvres s'est fait aux Pays-Bas, les Provinces-Unies à l'époque, où il a résidé la plus grande partie de sa vie (21 ans). Il a pu y jouir de l'atmosphère intellectuelle tolérante et de la stabilité politique et religieuse, et échapper aux conflits religieux et politiques qui ravageaient alors la France et qui faisaient fuir les Huguenots et les penseurs. Son séjour prolongé en Hollande, pays de la liberté d'expression et de pensée, a ainsi favorisé le développement de ses travaux philosophiques et scientifiques. Voici une vue d'ensemble de sa vie et de ses œuvres.

Jeunesse et formation (1596-1628)

• 1596 : Naissance à La Haye-en-Touraine (France). Élevé dans une famille noble, il reçoit une éducation classique au Collège des Jésuites de La Flèche. Formation en philosophie scolastique, mathématiques et sciences naturelles. Étudie le droit à l'université de Poitiers (1616), mais préfère voyager et s'intéresser à divers savoirs.

• 1618-1628 : Service dans plusieurs armées européennes (notamment celle de Maurice de Nassau aux Pays-Bas de 1618 à 1620) où il découvre des idées scientifiques et mathématiques en lien avec des personnalités influentes comme Isaac Beeckman, qui l'inspire à développer sa méthode scientifique.

Installation et travaux majeurs aux Pays-Bas (1628-1649)

Descartes s'installe définitivement aux Pays-Bas en 1628, attiré par l'atmosphère intellectuelle, la tolérance religieuse et la stabilité politique. C'est durant cette période qu'il réalise la plupart de ses travaux majeurs.

Philosophie: la méthode et les fondements de la connaissance

• 1637 : "Discours de la méthode". Écrit en français pour être accessible à un large public. Ce texte pose les bases de sa méthode philosophique : le doute méthodique, qui conduit à la célèbre formule "Cogito, ergo sum" (Je pense, donc je suis). L'environnement tolérant des Pays-Bas a permis à Descartes de publier sans crainte d'inquisition, contrairement à la France catholique.

• 1641 : "Méditations métaphysiques". Œuvre en latin où il approfondit ses idées sur la nature de la réalité, la dualité corps-esprit, et l'existence de Dieu. Cette période marque son contact avec les milieux universitaires des Pays-Bas (notamment Utrecht et Leyde), qui ont critiqué et débattu de ses idées. Les Pays-Bas, avec leur économie florissante et leur esprit pragmatique, influencent sa vision d'une philosophie utile à la vie quotidienne.

Mathématiques : naissance de la géométrie analytique

• 1637 : "La Géométrie" (en annexe du "Discours de la méthode"). Descartes introduit la géométrie analytique, liant l'algèbre et la géométrie par l'utilisation de coordonnées (ce qui deviendra le plan cartésien). Cette découverte révolutionne les mathématiques en ouvrant la voie au calcul différentiel et intégral. Les Pays-Bas, où prospérait l'imprimerie scientifique, ont permis à ses travaux mathématiques de se diffuser largement en Europe.

Sciences naturelles et physique

• Les lois de la nature : Il pose les bases de la mécanique moderne en énonçant les premières formulations des lois du mouvement (précurseur de Newton). En optique, il développe une théorie de la lumière et de la réfraction. Son environnement hollandais, riche en innovations techniques comme la lunette astronomique, nourrit ses travaux en optique.

- 1644 : "Principes de la philosophie". Synthèse de sa vision scientifique et philosophique, influencée par le cartésianisme en débat dans les cercles intellectuels hollandais.

3. *Dernières années (1649-1650)*

En 1649, Descartes quitte les Pays-Bas pour la Suède à l'invitation de la reine Christine, qui souhaite apprendre la philosophie. Cependant, le climat rigoureux et son mode de vie perturbé par les exigences royales lui sont fatals : il meurt en 1650 à Stockholm.

I. Partis politiques

Aux Pays-Bas les partis politiques sont:

Partis de gauche:
- Parti travailliste de gauche **PvdA** (Partij van de Arbeid)
- Parti socialiste de gauche, **SP** (Socialistische Partij)

Les centristes:
- Progressiste et pro-européen Démocrates **D66**
- Centre gauche, sociaux démocrate **NSC**

Partis de droite, à l'origine tous Chrétiens démocrates
- Union chrétienne, Parti politique réformé **CHU** (Christelijk-Historische Unie) - puis fusionné dans le CDA
- Parti anti-révolutionnaire **ARP** (Anti-revolutionaire Partij) conservateur et calviniste, opposé aux idéologies révolutionnaires de la Révolution française et à ses idéaux de sécularisation et de laïcité- puis fusionné dans le CDA
- Union chrétienne Parti catholique **KVP** (Katholieke Volkspartij,) - puis fusionné dans le CDA
- Union chrétienne **CU** (ChristenUnie)
- Union chrétienne de droite Parti démocrate catholique **CDA** (Christen-Democratisch Appèl)

Les libéraux:
- Parti populaire libéral et démocrate **VVD** (Volkspartij voor Vrijheid en Democratie)

Les écologistes
- Les verts **GL** (GroenLinks)

Les populistes de droite
- Forum pour la démocratie **FvD** (Forum voor Democratie)
- Parti des fermiers et des citoyens **BBB** (Boeren Burgers Beweging)

Extrême droite / droite radicale
- Parti pour la liberté **PVV** (Partij voor de Vrijheid)

J. Processus de formation de la coalition « Schoof » (Juillet 2024)

À la surprise générale, les élections législatives de novembre 2023 placèrent en tête le parti d'extrême droite – ou droite radicale – PVV de Geert Wilders. Ce parti suscitait un rejet de la part de beaucoup. C'est dire si le processus de formation de la coalition – Explorateur, Informateur, Formateur – qui s'ensuivit fut mis à rude épreuve.

Elections législatives - novembre 2023: Le Parti pour la Liberté (PVV) remporta 37 sièges, devenant ainsi le plus grand parti. Le VVD (conservateurs libéraux) en obtint 25, suivi du NSC (centriste) avec 20 sièges et du BBB (parti rural) avec 14 sièges. Comme d'habitude, aucun parti n'avait obtenu la majorité absolue (76 sièges). Un premier blocage apparut lorsque les partis de centre-gauche refusèrent de négocier avec le PVV, invoquant ses positions extrêmes sur l'immigration et l'islam.

L'Explorateur (verkenner) 27 novembre 2023: Ronald Plasterk eut pour mandat d'identifier des coalition possibles. Une alliance à droite entre le PVV, le VVD, le NSC et le BBB semblait viable mais politiquement délicate. Les premiers désaccords ne manquaient pas, concernant le leadership de Wilders et le programme migratoire. Le VVD et le NSC se sont opposés à l'idée de Geert Wilders comme Premier ministre, jugeant son image clivante incompatible avec une gouvernance stable. Le PVV insistait sur une réduction drastique des flux migratoires, ce qui inquiétait le BBB et le NSC.

Premier informateur – Ronald Plasterk (décembre 2023 à février 2024) dut négocier un programme commun. Les désaccords s'intensifièrent sur les quotas migratoires (réduction annuelle de 50 000 entrants demandée par le PVV). Le BBB exigeait des garanties pour les agriculteurs face aux normes climatiques européennes. Pour apaiser les tensions, les partis ont finalement convenu que Wilders ne serait pas Premier ministre

Deuxième informateur – Kim Putters (février à avril 2024) relança les discussions en intégrant un médiateur non partisan. Un premier compromis fut la désignation d'un Premier ministre neutre, acceptable pour tous les partis. L'ancien chef des services de renseignement, Dick Schoof, fut suggéré comme candidat en mars 2024. Il fut suivi d'un second compromis, un accord sur une "double priorité": immigration stricte et investissements dans la transition énergétique pour satisfaire le PVV et le BBB respectivement

Formateur – Richard van Zwol (mai à juin 2024) finalisa l'accord de coalition, intitulé "Pour un avenir sûr et durable", qui comptait environ 65 pages et dont les principaux engagements sont: Réduction drastique de l'immigration (plafond annuel à 40 000). Suppression progressive de l'asile humanitaire, sauf dans des cas strictement définis. Investissements dans les infrastructures rurales et la transition écologique. Réforme du marché du travail pour stimuler l'emploi. Répartition des portefeuilles : Mélange de politiciens et d'experts. Wilders et les autres chefs de partis n'ont pris aucun poste ministériel

Investiture (2 juillet 2024) Dick Schoof a présenté son cabinet au roi Willem-Alexander. Les membres du gouvernement ont prêté serment.

K. Coalitions gouvernementales

Période	Coalition	Premier	Partis
1950-1956	Drees I	Willem Drees (PvdA)	Travailliste (PvdA) et Parti populaire catholique (KVP)
1956-1959	Drees II	Willem Drees (PvdA)	Travailliste (PvdA), Parti populaire catholique (KVP) et Parti anti-révolutionnaire (ARP)
1959-1963	De Quay	Jan de Quay (KVP)	Travailliste (PvdA), Parti populaire catholique (KVP) et Parti anti-révolutionnaire (ARP)
1963-1965	Marijnen	Victor Marijnen (KVP)	Travailliste (PvdA), Parti populaire catholique (KVP) et Parti antirévolutionnaire (ARP)
1965-1966	Cals	Jo Cals (KVP)	Travailliste (PvdA), Parti populaire catholique (KVP), Parti anti-révolutionnaire (ARP) et Union chrétienne historique (CHU)
1966-1967	Zijlstra	Jelle Zijlstra (KVP)	Travailliste (PvdA), Parti populaire catholique (KVP), Parti anti-révolutionnaire (ARP) et Union chrétienne historique (CHU)
1967-1971	De Jong	Piet de Jong (KVP)	Travailliste (PvdA), Parti populaire catholique (KVP), Parti antirévolutionnaire (ARP) et Union chrétienne historique (CHU)
1971-1972	Biesheuvel I	Barend Biesheuvel (ARP)	Travailliste (PvdA), Parti populaire catholique (KVP), Parti antirévolutionnaire (ARP) et Union chrétienne historique (CHU)
1972-1973	Biesheuvel II	Barend Biesheuvel (ARP)	Travailliste (PvdA), Parti populaire catholique (KVP) et Parti antirévolutionnaire (ARP)

Période	Coalition	Premier	Partis
1973-1977	Den Uyl	Joop den Uyl (PvdA)	Travailliste (PvdA), Parti populaire catholique (KVP), Parti antirévolutionnaire (ARP) et Union chrétienne historique (CHU)
1977-1981	Van Agt I	Dries van Agt (CDA)	Travailliste (PvdA), Démocrates 66 (D66) et Parti populaire catholique (KVP)
1981-1982	Van Agt II	Dries van Agt (CDA)	Travailliste (PvdA), Démocrates 66 (D66) et Parti populaire catholique (KVP)
1982-1986	Lubbers I	Ruud Lubbers (CDA)	Travailliste (PvdA), Démocrates 66 (D66) et Parti populaire catholique (KVP)
1986-1989	Lubbers II	Ruud Lubbers (CDA)	Travailliste (PvdA), Démocrates 66 (D66) et Parti populaire catholique (KVP)
1989-1994	Lubbers III	Ruud Lubbers (CDA)	Travailliste (PvdA), Démocrates 66 (D66) et Parti populaire catholique (KVP).
1994-2002	Kok I & II	Wim Kok (PvdA)	Travailliste (PvdA), Parti populaire libéral et démocrate (VVD) et Démocrates 66 (D66)
2002-2003	Balkenende I	Jan Peter Balkenende (CDA)	Chrétien-démocrate (CDA), Parti populaire libéral et démocrate (VVD) et Liste Pim Fortuyn (LPF)
2003-2006	Balkenende II	Jan Peter Balkenende (CDA)	Chrétien-démocrate (CDA), Parti populaire libéral et démocrate (VVD) et Démocrates 66 (D66)
2006-2007	Balkenende III	Jan Peter Balkenende (CDA)	Chrétien-démocrate (CDA), Parti travailliste (PvdA) et Union chrétienne (CU)

Période	Coalition	Premier	Partis
2007-2010	Balkenende IV	Jan Peter Balkenende (CDA), Wouter Bos (PvdA)	Chrétien-démocrate (CDA), Parti travailliste (PvdA) et Union chrétienne (CU)
2010-2012	Rutte I	Mark Rutte (VVD)	Libéral (VVD) et Parti travailliste (PvdA)
2012-2017	Rutte II	Mark Rutte (VVD)	Libéral (VVD) et Parti travailliste (PvdA)
2017-2021	Rutte III	Mark Rutte (VVD)	Coalition libérale (VVD), Démocrates 66 (D66), ChristenUnie (CU) et chrétien-démocrate (CDA)
2021-2023	Rutte IV	Mark Rutte (VVD)	Coalition libérale (VVD), Démocrates 66 (D66), ChristenUnie (CU) et Parti progressiste (PvdA)
2023-2023	Rutte IV	Mark Rutte (VVD)	Coalition libérale (VVD), Démocrates 66 (D66), ChristenUnie (CU), Chrétien-démocrate (CDA)
2024 - ...	Gert Wilders I		Parti pour la Liberté (PVV), Coalition libérale (VVD), Mouvement des Paysans et des Citoyens (BBB), Nouveau Contrat Social (NSC)

L. Durée de formation des coalitions

Lorsque les désaccords paralysent une coalition, ou lorsqu'il faut en former une nouvelle suite à des élections qui rebattent les cartes, la coalition gouvernementale en cours se clôt et de nouvelles négociations pour une nouvelle coalition recommencent. Celles-ci peuvent même durer des mois, jusqu'à 8 mois pour la dernière coalition Rutte IV (2021-2023) !

Pendant ces temps de tractations pour former des coalitions, c'est la démocratie et la négociation parlementaire sur tous les programmes qui fonctionnent à plein régime.

Coalition	Année	Durée de formation	Durée en mois
Kok I	1994	95 jours	3 mois
Rutte I	2010	127 jours	4 mois
Rutte II	2012	54 jours	2 mois
Rutte III	2017	225 jours	8 mois
Rutte IV	2021	225 jours	8 mois

M. L'élévation du niveau des océans

Le GIEC propose différents scénarios concernant l'augmentation des températures et ses conséquences. On parlait des scénarios « RCP » auparavant, mais aujourd'hui, on parle des scénarios « SSP ». Pour la sécurité du pays, les autorités retiennent le scénario le plus probable, RCP8.5 auparavant, SSP5-8.5 aujourd'hui. Cela représente une augmentation de 4,5 degrés Celsius d'ici à 2100 et se traduit désormais par une élévation du niveau de la mer de 1,01 mètres comme limite supérieure la plus défavorable. Dans le rapport d'évaluation précédent en 2010, les scientifiques néerlandais anticipaient une élévation de 93 cm, qui vient donc d'être rehaussée de 10 cm supplémentaires.

N. Les grèves

	France	Pays-Bas
2003	Enseignants, Intermittents du spectacle, Secteur culturel (Réforme des retraites)	
2004		Transports publics
2006		Infirmières
2007	Transports publics (réforme des retraites)	
2010	Raffineries (réforme des retraites)	
2014	Intermittents du spectacle (réforme chômage & retraites)	
2018	Cheminots SNCF (réforme des retraites)	
2019	Transports publics, éducation, santé (réforme des retraites)	Enseignants
2020	Avocats Transports publics, éducation, santé (réforme des retraites)	Construction
2021	Intermittents du spectacle (COVID)	Santé, transports, éducation (COVID)

O. Les manifestations

	France	Pays-Bas
2003	Réforme des retraites	Guerre en Irak
2006	Contrat première embauche CPE (Lycéens)	
2010	Réforme des retraites	
2011		Inégalités sociales
2012		Austérité budgétaire
2016	Loi du travail	Montée extrême droite, racisme, xénophobie
2018	Gilets jaunes	
2019	Baisse des revenus (agriculteurs) Réforme des retraites	Réchauffement climatique (jeunesse) Réduction des émissions d'azote (agriculteurs)
2020	Crise agricole (agriculteurs)	Réduction des émissions d'azote, réduction du cheptel (agriculteurs)
2021	Accord de libre-échange Mercosur, Baisse des prix de vente, Réforme des zones défavorisées (agriculteurs)	Importations de produits (agriculteurs) Réduction des émissions d'azote (agriculteurs)
2022	Crise agricole (agriculteurs)	Réduction des émissions d'azote (agriculteurs)
2023	Réforme des retraites	

P. Les émeutes

	France	Pays-Bas
2005	Banlieues	
2007		Gouda
2010		Amsterdam
2018	Gilets jaunes	
2020	Banlieues et zones urbaines (COVID)	A La Haye (COVID)
2021	Banlieues et zones urbaines (COVID)	Amsterdam, Eindhoven, Rotterdam (COVID)
2023	Banlieues	

Q. Campagne contre la polarisation [119]

En mai 2023, afin de préserver le « vivre ensemble », en d'autres termes la vie harmonieuse en communauté, l'association SIRE a lancé une campagne d'information et d'action pour préserver un équilibre menacé par la montée de la polarisation dans le débat public. Il s'agissait d'en dénoncer les effets néfastes, en particulier l'agressivité qu'elle peut induire dans les rapports humains:

« Ne vous éloignez pas lorsque la polarisation se rapproche ».

La campagne vise à avertir des signes sournois annonciateurs de mauvais rapports, et surtout, elle vise à donner des conseils pratiques à mettre en oeuvre par chacun afin de préserver de bons rapports entre tous.

« La pollution au di-oxyde d'azote, la politique d'accueil des migrants, le réchauffement climatique ou les campagnes de vaccinations, sont des sujets sensibles qui peuvent avoir un effet polarisant et qui peuvent écarter les gens les uns des autres. Si cela arrive aux membres de votre famille ou à un ami, le risque est de perdre les liens avec vos proches. Savez vous que faire pour l'éviter? Pensez-vous que la polarisation compromet vos bons rapports? Rendez-vous sur SIRE.nl pour découvrir ce que vous pouvez faire lorsque la polarisation menace.

Convenez d'abord que vous n'êtes pas d'accord l'un avec l'autre. Si vous savez que vous n'allez vraiment pas être d'accord, il est parfois préférable de dire : « acceptons d'être en désaccord ». Alors au moins, il y a un accord entre vous. Vous pouvez ensuite continuer avec un autre sujet moins polarisant.

Les 10 attitudes à adopter pour ne pas risquer de dire quelque chose de déplaisant.

---

[119] *Sire.nl*

1. Une discussion polarisante peut rapidement devenir très personnelle. Vous pouvez être tellement en désaccord avec l'autre que vous aurez envie de dire quelque chose de déplaisant. Mais lorsque vous vous disputez avec un proche, les insultes peuvent avoir des conséquences importantes et occasionner des fractures difficiles à combler. Comptez jusqu'à 10 si vous sentez que des propos contrariants sont en train de prendre forme. Respirez profondément. Ou mieux encore, parlez-en entre vous. Cela vous évitera de vous faire jeter des mots déplaisants à la figure.

2. Ne voyez pas l'autre comme quelqu'un qui appartient à « cette catégorie». Dans une discussion polarisante, vous pouvez soudainement voir l'autre comme l'adversaire. Si vous commencez à dire des choses comme « vous êtes tous... » ou « vous voulez tous... », il y a un risque de ne plus appartenir au même groupe avec les mêmes liens. Si au contraire vous continuez à considérer votre cousin comme votre cousin ou votre petite amie comme votre petite amie, vous avez beaucoup plus de chances que vos liens ne soient pas affectés.

3. Acceptez que nous sommes différents. Dans une discussion clivante, vous pouvez parfois être surpris de ce que quelqu'un pense d'un sujet. Mais si vous vous souvenez que nous sommes tous différents, il est beaucoup plus facile de ne pas se brouiller. Bien sûr, vous n'êtes pas obligé d'être d'accord avec le point de vue des autres. Les gens diffèrent, même les personnes qui vous sont très proches.

4. Demandez pourquoi le sujet est si préoccupant pour l'autre personne. Pour éviter de s'éloigner, vous pouvez vous demander pourquoi le sujet est si important pour l'autre personne, qu'y a-t-il derrière ? Si vous savez pourquoi cela affecte tant l'autre personne, vous pourrez mieux vous comprendre. Et même, vous pourrez parfois être d'accord avec les préoccupations que quelqu'un semble avoir. Vous avez trouvé quelque chose qui vous lie.

5. Convenez de la durée pendant laquelle vous parlez du sujet ensemble. Une discussion polarisante peut devenir de plus en plus acerbe si elle dure. Vous pouvez donc accepter de ne pas en parler plus d'un certain temps. Par exemple 10 minutes. Pendant ce temps, les deux points de vue sont discutés, vous vous écoutez et expliquez s'il y a des questions. Ensuite, vous laissez tomber et passez à un autre sujet.

6. Ne considérez pas une discussion comme une compétition. Dans une discussion polarisante, vous pouvez bien sûr essayer de convaincre l'autre personne. Mais gardez à l'esprit qu'une discussion n'a ni gagnant ni perdant. Celui qui veut gagner arrête d'écouter l'autre. Ce qui ne fait qu'augmenter la distance. En parlant et en s'écoutant, vous ne vous éloignez pas.

7. Découvrez ce avec quoi vous êtes d'accord. Il est important de continuer à vous écouter attentivement dans une discussion. Parce qu'en plus des choses avec lesquelles vous n'êtes pas d'accord, vous entendrez parfois des chose qui vous feront penser : « C'est intéressant ça, il y a quelque chose là dedans ». Alors peut-être pourrez-vous en parler. De cette façon, vous découvrirez des similitudes en plus de vos différences.

8. Nommez le lien étroit que vous avez. Une discussion sur un sujet polarisant peut séparer des amis et la famille. Vous pouvez l'éviter en nommant ce que vous représentez l'un pour l'autre, quel est votre lien. « Hé, nous ne sommes peut-être pas d'accord... mais tu restes ma sœur ». Ou : « D'accord, peut-être que nous voyons cela très différemment tous les deux, mais cela devrait être possible, n'est-ce pas, en tant que bons amis ? ». En nommant votre lien, vous réalisez tous les deux que vous devez en prendre soin d'abord.

9. Laissez-vous terminer. Evident et en même temps très difficile parfois. Une discussion polarisante ne devient que plus féroce si vous continuez à vous interrompre mutuellement. Il est important que vous vous sentiez tous les deux respectés et écoutés. Donc, même si vous devez parfois vous mordre la langue, laissez l'autre personne finir ses phrases. Assurez-vous simplement que vous vous donnez mutuellement la possibilité de répondre, sans interrompre.

10. Exprimez calmement que vous êtes affecté d'être si opposé l'un à l'autre. Dites calmement que vous avez du mal à ressentir autant de distance quand il s'agit de parler de ce sujet. Par exemple, vous pourriez dire : « ça me dérange vraiment qu'on se dispute comme ça... On ne peut pas faire autrement et parler plus calmement ? En conséquence, sortez tous les deux de la discussion animée pendant un moment et la distance deviendra plus petite.

11. Arrêtez de discuter le sujet un instant. Arrêter le sujet pendant un certain temps est un moyen très efficace de calmer les choses. Vous venez de lâcher le débat pendant un moment, et vous pourrez le reprendre ensemble plus tard. Qui sait, vous pourriez finir par avoir une bonne conversation à nouveau. Et en attendant, parlez d'autre chose.

R. Liberté de culte et d'expression dans la Constitution

La Constitution des Pays-Bas, officiellement appelée "Grondwet voor het Koninkrijk der Nederlanden" en néerlandais, a été adoptée le 29 mars 1814. Cependant, elle a subi plusieurs révisions depuis lors, notamment en 1848, 1887, 1917, 1938 et 1983. La liberté religieuse et la liberté d'expression y sont inscrites depuis la révision de 1848, ce qui garantit ces droits fondamentaux et les protège.

- La liberté de religion est protégée par l'article 6 qui reconnaît le droit de chacun de pratiquer sa religion ou ses convictions, individuellement ou en communauté, sans discrimination.
- La liberté d'expression, y compris la liberté de recevoir ou de communiquer des informations, sans censure préalable, est garantie par l'article 7. Cependant, certaines limitations peuvent être imposées pour des motifs tels que la protection de la réputation, la prévention du crime, ou le respect des droits et libertés d'autrui.

Depuis lors, ces articles ont été maintenus dans la Constitution néerlandaise et sont toujours en vigueur aujourd'hui.

En France, la liberté de culte et la liberté d'expression sont aussi toutes deux inscrites dans la constitution française.

- La liberté d'expression est protégée par l'article 11 de la Déclaration des droits de l'homme et du citoyen de 1789.
- La liberté de culte est garantie par l'article 1 de la Constitution française de 1958. La laïcité est également un principe clé en France, qui garantit la séparation de l'État et des religions.‹‹

Table des matières

Citations   3

Prologue   7

    Une autre vie en Europe   8
    La carte postale est véridique   9
    Bienvenue au pays des gens heureux   9
    Libéralisme individuel synonyme de bonheur ?   10
    Un autre regard   11
    Il y a aussi des gens comme ça en France…   12
    Non, les Néerlandais ne sont pas des bisounours !   13
    Le miroir aux cultures   14
    La diversité comme raison d'être   14
    Que suis-je devenu ? Français ou Néerlandais ?   15
    Des racines ou des ailes en Europe ?   16

I. Une autre manière de vivre — 19

Jamais je n'habiterai aux Pays-Bas ! — 20
C'est la fin de la guerre — 20
Premières et secondes impressions — 21
La garde baissée — 21
Une vie à bicyclette — 21
La confrontation organisée — 22
Saint-Nicolas débarque — 23
On prend un verre, ou une tasse de café ? — 23
L'agressivité jugulée — 24
Préférence américaine — 24
Des 2 CV françaises et des jeep US — 25
Quand même, vous parlez bien le français ! — 25

II. Paradoxes culturels — 29

Il faut y vivre pour le croire — 30
« A la fois » ou les « Paradoxes culturels » — 30
Paradoxes culturels en France — 31
   Art de vivre : à la fois délicatesse et animosité — 31
   1789 : à la fois la révolution et l'angoisse de l'avenir — 31
   Ecole : à la fois la distinction et l'encadrement — 32
   Caractère : à la fois l'excellence et le « French bashing » — 32
Paradoxes culturels aux Pays-Bas — 33
   Société : à la fois plus sociale et libérale — 33
   Individu : à la fois soumis au groupe et autonome — 33
   Individus : à la fois sérieux et rigolards — 34
   Police : à la fois de proximité et intransigeante — 34
   Société : à la fois conviviale et dure à la tâche — 34
   Impôts : à la fois méfiants et convaincus — 35
   Drogue : à la fois tolérée et bannie — 35
   Montée des eaux : à la fois menacés et confiants — 36

III. La jeunesse, l'éducation et le tempérament néerlandais — 39

Les écoles du quartier, le début du groupe — 40
Dès la maternelle, responsable dans le groupe — 41
4 ans, jour de l'intronisation en société — 42
Team building à l'école — 42
Les parents : responsables et impliqués à l'école — 43
Un test d'orientation sans appel — 44
Alpha, Beta, Gamma, le meilleur des mondes — 44

Un enseignement d'abord pratique	45
Pas de devoirs à la maison	46
Education sexuelle dès le primaire	46
Cursus à la carte	47
Le rituel de passage dans le secondaire	48
On ne recherche pas l'excellence	49
Ne pas se distinguer en société	50
Pas d'élitisme de concours	51
Pas d'élite dans la société	51
Le groupe et l'association pour la vie	51
Parler les langues est une priorité	52
Parler les langues naturellement	53
Un autre rôle pour les enseignants	54
Petit Néerlandais deviendra autonome	55
Les fauteurs de troubles sont « ringardisés »	55
Ne pas se monter les uns contre les autres	56
On change d'école pour un problème d'intégration	56
Des enfants impertinents, des adultes autonomes	57
Etudes et travail à temps partiel	58
Pas de philosophie	59
Motivation, encouragement et confiance en soi	60
L'amélioration par la spirale positive	61
L' éducation positive dans une école positive	61
Un « Canon » pour une identité nationale	62
La rentrée scolaire n'est pas un évènement national	64
Un esprit sain dans un corps sain	64
Pas trop d'intellectuels	65
L'hélicoptère vole au ras du sol	65
Les pharmaciens et les plombiers ne sont pas des ratés	66
L'école doit refléter la société sans tabou parental	67
Van Gogh restera Français	67
French & international !	68
Drogue interdite dans les écoles	69
14 ans, mon fils est en prison !	70
Il est interdit de boire dans la rue	71
Très vite, la règle et la discipline	71
Mon fils, fumeur et buveur, puis abstinent et végane	71
Totalement décomplexés	73
Peur de rien pour tenter sa chance	73
Pas de rétroviseur	74

La pugnacité est une qualité	74
Jamais stressés, toujours contents	75
La modération comme point d'équilibre	75
Pas de violence !	76
Voyageurs et polyglottes	77
L'intérêt pour les autres cultures et pour soi	78
Rotterdam, embarquement pour le nouveau monde	78
Registre des naissances, merci Napoléon	80
Une langue vivante intégratrice	80
La misère, peur ancestrale	81
La satisfaction de dépenser moins	83
Manger froid sur le pouce	83
Une chanson populaire pour se distinguer avec humour	84

IV. Le vélo, la « grande reine » — **89**

A ciel ouvert	90
L'engouement des années 1880	91
Le blocus de la première guerre mondiale	91
Arrêt brutal de l'embellie	92
Le tournant de la crise énergétique	92
La mortalité routière	93
« Arrêtez le massacre des enfants !! »	93
La renaissance du vélo	94
Les plans nationaux vélo	95
Des pistes au kilomètre !	96
Des autoroutes sans interruption de circulation	96
L'essayer c'est l'adopter	97
Hommes et femmes à égalité sur un vélo	97
Donnez nous des pistes pour nos vélos	97
La mort au tournant	99
Protection rapprochée	100
La protection passe aussi par la loi	101
Dès 8 ans à bicyclette	101
La circulation à vélo, cela s'apprend dans les règles	102
Le style batave à vélo	102
Les fourmilières à vélos	103

V. La vie en société — **105**

Le sacro-saint « vivre ensemble »	106
Racisme et antisémitisme sont intolérables	107

L'homme laissé mort chez lui pendant 5 jours	107
SIRE, « la société c'est toi »	108
Alerte à la polarisation	109
Le moral de la population sous sondage permanent	109
L'intendance ne suivra pas!	112
Une organisation irréprochable	112
Le parlé franc	113
Arrête la peinture, fais de la photographie !	113
Réagir et se défendre en plein désordre	114
Pas de « mobilité douce »	116
Discussion autour d'une table à la télévision	116
Les médias sont factuels	117
La politesse franche, manière de vivre	118
Le boyau de la rigolade	118
Vie privée poreuse	119
Journées fenêtres ouvertes	120
Les inventeurs du reality show	120
Les « stars » sur une toile	122
Service personnel	122
Délation ordinaire	123
La hiérarchie sans hauteur	123
Le contre-pouvoir dans vos mains	124
Une royauté accessible et populaire	124
« Petite maison, petit arbre, petit animal »	125
On jette tout et on refait tout à neuf	126
Des citoyens responsabilisés et autonomes	126
« C'est pas la faute à Rousseau »	127
La liberté dans le choix des écoles	127
Vous êtes malades ? Guérissez-vous !	129
Retour à domicile juste après l'accouchement	129
Il faut gérer son stress	130
L'hygiène buccale	131
Dites le avec des fleurs	131
Les minorités défendues	131
Des limites de la tolérance	132
Des ambulances pour les animaux	132
Des espaces et de la patience pour les enfants	133
Saint-Nicolas, une affaire nationale pour les enfants	133
L'exception qui confirme la règle du calme en société	134
La drague au féminin	135

Des cafés, partout des cafés, pour causer	*135*
Un agenda de ministre	*136*
Recevoir à la maison	*136*
L'anniversaire, le jour le plus important de l'année	*137*
Le calendrier des anniversaires	*138*
L'anniversaire de la Reine / du Roi	*139*
Le débarquement de Saint-Nicolas	*140*
Pierrot-le-noir, c'est raciste !	*142*
Pierrot-le-noir avec des couleurs !	*143*
Des petits cadeaux personnalisés	*143*
Célébrer le sport pour la fête	*144*
Les Pays-Petits, denses et dynamiques	*144*
Un pays au camping	*144*
Des grands-parents omniprésents	*145*
Au coeur de la dorsale européenne	*146*
Le bénévolat, un vrai métier	*147*
Les journées portes ouvertes	*147*
Les civils aiment leurs vétérans	*148*
2 minutes de silence pour les victimes	*149*
Les policiers sont sympas et actifs	*149*
Les policiers font des selfies	*151*
Une règle pour tous, tous pour la règle	*152*
Circulation « policée »	*152*
Big Brother is watching you	*153*
Des points chauds pour les contrôler tous	*153*
Les coursiers de la drogue	*153*
La guerre diplomatique franco-néerlandaise	*154*
Le délire pendant 2 heures, mais pas plus!	*156*
Le déchaînement n'est pas sans risque	*157*
Le radar à douches	*158*
Srebrenica, traumatisme national	*158*
Une journée des vétérans pour se souvenir et se soutenir	*159*
MH17 deuil national	*160*
« Adieu, beau pays angoissé »	*161*

VI. Travail et politique **163**

La société bouge, la Monarchie reste	*164*
« Polderen » ou la consultation permanente	*164*
L'esprit de compromis ou la moins mauvaise solution	*165*
Du compromis pour impliquer tout le monde	*166*

Des coalitions à faire et refaire	167
Civiliser les extrêmes	168
Cohabitation minoritaire	169
L'éclaireur, l'informateur et le formateur	170
La politique sans Président	172
Le monde est économique	173
Il faut sauver le soldat Euro	174
Brexit ?!? No Nexit !	175
Une nation de « boutiquiers »	175
La survie des petits commerces en ville	176
L'inventivité dans les gènes	177
Inventeurs et pionniers	177
Les précurseurs à Bordeaux	178
Le Covid déclenche les initiatives	180
Sport, cancer, courage et commerce	180
Géopolitique miniaturiste	182
Un pays sans grandeur	183
L'influence du monde sur le pays, et pas l'inverse	185
America first, the Netherlands second..	186
Grèves, manifestations et émeutes aux Pays-Bas	187
Relations syndicales	189
Pas de gilets jaunes	190
Le drapeau national à l'envers, quel émoi !	190
Les constantes nationales	190
La démocratie locale	191
On pavoise sans véhémence	192
On travaille jeune pour se prendre en main	192
Pas de « n+1 » ou « n+2 » dans la hiérarchie	193
Pas de simulacre de travail	193
La vie privée avant le travail	194
Sérieux sur la forme	194
Puissance de conviction	195
Vision à court terme et changement permanent	196
La franchise comme preuve de sérieux	196
Prise de décision rapide	198
Liberté versus contrôle	199
Le manager n'est pas un expert	200
La concertation systématique	201
La mobilité renforcée	202
La prise de risque	202

Organisation en silo	*203*
Jeu de rôle professionnel	*204*
Business + pleasure = « bleisure »	*205*
La simplicité administrative	*205*
Travailler moins pour gagner plus de temps	*206*
Les « vacances de la construction »	*206*
La retraite à 67 ans	*207*
Se montrer digne par le travail	*207*
Un autre rapport au travail	*208*
S'enrichir par le travail	*209*
« Je maintiendrai », devise nationale	*210*
Les impôts, retour sur investissement	*211*
Imposés dès le premier euro	*211*
Coupable dette	*211*
Imposition massive sur l'automobile	*212*
Assurance avec franchise	*212*
La retraite santé	*213*

VII. La santé, la vie, puis la mort — **215**

Le paracétamol, le secret de la potion magique	*216*
Anti-antibiotiques	*216*
Prescription protocolaire	*216*
Pas de croix vertes fluorescentes	*217*
Les pilules au compte-goutte	*217*
On demande avant d'aller aux urgences	*218*
Le généraliste n'est pas psychologue	*218*
Votre nouveau-né risque de mourir	*219*
J'avais des projets, tant pis, je dois mourir…	*219*
La mort au musée	*220*
Parlons de la mort	*221*
Des cérémonies d'enterrement personnalisées	*222*
Pas d'acharnement thérapeutique	*222*
Ne me réanimez pas	*222*
Au revoir, maintenant je veux mourir	*223*
La légalisation historique de l'euthanasie	*224*
30 ans de pratique illégale	*224*
Les affaires et les procès	*225*
1973, L'affaire Postma, ou abréger la vie en phase terminale	*225*
1981, L'affaire Wertheim, ou le suicide assisté	*226*
1983, L'affaire Schoonheim, ou abréger la vie	*226*
1993, L'affaire Chabot, ou la douleur psychique seule	*227*

2000, L'affaire Brongersma, ou la vie devenue insupportable	228
Un virus mortel ? pas de panique ..	228
Si mon heure est venue ..	230
C'est cher payé par les jeunes générations	230

VIII. Le combat séculaire contre la nature — 233

Un peuple hors-sol	234
Un peuple de bâtisseurs	234
La catastrophe annoncée	235
La ligne Maginot « Delta »	235
Se protéger de la nature	236
Le réchauffement climatique et la montée des eaux	237
Elévation des digues	238
Les barrières du plan delta activées en décembre 2023	239
Des brise-lames sur la digue de fermeture	239
Reconstituer le paysage d'origine	240
« Zandmotor », le moteur à sable	240
Le génie civil fait aussi de l'archéologie	241
En travaux, jours et nuits	242
Des ratons laveurs	242
Une Suisse proprette mais polluée	243
Le port du futur	244
L'éolien offshore, le chantier du siècle	244

IX. La fin de l'innocence ? — 247

Les temps changent, comme toujours	248
Les crises des années 1980	249
Délinquance et criminalité	249
Aide sociale et responsabilisation	249
Immigration et intégration	250
L'écologie	251
Les crises des années 2000	253
Cyber-criminalité et écologie	253
Assassinats politiques	253
Une politique de l'autruche ?	254
Un maire marocain à Rotterdam	255
Les crises des années 2020	257
Le gaz de Groningue et les maisons détruites	257
L'affaire des allocations familiales	260
La montée du populisme	261
Une force d'adaptation naturelle	263

Donner le bon exemple   *263*

X. Aux racines de la culture politique nordique 267

Droits de l'Homme: 1948 plutôt que 1789   *268*
Droit individuel au dessus du droit national   *269*
La dignité plutôt que la richesse des autres   *269*
L'excellence plutôt que l'arrogance   *270*
Le libéralisme anglo-saxon   *270*

XI. Aux racines de la culture protestante 273

Luther : la Réforme théologique   *274*
Jean Calvin : la Réforme économique   *274*
Henri VIII : la Réforme d'Etat   *275*
La tolérance, supporter sans approuver   *276*
Dieu rend justice, on ne tue pas soi-même   *276*
La tolérance devient plus tolérante   *277*
La « pilarisation » de la société   *277*
La disparition des piliers   *278*
Un îlot conservateur au pays progressiste   *279*
Un héritage d'avance   *280*

XII. Aux racines de l'histoire 283

Ce sont les hommes qui font leur histoire   *284*
La géographie façonne l'histoire   *286*
Des précurseurs historiques   *287*
Les guildes autonomes et prospères   *287*
L'invention de la « tolérance » en politique   *288*
L'acte d'abjuration, refus de la monarchie absolue   *289*
Une république 200 ans avant la France   *290*
La liberté de pensée et d'expression   *291*
Un jeune explorateur lance son pays à l'aventure   *292*
Précurseurs de l'actionnariat et du capitalisme   *294*
    Mieux que les Anglais   *295*
    Bien avant les Français   *296*
Urbanisation, éducation et scènes d'intérieur   *296*
Le « brain drain » des Huguenots   *298*
Spinoza, Descartes.. et tant d'autres   *298*

XIII. Epilogue 303

« Je maintiendrai »   *304*

Orange, couleur royale nationale	*304*
René Descartes le Hollandais	*305*
La « petite Reine » Wilhelmina	*305*
Citroën, un citron néerlandais	*306*
Le fromage « Babybel » à la cire rouge	*306*
La Hollande, les Pays-Bas ou Nerderland ?	*307*

XIV. Annexes   311

- A. *Chronologie historique* *312*
- B. *Chanson « 15 millions de personnes »* *314*
- C. *Comparatif pistes cyclables* *316*
- D. *Digues monumentales et canaux* *317*
- E. *Territoire sous le niveau de la mer* *318*
- F. *Les filières du système éducatif* *319*
- G. *Les groupes & classes* *320*
- H. *René Descartes le Hollandais* *321*
- I. *Partis politiques* *324*
- J. *Processus de formation de la coalition « Schoof » (Juillet 2024) 325*
- K. *Coalitions gouvernementales* *327*
- L. *Durée de formation des coalitions* *330*
- M. *L'élévation du niveau des océans* *331*
- N. *Les grèves* *332*
- O. *Les manifestations* *333*
- P. *Les émeutes* *334*
- Q. *Campagne contre la polarisation* *335*
- R. *Liberté de culte et d'expression dans la Constitution* *339*

Table des matières   341

Pour aller plus loin   353

Remerciements   355

Pour aller plus loin

★ **Un champ de Lys et de Tulipes**
Les cultures françaises et néerlandaises, terreau du Groupe Air France KLM, Jérôme Picard, BookEdition.com

★ **Petites chroniques des Pays-Bas**
Plus totalement française, pas non plus néerlandaise, des chroniques de l'entre-deux, Océane Drange, www.petiteschroniquesdespaysbas.com

★ **Canon van Nederland**
https://www.canonvannederland.nl/fr/

★ **Why Dutch are different ?**
A journey into the Hidden Heart of the Netherlands, Ben Coates, Nicholas Brealey Publishing 2015.

★ **Les Néerlandais**
Ateliers Henry Dougier, Lignes de vie d'un peuple, Ateliers Henry Dougier

★ **Voyage en Europe**
De Charlemagne à nos jours, François Reynaert, Fayard

★ **Histoire des Pays-Bas**
De l'antiquité à nos jours, Thomas Beaufils, Tallandier

Remerciements

Ont également participé à ce livre de nombreux Français, résidant comme moi aux Pays-Bas, mais aussi des Néerlandais de souche, mes connaissances, mes voisins ou collègues de travail, que je remercie chaleureusement.

En particulier, Océane Dorange[120], Line et Peter Weizenbach, Margrit Sebek, Wilco et Véronique van Wee, Anne-Françoise Spoto, Sylvie Mellab, Cathy Barré, Gé Brussaard, Peter et Joost Noordermeer, André van der Sluis, et bien sûr, ma femme Isabelle, qui a élevé nos quatre enfants aux Pays-Bas sans pour autant verser dans une admiration béate de la société néerlandaise.

Les témoignages et corrections ainsi recueillis reflètent la société néerlandaise depuis les années 2000.

---

[120] *Petites chroniques des Pays-Bas*, Océane Dorange, www.petiteschroniquesdespaysbas.com